8° Lf 104 4

1862

Ravaisson, Félix

Rapport adressé à son excellence le ministre d'État

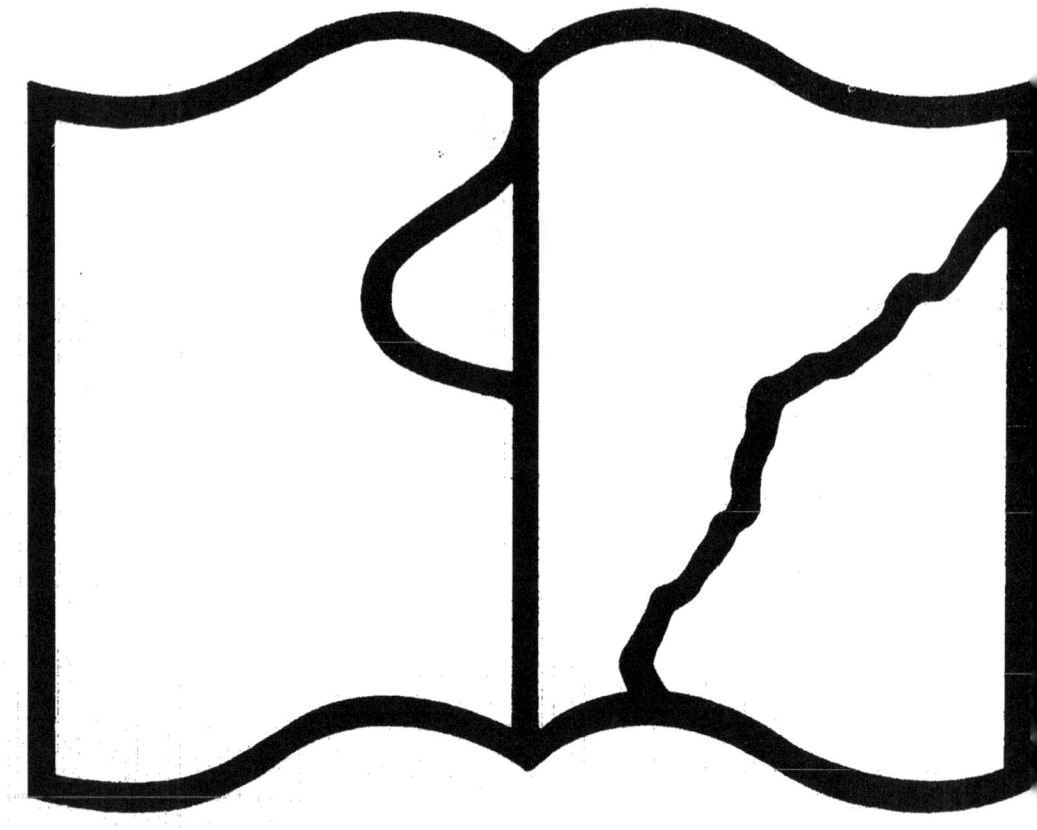

Symbole applicable
pour tout, ou partie
des documents microfilmés

Texte détérioré — reliure défectueuse

NF Z 43-120-11

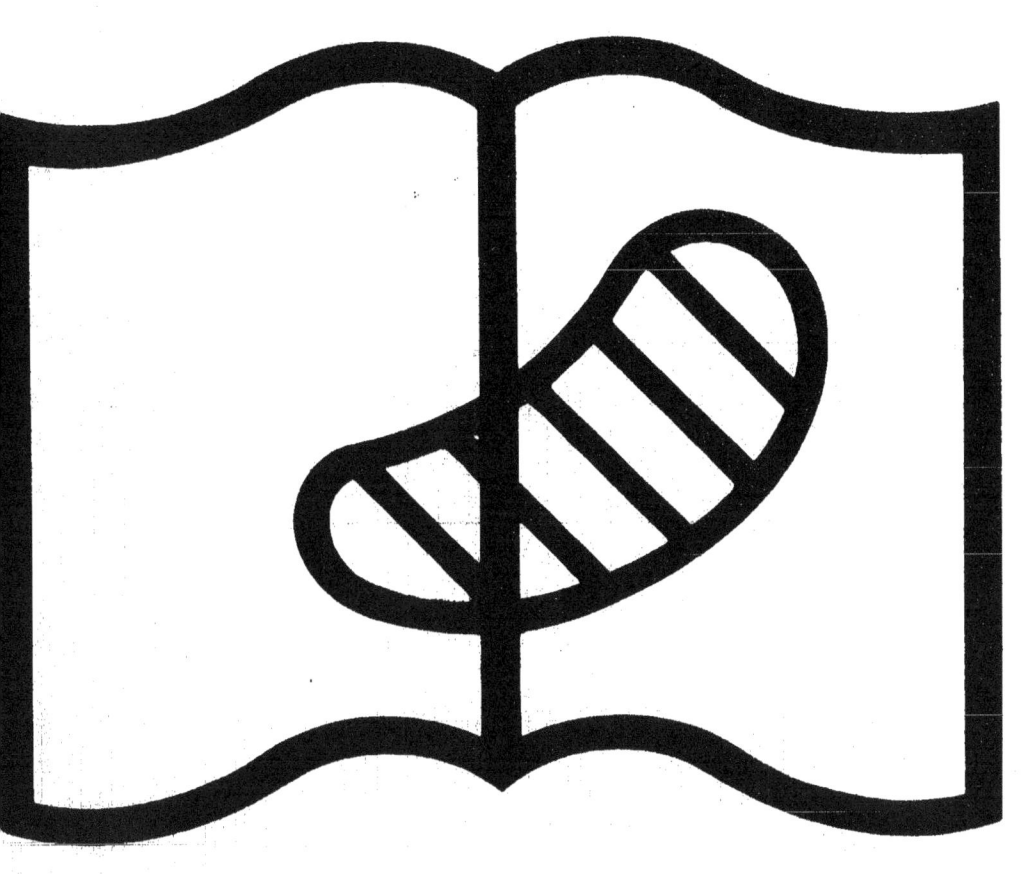

Symbole applicable
pour tout, ou partie
des documents microfilmés

Original illisible

NF Z 43-120-10

RAPPORT

ADRESSÉ

A S. EXC. LE MINISTRE D'ÉTAT

AU NOM DE LA COMMISSION

Instituée le 22 avril 1861

PAR

M. FÉLIX RAVAISSON

Membre de l'Institut.

PARIS

TYPOGRAPHIE E. PANCKOUCKE ET Cie

13, QUAI VOLTAIRE, 13

1862

RAPPORT

ADRESSÉ

A S. EXC. LE MINISTRE D'ÉTAT

AU NOM DE LA COMMISSION

Instituée le 22 avril 1861

RAPPORT

ADRESSÉ

A S. EXC. LE MINISTRE D'ÉTAT

AU NOM DE LA COMMISSION

Instituée le 22 avril 1861

PAR

M. FÉLIX RAVAISSON

Membre de l'Institut.

PARIS

TYPOGRAPHIE E. PANCKOUCKE ET Cie

13, QUAI VOLTAIRE, 13

1862

RAPPORT

ADRESSÉ

A M. LE MINISTRE D'ÉTAT

Monsieur le Ministre,

Une commission chargée, en 1858, par M. le ministre de l'Instruction publique, de rechercher les modifications qu'il conviendrait d'introduire dans l'organisation de la Bibliothèque impériale, après avoir examiné de quelle manière et dans quelles limites devaient être constitués les départements dont se compose ce grand établissement, avait émis l'avis que les objets contenus dans ces différents départements, mais dont les analogues se trouvent en plus grand nombre dans d'autres dépôts publics, fussent distraits de la Bibliothèque et réunis à ces derniers dépôts, et réciproquement. « En thèse générale, disait-elle par l'organe de

son rapporteur, M. Mérimée, nous voudrions que le dépôt le plus riche absorbât le plus pauvre. On compléterait ainsi heureusement nos collections principales ; on offrirait un enseignement plus large et mieux combiné ; enfin on préviendrait le renouvellement d'une espèce de scandale qui, plus d'une fois, s'est produit dans les ventes, celui de deux établissements publics enchérissant l'un sur l'autre pour acquérir le même objet. En conséquence, le cabinet des Manuscrits devrait céder aux Archives de l'Empire un grand nombre de chartes et le Cabinet généalogique tout entier. En retour, les Archives abandonneraient à la Bibliothèque des objets en grand nombre dont elles sont aujourd'hui dépositaires, mais qui sont du domaine d'une bibliothèque bien plutôt que d'un dépôt de papiers publics, comme, par exemple, des cartes et plans, etc. »
M. le ministre de l'Instruction publique avait donné son approbation au principe général proposé par la commission, et qui depuis a reçu diverses applications (notamment par la réunion à la Bibliothèque impériale de la collection numismatique de l'hôtel des Monnaies, ainsi que de manuscrits orientaux et de diverses raretés des bibliothèques de l'Arsenal, Mazarine et Sainte-Geneviève, par l'attribution au Musée d'artillerie, d'armes que

renfermait le Cabinet des Antiques, etc.); M. le ministre de l'Instruction publique n'avait pas cru, néanmoins, devoir souscrire à l'échange proposé entre la Bibliothèque impériale et les Archives de l'Empire.

Le décret du 24 novembre 1860 ayant placé les bibliothèques publiques dans vos attributions, qui comprenaient déjà les Archives de l'Empire, vous avez voulu, monsieur le Ministre, que la question soulevée par la commission de 1858 fût soumise à un nouvel examen, et vous nous avez chargés, en premier lieu, d'examiner si les chartes et diplômes que possède la Bibliothèque impériale, ainsi que le Cabinet des Titres et généalogies, ne devraient pas être transférés aux Archives de l'Empire; en second lieu, de rechercher quels seraient les manuscrits, livres et documents possédés par les Archives qui devraient être réunis aux collections de la Bibliothèque impériale.

Pour nous acquitter du mandat que vous nous aviez confié, nous avons entendu, d'une part, M. le directeur administrateur général de la Bibliothèque impériale, assisté de MM. les conservateurs du département des manuscrits, d'autre part M. le directeur général des Archives. Nous avons pris connaissance de notes et mémoires qui nous ont été remis des deux parts. De plus, nous avons visité le cabinet des Manuscrits, celui des Titres et généalogies et les Archives, et nous y avons pris une connaissance personnelle, aussi exacte qu'il nous était possible de le faire, de la nature et de la consistance de ces trois dépôts. C'est après nous être efforcés de réunir ainsi toutes les informations nécessaires pour résoudre en connaissance de cause les questions sur lesquelles nous étions appelés à nous prononcer, que nous en avons fait le sujet des délibérations dont il nous reste, monsieur le Ministre, à vous exposer le résultat.

I

1. Avant tout, nous avons dû chercher à nous rendre un compte exact des termes mêmes de la question qui nous était posée. En considérant attentivement l'esprit de la proposition qu'avait faite la commission de 1858, proposition qui est celle même que Votre Excellence nous a invités à examiner, nous avons reconnu que cet esprit avait été de provoquer, par des motifs généraux d'intérêt public, un départ entre les documents qui par leur nature devraient appartenir les uns à une bibliothèque, les autres à un établissement qu'on qualifie à juste titre de « dépôt de papiers publics, » et que, par conséquent, l'expression

indéterminée ou abrégée de « chartes » dont cette commission s'était servie pour désigner les pièces qu'elle proposait de transférer de la Bibliothèque impériale aux Archives de l'Empire ne devait pas être entendue dans tel ou tel sens particulier qui pourrait lui être attribué en quelque autre rencontre, mais comme équivalent de « pièces d'archives. » La question que nous devons essayer de résoudre nous a donc paru n'être autre que celle de savoir s'il convient de transférer des Archives de l'Empire à la Bibliothèque impériale les documents qui par leur nature appartiennent plutôt à une bibliothèque qu'à des archives et réciproquement ; sauf à déterminer, autant que possible, ce que c'est que ces documents, ce que c'est que *pièces d'archives* et que *pièces de bibliothèques*.

2. Originairement, ce fut même chose qu'archives et que bibliothèque : ce fut une même partie du Trésor public. Dans le séjour du souverain, séjour qui ne fut autre, d'abord, que le sanctuaire même de la religion, avec les objets du culte, avec les insignes de la dignité suprême, avec les vêtements et joyaux, on conservait et les textes sacrés, et les lois, et les annales et traditions nationales qui, d'abord, ne formaient guère entre elles et avec ces textes mêmes qu'un seul corps, et

enfin les titres du pouvoir, qui aussi, au commencement, s'en distinguaient à peine.

Tels étaient les trésors des anciennes royautés de l'Asie (1), de l'Italie, de la Grèce ; telle fut, chez les Juifs, quoique hors de la demeure du prince (l'empire, chez eux, ayant été longtemps séparé du sacerdoce), telle fut l'arche d'Alliance ou de contrat, dépôt sacré de la loi qui était à la fois le livre de la généalogie et de l'histoire d'Israël, et le registre de ses titres (2).

Au commencement du moyen âge, on n'eut guère, aussi, d'autres livres que les textes sacrés, qu'on désignait quelquefois par le nom même de *bibliothèque* (3); souvent c'était entre les feuillets ou sur les marges mêmes de ces textes qu'on insérait les titres ou chartes (4).

Le nom de Bibliothèque ou de Librairie, et le nom d'Archives furent donc longtemps synonymes (5). A Rome surtout, au moyen âge, le chancelier, qui avait la garde des archives, eut longtemps pour qualification celle de Bibliothécaire (6).

---

(1) Voyez notamment Brisson, *de Reg. Pers. princip.*, p. 183.
(2) *Nouv. traité de Diplomatique*, part. 1, sect. I, c. 5.
(3) Ducang., v. *Bibliotheca*.
(4) *Nouv. tr. de Dipl.*, t. I, p. 105.
(5) Voyez particulièrement *Nouv. tr. de Dipl.*, part. I, sect. I, c. 5.
(6) Ducange, v. *Bibliotheca*.

Le temps vint où, les titres se multipliant et se diversifiant, et pareillement les livres, où les compositions scientifiques, littéraires, historiques même, différant de plus en plus, par toutes sortes de caractères, des preuves de droit et de propriété, on distingua mieux entre les livres et les titres, et des bibliothèques se séparèrent les archives.

Les livres de saint Louis étaient encore dans le trésor de la Sainte-Chapelle, où étaient aussi ses chartes, et peut-être en une seule et même chambre. A la fin du XIII° siècle, sous Philippe le Bel, des livres hébreux ayant été confisqués sur les juifs, on mit ces livres dans le Trésor des Chartes. Charles V, près d'un siècle plus tard, ayant fondé dans la tour du Louvre, où était alors le trésor, sa célèbre Librairie, qui n'y occupait pas moins de trois étages, il y réunit, le 21 avril 1372, une partie des livres hébreux du Trésor des chartes (1). De ce jour on peut dater en France la séparation officielle et définitive des Archives et de la Bibliothèque royale.

3. Cependant, entre ces deux sortes de dépôts qui confinent inévitablement l'un à l'autre par bien des points, les limites sont, aujourd'hui

---

(1) Voyez la relation de ce fait, par Gérard de Montaigu, alors garde du Trésor des chartes, dans Bordier, *les Archives de la France*, p. 168.

encore, imparfaitement déterminées. Mais en présence de la nécessité maintenant évidente, pour répondre aux besoins d'un public qui se presse de jour en jour plus nombreux à l'entrée de nos dépôts scientifiques et littéraires, d'y établir un ordre et une répartition des matières qui, autant que possible, simplifient et abrégent les recherches, le moment est venu de définir ces limites avec plus de précision. Cette définition est la première question que nous devons nous poser, et celle d'où doit dépendre, sinon exclusivement, du moins en très-grande partie, l'avis que nous avons à émettre.

Camus, qui fut le premier à la tête des Archives nationales, et aussi à la tête de la bibliothèque du Corps législatif, disait, dans un rapport sur les Archives, daté de l'an VII : « Des bibliothèques sont composées de *livres* comme des archives sont composées de *titres*. »

Daunou, qui fut bibliothécaire d'abord, et ensuite successeur de Camus dans la direction des Archives, disait dans une lettre adressée au ministre de l'Intérieur, en 1812 : « La distinction entre les livres manuscrits d'une bibliothèque et les pièces d'archives est facile à établir. Les manuscrits d'ouvrages littéraires, soit ecclésiastiques, soit profanes, publiés ou non publiés, appartiennent aux bibliothèques. Les chartes, les pièces officielles,

les correspondances originales, les monuments de législation et d'administration appartiennent aux archives. »

Ces définitions, pour ce qui en concerne le premier objet, pour ce qui a rapport aux *livres*, en prenant ce mot au sens d'ouvrages d'esprit, de compositions scientifiques ou littéraires, ne seront guère contredites, et nous en pouvons faire, dans la question qui nous occupe, une première application qui ne paraît pas rencontrer de difficultés. — Outre une bibliothèque toute spéciale composée d'ouvrages indispensables aux recherches qui s'exécutent dans un établissement de cette nature, les Archives de l'Empire possèdent un certain nombre d'ouvrages imprimés ou manuscrits provenant presque tous d'anciens séquestres ou confiscations; de plus, le reste des livres hébreux confisqués sur les juifs au XIII° siècle; enfin une collection d'environ 14,000 cartes géographiques, marines et astronomiques, provenant d'un dépôt de géographie qui avait été formé d'après une prescription de la loi du 7 messidor an II. Ces livres, ces cartes n'ont rien à faire en des archives, et seraient bien placés dans la Bibliothèque impériale. Il en est de même, ce nous semble, d'une collection considérable de procès-verbaux de canonisation qui a été apportée, sous l'Empire, du Vatican, et qui est demeurée à nos Archives, mais qui n'a aucun rapport avec les documents qu'elles sont destinées à contenir.

Pour ce qui concerne le second des deux objets que nous avons à considérer, c'est-à-dire les *pièces d'archives*, la définition sommaire de Camus qui les identifie avec les *titres*, exprime, ce nous semble, l'essentiel, mais elle néglige des accessoires importants. A la définition de Daunou il faut mettre ces réserves, que le terme de *correspondances originales* étendrait trop loin le domaine des archives, si on ne la restreignait aux correspondances officielles, relatives aux affaires, et que, d'autre part, en ajoutant *originales*, elle exclut à tort des copies qui souvent, en l'absence des originaux, doivent en être considérées comme des équivalents.

Mais, sous ces réserves, la définition de Daunou semble exacte, et de nature à fournir le moyen de distinguer sûrement entre ce qui doit être la matière des archives et ce qui doit être celle des bibliothèques.

4. Si l'on met à part le dépôt des lois, qui renferment les principes régulateurs des actes des pouvoirs, dépôt auquel appartient, en conséquence, au premier chef, là où il existe à part, la dénomination d'Archives (*archivum*

(d'ἀρχεῖον, et ἀρχεῖον d'ἀρχή [1]), les archives sont, en général, des dépôts où un pouvoir renferme les actes dont la conservation est d'intérêt public, c'est-à-dire, principalement, si ce n'est uniquement (2), les actes publics. C'est aux actes, et aux actes publics surtout, qu'a été restreinte ordinairement, dans le moyen âge, la dénomination, d'abord plus générale, de chartes (*chartœ, chartulœ*), d'où Chartrier ou Trésor de Chartes, termes synonymes de celui d'Archives. — On a donné le plus souvent aux actes la forme de lettres (3). Les actes publics, rédigés comme en

---

(1) Justinian., *Nov.* 25 : Ἀρχεῖον, δημόσιον οἴκημα. Suidas : Ἔνθα αἱ δημόσιοι χάρται ἀπόκεινται, καὶ χαρτοφυλάκιον.

(2) Souvent, en effet, on a établi aussi, dans l'intérêt public, des dépôts publics d'actes privés. Chez les Romains, les actes privés rédigés par les notaires publics étaient déposés *inter acta publica*. En Italie, où les usages de l'antiquité se sont conservés plus que partout ailleurs, il y a dans la plupart des villes importantes des dépôts publics pour les minutes des actes notariés. En France, l'ordonnance d'Orléans (1560) avait établi que les minutes des notaires décédés seraient conservées dans les greffes ; et, en 1575, on érigea un Garde-notes dans chaque siége royal pour garder les minutes de tout notaire décédé ou démissionnaire. En 1666 (16 août) création d'un dépôt des minutes des tabellions de Normandie.

(3) *Voy.* Hier. Bignon, in *Marc. form.*, et Madox, *Formul. angl.*, p. XIXII. *Nouv. trait. de Diplom.* I, 258 : « Presque tous les peuples qui s'établirent sur les ruines de l'empire romain donnèrent à nombre de leurs chartres la forme d'épîtres En quoi ils avoi nt été prévenus par les Romains eux-mêmes, et surtout par les rescrits de leurs empereurs. »

la présence et sous la garantie du public, étaient des lettres ouvertes et qu'on ne pliait point; c'est ce qu'on appela *litterœ patentes*, lettres patentes. Quelquefois seulement, pour protéger le sceau qu'on y apposait ou qu'on y attachait, surtout lorsque c'était celui de quelque autorité considérable, on y faisait un repli; et de là, à ce qu'il paraît, le nom de *diplôme*, employé dans l'empire byzantin, et qui, au moyen âge, surtout sous les deux premières races de nos rois, désigna fréquemment les chartes les plus solennelles, émanées des rois, princes, etc. (1).

Aux lettres patentes, les diplômes y compris, on opposait les lettres closes, à plusieurs plis, lettres non plus de sceau, mais de simple cachet. C'étaient les lettres missives, de nature plus ou moins secrète et privée.

Les lettres closes et de cachet, pour employer ces expressions classiques des anciennes

---

(1) Loyseau, *des Off.*, p. 42 : « *Diploma* vient du verbe διπλόω, et signifie à mon advis une lettre pliée d'un double ply seulement, que nous appelons reply, et non de plusieurs plys, comme sont les lettres missives. C'est donc proprement ce qu'en France nous appellons lettres patentes, qui n'ont qu'un reply au dessoubs de l'escriture, à la différence des lettres closes, qui, ayant plusieurs plys, ne se voyent point si elles ne sont decloses, *quæ proprie vocantur epistolæ*. Su ton : *In diplomatibus et epistolis signandis*. Nous appellons aussi les uns lettres de sceau, et les autres lettres de cachet. » Cf. *Nouv. tr. de Dipl.*, I, 413.

chancelleries, ne sont donc point la matière propre des archives, mais bien les lettres patentes et de sceau. Néanmoins, il est des lettres missives, des lettres closes, mais publiques par leur sujet, qui forment un accessoire d'une partie considérable des lettres patentes, et qui, en conséquence, l'accessoire devant être joint au principal, ont à côté de ces lettres leur place marquée aussi, quoiqu'à un titre inférieur, dans les mêmes dépôts.

Les documents qu'un pouvoir conserve en ses archives sont, avant tout, ceux qui l'autorisent, qui témoignent des droits qu'il peut revendiquer ; ce sont ceux qui constatent la dépendance à son égard des choses ou des personnes, dépendance résultant (abstraction faite des règles générales prescrites par les lois), de reconnaissances de dettes, de cessions par donations, ventes ou échanges, d'occupations à charge de services ou redevances, etc.; en un mot, les documents qui forment ses titres. Ce sont les lettres patentes qui lui sont adressées, et qui composent ce qu'on pourrait appeler sa correspondance publique passive.

Mais les actes de ce pouvoir lui-même, les lettres patentes émanées de lui et qui forment sa correspondance publique active, fournissent aussi non seulement des renseignements utiles sur ce qu'il doit et peut faire, mais encore, dans une certaine mesure, des preuves de ses droits. Avec ses titres en original, tout pouvoir doit donc naturellement en venir, tôt ou tard, à conserver dans ses archives les minutes ou les copies de ses actes. Tels furent à Rome les registres des actes du sénat et des empereurs, tels en France les registres des conseils du roi et de sa chancellerie (1).

Or, les décisions d'un gouvernement sont généralement des réponses à ses demandes, c'est-à-dire à des lettres, à des missives qui lui sont adressées (2). En second lieu, souvent entre la demande et la décision, il intervient une information, une enquête, qui donne lieu à des mémoires et rapports adressés au pouvoir par ses agents. Enfin, la décision est ordinairement notifiée et expliquée par des lettres émanées du pouvoir et qu'il adresse, soit à ses agents, soit

---

(1) A ces recueils, ajoutons encore les Annales officielles, qui présentaient pareillement la série des actes du pouvoir : telles étaient à Rome les Annales des pontifes ; telles en France, ces Chroniques que les rois faisaient rédiger sous un contrôle qui en garantissait la fidélité, chroniques qu'ils faisaient ensuite solennellement déposer dans les archives publiques. Voy. Lacurne Sainte-Palaye, *Mémoires de l'Académie des inscriptions*, t. XV.

(2) *Rescripta, rescriptiones.* — *Nouv. traité de Dipl.*, I, 265 : « On n'a rien de plus célèbre en fait d'anciennes chartes, que celles qu'on nomme *epistolæ precariæ* et *prælatæ*.. Le premier acte était ordinairement en forme de lettre et de supplique, et le second en forme de concession. »

aux parties intéressées. Qui peut nier que ces trois sortes de *lettres missives* ne servent beaucoup à l'intelligence des *lettres patentes* dont elles sont les précédents ou les conséquences, et qu'ainsi elles ne doivent en être regardées comme le supplément presque inséparable? De là la nécessité de comprendre parmi les pièces d'archives, en premier lieu, les demandes ou suppliques; en second lieu, les rapports et enquêtes préparatoires aux décisions; en troisième lieu, les correspondances officielles, les lettres, relatives aux affaires publiques, des souverains, de leurs ministres, de leurs ambassadeurs.

5. A Rome, outre le dépôt où l'on conservait les tables des titres et créances publiques (1), et qui fut longtemps placé auprès du trésor, dans le plus ancien sanctuaire de la religion nationale (le temple de Saturne) sous la garde de ceux qui tenaient les comptes de l'Etat (questeurs, *à rationibus, rationales*, etc), outre le dépôt où l'on conservait les tables des lois, et qui était placé, sous la république, dans le temple de la Liberté, d'où il fut plus tard réuni au trésor dans le temple de Saturne, outre ces dépôts, et ceux aussi, sans

---

(1) Ainsi que *acta quæ susceptis liberis faciebant parentes* (Serv. *Georg.*, II, 502), et qui étaient des éléments du cens. Cf. Capitolin., *M. Anton.*, 9.

aucun doute, des autorités judiciaires, il y avait celui des décisions de l'autorité publique, du sénat d'abord et ensuite des empereurs. Dans ce dernier dépôt, on conserva, au moins depuis qu'un ordre régulier y eut été établi, non-seulement les décisions, mais les demandes auxquelles elles répondaient. Souvent les décisions s'inscrivaient au bas des demandes mêmes qui y donnaient lieu : c'est ce qu'on appelait *subnotare* ou *subscribere libellos*. Alors même qu'on les rédigea sur des papiers à part, les demandes durent être conservées, non loin des réponses, dans un même dépôt. Puis, dans ce dépôt, vinrent prendre place près des demandes, d'une part, et des réponses, de l'autre, soit les enquêtes, soit les lettres de mandement et instruction (1).

Outre les employés chargés de recueillir les suppliques (*à libellis*) et ceux qui rédigeaient les lettres de réponse (*ab epistolis*), on en eut, en effet, à qui était confié le soin particulier de recueillir les renseignements sans lesquels souvent on ne pouvait répondre pertinemment aux suppliques (*à memoria*). Aux deux divisions primitives des suppliques et des lettres,

---

(1) V. Guther. *de Off. dom. Aug.*, p. 519, 555, etc. Les archives de notre Parlement comprenaient ces quatre chefs : 1° Requêtes ; 2° Enquêtes ; 3° Arrêts et jugements (*arresta*, jugements sur plaidoiries ; *judicia*, jugements sur pièces écrites) ; 4° Mandements. Voy. Budé, *in Pand., ad leg. eos D.*

on ajouta pareillement celle des informations et rapports (*recognitiones*, etc.); puis, enfin, on distingua des décisions mêmes les lettres par lesquelles on en donnait avis et on en prescrivait l'exécution (*epistolæ, mandata*).

Dans les archives du palais impérial (*scrinia sacri palatii*), divisant en deux membres les deux divisions primitives des demandes et des réponses, on compta donc en dernier lieu ces quatre sections : 1° *libelli*; 2° *memoriæ*; 3° *dispositiones*; 4° *epistolæ*. De ces quatre sections, la principale était sous la direction d'un comte (*comes dispositionum*); les trois autres sous celle d'autant de maîtres (*magistri*).

Entre les quatre sortes de papiers qui composaient les Archives du Palais, il y avait, pour la forme même et l'apparence matérielle, des différences qui, très-prononcées d'abord, allèrent peu à peu s'effaçant. Les lettres patentes délivrées par le pouvoir étaient rédigées, comme nous l'avons vu, sur des feuilles qui ne se pliaient point, ou auxquelles, tout au plus, on faisait un repli. Il en dut être de même, au moins originairement, des lettres d'avis, mandements et instructions. De ces pièces émanées du pouvoir, les minutes ou copies, qui figuraient seules en ses archives, devaient être inscrites sur des feuilles pareillement ouvertes qu'on ajoutait et collait au bout les unes des autres, et qui formaient ainsi ces longues bandes qu'on roulait ensuite et que l'on appela, en conséquence, dans l'antiquité des volumes (*volumina*, εἰλιτάρια), au moyen âge des rôles (*rotuli*) [1] : ce furent les premiers registres. Les suppliques, au contraire, étaient pliées en plusieurs pages et réduites ainsi au petit format des tablettes ou livrets qu'on portait avec soi pour y consigner ses notes (*memoriales libelli*); de là le nom de *libelli* ou cahiers par lequel on désignait spécialement les demandes. Quant aux rapports adressés à l'autorité par ses ministres, originairement la forme en fut celle des lettres patentes, qu'on roulait, mais qu'on ne pliait pas. Telles furent, jusqu'à César, les lettres des consuls et des proconsuls au Sénat. César, le premier, adressa au Sénat des lettres ployées en manière de cahiers, de livrets de notes (2).

Sans doute le motif en fut le développement que prenait alors la correspondance administrative, et qui obligeait d'en réduire les pièces à un moindre volume, et, d'une manière gé-

---

(1) En Angleterre, le Garde des archives était appelé Maître des rôles, et cette dénomination subsiste encore.
(2) Sueton., *Cæs.*, 56 : Epistolæ quoque ejus ad senatum exstant quas primum videtur ad paginas et for-

nérale, de se départir de la solennité incommode des anciennes formes. Des lettres du Sénat ou des empereurs, une partie, au moins, dut aussi, avec le temps, se rapprocher de la forme qu'avaient prise d'abord les seules lettres privées. Et enfin les registres mêmes finirent par être pliés en cahiers, et aux volumes proprement dits, ou rôles, succédèrent généralement les codes (*codices*). Les expéditions seules des décisions conservèrent, la plupart du temps (1), la forme ouverte, patente. — Les papiers correspondants aux différentes sections du dépôt des actes du pouvoir et de leurs annexes prirent donc de plus en plus la forme qui n'avait appartenu d'abord qu'aux lettres privées et familières ; ils ne laissèrent pas pour cela d'être considérés, à raison de leur nature et des objets auxquels ils se rapportaient, comme des éléments plus ou moins importants, mais tous nécessaires, des archives publiques.

6. En Angleterre, on eut de tout temps des archives pour les titres qui devaient servir aux perceptions et aux comptes : c'était le dépôt de l'Echiquier ; des archives pour les actes de l'autorité : c'était le dépôt de la Tour.

---

(1) Certains actes impériaux eurent aussi le nom et sans doute la forme de *codicilli*.

Lorsque l'administration fut devenue plus vaste et plus complexe, on reconnut la nécessité de recueillir les correspondances par lesquelles les actes s'expliquent et se complètent : on créa, sous le règne d'Elisabeth, le dépôt des papiers d'Etat (*State papers' office*). Dans ce dépôt, il y eut deux divisions principales : dans l'une, les lettres originales adressées aux souverains de l'Angleterre, depuis le règne d'Henri VIII, et les minutes des lettres écrites par ces souverains ; dans l'autre, les correspondances des ministres et des ambassadeurs.

7. En France, un même dépôt, ordinairement dénommé le Trésor des chartes, privilèges et lettres du roi, dut contenir d'abord les titres de l'autorité renfermés dans les lettres patentes et publiques de concessions ou d'hommages et les autres documents analogues qui lui étaient adressés : c'étaient les originaux que contenaient, que contiennent encore les Layettes, et auxquels il faut joindre les registres de copies de titres, ou cartulaires ; en second lieu, les actes de cette autorité, les lettres patentes émanées d'elle : ce sont les transcriptions qui composent la plus grande partie des Registres (1), les registres de la Chancellerie.

---

(1) A partir du registre XXXIV, qui commence à l'année 1302, la grande année des réformes administratives de Philippe le Bel. Bordier, *Arch. de la Fr.*,

Mais, de plus, à cette seconde division, dès le temps, à peu près, où elle fut constituée aussi régulièrement que la première, on commença de joindre une partie au moins des lettres missives, annexes et pièces justificatives des lettres patentes, des actes proprement et en tout sens publics.

Dans les inventaires du Trésor des Chartes que Du Tillet publia au XVIe siècle, on voit que le Trésor des Chartes contenait, par exemple, les instructions adressées par le Dauphin, depuis Charles V, aux ambassadeurs qu'il envoyait, en 1418, au roi Henri d'Angleterre (1); celles de Charles VII à ses ambassadeurs auprès de Henri VI d'Angleterre, en 1439, etc. (2). Parmi les papiers déposés au Trésor des Chartes, comme appartenant aux archives royales, par la veuve du trésorier Robertet, il se trouve des lettres missives de différents souverains, du cardinal d'Amboise, etc. (3).

8. De ce qui précède, il résulte que les chartes qui constituent les titres d'un pouvoir sont les

---

p. 149. Les registres du Trésor des chartes, en y comprenant ceux qui sont à proprement parler des cartulaires, seraient au nombre de 294, si la collection était complète ; il y en a 273 aux Archives de l'Empire, 5 à la Bibliothèque impériale, et 16 sont perdus.

(1) *Ibid.* p. 341.
(2) *Ibid.* p. 367.
(3) Voyez l'inventaire de ces papiers aux Archives de l'Empire, Trésor des chartes.

premiers éléments de ses archives, puis le recueil de ses actes, puis enfin tous les documents officiels qui en forment le complément, et que si, de ces éléments divers du Trésor général des papiers publics, une grande partie est encore aujourd'hui disséminée en dehors de ce Trésor, ce n'en est pas moins un droit, ce n'en est pas moins un devoir de les rechercher partout où ils se trouvent, et de les réunir tous, autant que possible, au grand corps auquel ils ont toujours virtuellement appartenu. Et de là, enfin, cette conséquence qu'il convient de transférer aux Archives de l'Empire les pièces d'archives de toutes espèces et de toutes formes que renferment nos dépôts littéraires et particulièrement celui qui en possède incomparablement le plus grand nombre, c'est-à-dire la Bibliothèque impériale.

On en peut dire autant des pièces qui se trouveraient à la Bibliothèque impériale et qui auraient appartenu ou dû appartenir aux archives de quelqu'une des autorités publiques secondaires de l'ancienne France, dont les papiers, lors de la fondation des Archives de l'Empire, ou de celles auxquelles elles ont immédiatement succédé, leur ont été régulièrement dévolus.

9. Quant aux chartes, diplômes et autres

pièces du même genre qui se trouvent à la Bibliothèque impériale, mais qui n'ont jamais dû appartenir à notre ancien gouvernement ni aux autorités agissant en son nom, quant aux pièces qui ont appartenu à des archives, mais non aux archives publiques de France, assurément on ne peut les revendiquer pour les Archives de l'Empire au même titre que les membres épars soit du Trésor des Chartes, ou des archives du Parlement ou de la Chambre des Comptes. Il n'en demeure pas moins vrai que leur place serait plutôt aux Archives de l'Empire qu'à la Bibliothèque impériale.

Souvent, au moyen âge, les archives qu'on peut appeler privées d'une manière générale, si on les oppose à celles de la royauté et des autorités civiles qui lui étaient subordonnées, n'en avaient pas moins, à certains égards, un caractère public. Telles étaient précisément celles d'où proviennent la plupart des monuments diplomatiques les plus anciens et les plus précieux. Sous la première et la deuxième race, les actes de l'autorité royale ne se conservaient pas seulement dans les archives du palais ; on en déposait quelquefois dans les églises ou les monastères des expéditions authentiques (1).

---

(1) G. Eckhart, *de reb. Fr. or.* I, 205. *Nouv. tr. de Dipl.*, I, 101.

Les Archives royales pour les deux premières races et même pour les premiers règnes de la troisième ont péri ; c'est dans des chartriers de monastères et d'églises que s'est retrouvé presque tout ce qui subsiste de monuments diplomatiques remontant au delà du XIIe siècle. Pour les temps reculés de l'histoire du moyen âge, les archives ecclésiastiques forment donc un supplément nécessaire des Archives royales. Il y a plus, et depuis ces temps même, à l'époque où il n'y avait pas partout encore des Parlements, du ministère desquels les rois se pussent servir pour faire connaître et exécuter au loin leurs ordonnances, souvent il arrivait que, ces ordonnances rendues, on chargeait les comtes, les évêques de les publier, on leur en adressait des expéditions (1). Dans les archives des comtes, des évêques, souvent aussi des monastères, il y avait donc, surtout aux temps les plus anciens, avec la partie relative à leurs droits propres, et formée de leurs titres, une partie en quelque sorte ministérielle, qui peut au besoin être réclamée à titre de dépendance et de supplément souvent nécessaire pour les archives royales. De plus encore, les seigneurs, soit laïques, soit ecclésiastiques, les églises, les mo-

---

(1) Voy. *Capitul.*, ann. 823, c. 24.

nastères, possédaient jadis une juridiction plus ou moins étendue. Ils avaient une part de la puissance publique. Soit que cette juridiction leur eût été d'abord déléguée seulement (1), ou qu'elle leur appartînt en propre dès l'origine (2), elle fut réunie depuis au pouvoir suprême et central. Tout ce qui a rapport dans les archives des cathédrales, des abbayes, etc., à la juridiction, revient donc naturellement aux archives du pouvoir central et suprême qui, à cet égard, dès l'ancien régime même, a été leur héritier.

Parmi les papiers des seigneuries et des maisons religieuses restent encore, comme ayant eu un caractère véritablement privé, les pièces relatives seulement à leurs propriétés. En ce qui touche ces pièces, si nous mettons à part cette considération qu'un grand nombre encore peuvent servir de preuves ou d'indices dans des contestations judiciaires, et qu'il y a en conséquence quelque intérêt, à cet égard, à les recueillir dans des archives publiques, il n'y aura plus, pour les réunir aux Archives de l'Empire, d'autres motifs que leur analogie intime à tous autres égards avec les collections que ces archives renferment, et l'utilité qu'il y a pour le public, pour la science, à rappro-

---
(1) Loyseau.
(2) Montesquieu.

cher autant que possible les choses analogues; mais ne suffit-il pas de ces motifs?

10. Quant au Cabinet des Titres et généalogies, si les généalogies proprement dites, ou travaux généalogiques des d'Hozier, des Clairembault, des Chérin, etc., sont en plus grand nombre dans ce cabinet qu'aux Archives, d'un autre côté, il faut considérer que les généalogies ne peuvent passer que pour des indications qui ont besoin de preuves ; que ces preuves se trouvent dans les titres et pièces authentiques, et que, si ces pièces et titres se trouvent en grand nombre dans le Cabinet généalogique, néanmoins il y en a et il doit y en avoir infiniment plus aux Archives; ou plutôt il n'est presque point de série aux Archives qui n'en contienne une infinité. En sorte que le Cabinet des Titres et généalogies peut être considéré dans son ensemble comme formant surtout un vaste répertoire, se référant continuellement à des documents justificatifs dont le dépôt principal est aux Archives de l'Empire. De là, pour les personnes qui ont à faire des recherches de généalogie, recherches dont le nombre a beaucoup augmenté depuis la loi de 1854 sur les titres de noblesse, de là un va-et-vient de l'un des établissements à l'autre qui entraîne une grande perte de temps, et auquel la réunion

du Cabinet généalogique aux Archives de l'Empire pourrait seule mettre fin.

11. Ajoutons que les chartes, diplômes et pièces formant titres de toute nature, ne donnent pas lieu seulement à des demandes de simple communication, mais aussi à des demandes de copies certifiées, authentiques, pouvant faire foi en justice. Or, le règlement de la Bibliothèque impériale lui interdit de délivrer des copies certifiées. Pour tirer d'une des pièces qu'elle renferme une copie authentique, il faut y amener un notaire, lequel, souvent encore, doit réclamer l'assistance d'un archiviste paléographe. De là des délais, de là aussi des frais fort élevés. Au contraire, le directeur général des Archives fait fonctions de notaire ou greffier impérial; il délivre à bref délai et d'après un tarif très-modéré, au profit du Trésor, les expéditions authentiques qui lui sont demandées. A ce point de vue encore, il y aurait à transférer de la Bibliothèque aux Archives les pièces d'archives, et notamment celles que renferme le Cabinet généalogique, un intérêt public qui semble incontestable.

Par les différents motifs que nous venons d'indiquer, il semble donc que, s'il convient de transférer des Archives à la Bibliothèque impériale des livres, manuscrits, cartes, etc., étrangers à un dépôt de titres et d'actes authentiques, la mesure qui transférerait aux Archives les titres, actes authentiques et autres pièces d'archives de la Bibliothèque impériale, ainsi que son Cabinet des Titres et généalogies, ne serait pas moins justifiée.

II

1. Cependant, si le premier de ces deux projets ne rencontre aucune objection, on propose pour le second des restrictions très-considérables.

On est unanime à accorder qu'il conviendrait de réunir aux Archives certaines pièces qui firent partie autrefois du Trésor des Chartes, notamment les célèbres et précieux cartulaires de Philippe-Auguste (1); plusieurs des plus anciens inventaires qui aient été faits de ce dépôt (2); d'autres documents provenant des

---

(1) Ces inventaires forment vingt-quatre volumes ou cahiers qui furent cédés à la Bibliothèque du roi par M. Joly de Fleury, en 1840; ils avaient dû être empruntés au Trésor des Chartes par son aïeul Guillaume Joly de Fleury, qui en fut le garde en qualité de procureur général au parlement.

(2) Ces cartulaires, sortis autrefois du Trésor des Chartes, sont au nombre de cinq. Deux avaient été réintégrés dans le Trésor des Chartes, en 1688, par Achille de Harlay, alors procureur général (voir la note

archives des abbayes de Saint-Denis, de Saint-Germain-des-Prés, de Saint-Victor et de quelques autres maisons religieuses dont les fonds presque entiers sont aux Archives de l'Empire. L'administration même de la Bibliothèque impériale propose en outre, pour être transportées aux Archives, deux grandes collections restées à peu près ignorées et sans aucun usage dans des combles, et qui par conséquent n'ont pas encore été incorporées au Cabinet des manuscrits, savoir : celle des papiers du Clergé de France, formant 106 liasses et 2,850 registres, et celle des papiers du Contrôle général des finances aux XVII° et XVIII° siècles, pouvant composer environ 6,000 cartons.

Mais, en ce qui concerne les autres pièces

---

qu'il a inscrite sur la dernière page du second de ces deux registres). Un autre fut donné à la Bibliothèque, en 1730, par Rouillé du Coudray, qui le tenait du savant Vyon d'Hérouval. Les deux derniers et les plus précieux furent achetés par Baluze pour la bibliothèque de Colbert, d'où ils passèrent dans celle du roi. L'abbé Sallier (*Mém. de l'Acad. des inscr.*, t. XVI, p. 165) n'indique, comme se trouvant à la Bibliothèque du roi, que trois des cartulaires de Philippe-Auguste. Ceux qu'Achille de Harlay avait réintégrés dans le Trésor des Chartes n'avaient donc pas encore passé dans la Bibliothèque à l'époque où écrivait l'abbé Sallier. — Plusieurs autres registres ayant appartenu au Trésor des Chartes et qui se trouvaient dans la Bibliothèque furent remis, pendant la Révolution, par les conservateurs de cet établissement, à Camus, qui les réintégra dans le Trésor (*Rapp. du Bur. du triage des titres*, frim. an VI, Arch. de l'Emp.).

d'archives que possède, en nombre très-considérable, la Bibliothèque impériale, on oppose au projet de les attribuer aux Archives de l'Empire des objections tirées soit de la constitution légale des deux établissements dont il s'agit, soit de l'intérêt seul du public et de la science, et qui peuvent être résumées à peu près comme il suit :

2. Les archives, dit-on, sont des dépôts où l'on conserve des titres ou témoignages écrits pouvant servir pour établir ou revendiquer des droits. En conséquence, lorsque des pièces d'archives ne peuvent plus servir de titres et qu'elles ne présentent qu'un intérêt et une valeur historiques, ce n'est plus dans des archives qu'est leur place, mais dans des musées, dans des bibliothèques. A la rigueur, on pourrait soutenir qu'au lieu de transférer de la Bibliothèque impériale aux Archives de l'Empire les anciennes pièces d'archives qu'elle possède, ce serait, au contraire, des Archives qu'il faudrait porter à la Bibliothèque tout ce qu'elles ont de titres devenus, par l'effet du laps du temps ou des révolutions, de simples monuments historiques. Et en effet, lorsque la Révolution, ayant remplacé ou supprimé tous les pouvoirs civils et tous les établissements religieux de l'ancien régime, on dut procéder au triage et

à la répartition de ceux de leurs papiers qui paraissaient devoir être conservés, ce fut aux bibliothèques qu'on attribua d'abord tout ce qui ne présentait plus d'utilité que pour l'histoire.

A la vérité, le triage général des anciens titres ayant été arrêté avant qu'il n'eût, à beaucoup près, atteint son terme, et des décisions étant intervenues pour que, dans les autres départements d'abord, et ensuite dans celui de la Seine, les papiers des anciens dépôts fussent portés en masse aux archives nouvelles établies dans chacun des chefs-lieux, les Archives nationales furent mises en possession d'un nombre immense d'anciens documents dont la plus grande partie ne présentait qu'un intérêt historique. Et c'est là un fait sur lequel il serait difficile, sinon impossible, de revenir. Mais, dit-on, ces documents furent et durent être uniquement ceux que renfermaient, lors de la cessation du triage, les archives des anciens pouvoirs publics qui résidaient à Paris, et des maisons religieuses comprises dans les limites du département de la Seine. Or, d'un côté les papiers d'État et d'affaires que possède la Bibliothèque impériale n'ont pour la plupart jamais appartenu aux dépôts officiels des anciens pouvoirs, et c'était le Gouvernement lui-même qui en avait déposé une grande partie, à diverses époques, dans cette Bibliothèque ; d'un autre côté, les chartes proprement dites qui s'y trouvent et qu'elle a successivement acquises, proviennent généralement de maisons religieuses situées dans les départements. Si donc de la Bibliothèque on les transférait dans des archives, tout au plus devrait-ce être dans celles des départements où se trouvent les fonds dont divers événements les ont détachées ; ce ne serait, en aucun cas, dans les Archives de l'Empire.

En d'autres termes, quoique la dénomination d'Archives nationales ou de l'Empire paraisse indiquer un dépôt général et central, et puisse porter à supposer à ces Archives ce caractère en ce qui concerne leurs collections de documents anciens, aussi bien qu'à l'égard des papiers de l'administration actuelle ; en fait, les documents anciens que possèdent les Archives de l'Empire ne leur auraient été attribués qu'à un titre particulier et local, comme l'ont été aux archives des départements ceux qu'elles renferment, et il n'y aurait point de motifs à tirer de la constitution légale des Archives de l'Empire pour leur attribuer, à titre de dépôt général et central, les pièces d'anciennes archives que contiennent, soit la Bibliothèque impériale, soit tout autre dépôt.

3. Pour le Cabinet des Titres et généalogies, des deux éléments dont il est composé, ni l'un ni l'autre, dit-on, ne convient aux Archives de l'Empire. Les généalogies, travaux particuliers des généalogistes, ne sont point des pièces d'archives ; de plus, il y en a de fausses ou de suspectes qu'on ne saurait, sans préjudice pour les Archives mêmes, introduire dans ce dépôt où ne devraient se trouver que des pièces authentiques et officielles. Et quant aux titres, ce sont généralement des titres de famille, et non, par conséquent, des monuments d'intérêt public, tels que ceux que les Archives de l'Empire sont destinées à contenir. Ces titres, d'ailleurs, proviennent en grande partie de la Chambre des Comptes, à laquelle ils avaient été remis à l'appui de diverses demandes, et qui, lorsqu'elle n'en avait plus affaire, les avait fait vendre (1). Si ce ne sont plus, à proprement parler, des pièces d'archives que celles qui ne font plus titre, combien cela n'est-il pas plus vrai encore de celles que les archives mêmes où elles figurèrent autrefois avaient mises au rebut ?

---

(1) Beaumarchais rassembla de toutes parts, par ordre du ministre Maurepas, des parchemins provenant des archives de la Chambre des Comptes et de divers autres dépôts, formant une masse de près de quatre-vingts milliers pesant qui fut remise, en 1784, à la Bibliothèque du Roi (*Etat des dépenses de la Bibliothèque du Roi*, ann. 1784. Arch. de l'Emp.).

4. Si de ces considérations l'on passe à l'examen des conséquences pratiques qu'entraîneraient les déplacements qu'on propose, on ne peut, dit-on encore, que prévoir des inconvénients graves.

En premier lieu, les chartes, diplômes, etc., ne forment pas, au cabinet des Manuscrits, un fonds distinct qu'on en puisse facilement détacher. Au contraire, elles y sont éparses dans divers fonds, dans des collections de pièces de toute nature. Alors même que l'on n'irait point jusqu'à décomposer des volumes reliés, pour en extraire une partie de ce qu'ils comprennent, retirer çà et là telle ou telle pièce du carton où elle est associée à d'autres pièces, retirer même tel ou tel carton tout entier, tels ou tels volumes des collections dont ils font partie, avec lesquelles il sont inventoriés et catalogués, et où on les trouve au moyen de répertoires divers, fruits d'une longue suite de savants et intelligents travaux, n'est-ce pas rendre tous ces travaux inutiles, rompre le fil des recherches des savants, et porter dans les collections un désordre pour longtemps irrémédiable ?

Ensuite, au département des manuscrits de la Bibliothèque impériale tout est mis, dit-on, sans difficultés et sans délai, à la disposition du public. Il n'en est pas, il n'en peut pas être de même aux Archives. Etablissement principalement administratif et gouvernemental, la règle y est de ne communiquer rien qu'avec beaucoup de réserve, et sous la condition de formalités préalables et d'ajournements à plus ou moins long terme, où se consume beaucoup de temps. Transporter de la Bibliothèque aux Archives des monuments utiles pour l'histoire, c'est donc en rendre l'accès plus difficile et, par suite, porter préjudice à la science.

Au Cabinet généalogique, pour prévenir tout abus qu'on pourrait vouloir faire, au préjudice de l'honneur ou des intérêts des familles, de tels ou tels des documents qu'il renferme, on observe, à la vérité, des règles spéciales de précaution et de discrétion. Mais ce Cabinet une fois transporté aux Archives, ne serait-il pas à craindre qu'on n'allât plus loin encore, et que dans telles circonstances que l'on peut prévoir, et entre les mains d'une administration moins libérale que celle d'aujourd'hui, certains papiers de familles ne devinssent, ou tout au moins ne passassent pour devenir l'objet d'une sorte de séquestration?

Telles sont les principales objections qu'on élève contre la mesure qui a été proposée, de transférer aux Archives de l'Empire les pièces d'archives de la Bibliothèque impériale et son

Cabinet de Titres et généalogies. A ces objections qui ont paru valables à plusieurs membres de la commission, on oppose des réponses que la majorité a trouvées décisives.

III

En ce qui regarde, d'abord, cette assertion que lorsque des papiers publics ou autres, par l'effet des révolutions politiques ou législatives, ne peuvent plus servir de titres, et ne conservent plus d'intérêt que pour l'histoire, ce ne sont plus des pièces d'archives, mais seulement de bibliothèques, il y a lieu d'observer que le nombre n'est pas grand des chartes, diplômes, etc., auxquels le laps du temps enlève entièrement et définitivement leur caractère de titres utiles. Lorsqu'ils ne servent plus aux droits mêmes en vue desquels ils avaient été rédigés, les anciens titres servent encore, bien souvent, à des droits qui dérivent de ceux-là et s'y rattachent; devenus, par exemple, inutiles pour le domaine royal, pour celui de tel seigneur, de telle église ou de tel monastère, ils demeurent, pour les propriétés privées qui s'en sont formées, pour la connaissance des anciennes limites, des appartenances et dépendances ou des servitudes, des documents précieux. Il n'est pas rare que des procès se jugent par des chartes qui remontent au XIII° siècle, au XII° ou plus haut encore. Et d'ailleurs, d'anciens titres et papiers peuvent presque toujours faire preuve pour les familles, relativement à la possession légitime soit des titres de noblesse, soit même simplement des noms. A un certain nombre près d'exceptions qui ne peuvent autoriser à décompléter des séries de pièces d'ailleurs analogues, les titres anciens demeurent donc presque toujours, à quelque égard, des titres utiles de propriété, et les mêmes raisons subsistent, quelle que soit la date de ces titres, pour en remettre de préférence la garde à des archivistes, notaires publics, pourvus des connaissances et en même temps investis de l'autorité nécessaires, soit pour en apprécier l'authenticité, soit pour en délivrer au besoin des copies conformes, valables en justice.

Pour les pièces, en particulier, que possède le Cabinet généalogique, et qui avaient été mises au rebut par la Chambre des Comptes, ajoutons que, de ce fait, il ne suit pas qu'elles ne peuvent plus être considérées comme des pièces d'archives. Elles n'étaient plus d'usage à titre de pièces comptables : la Chambre des Comptes n'eut autre chose à faire, pour se débarrasser de papiers qui ne lui servaient plus, que de les mettre au rebut. Ce n'est pas à dire que, considérées à un autre point de vue, celui de l'intérêt qu'ils présentent non-seulement comme documents historiques d'une manière générale, mais en la qualité même qui les a fait acquérir pour le Cabinet de généalogie, ces papiers ne puissent avoir aujourd'hui leur place marquée dans les Archives de l'Empire.

Maintenant d'anciens titres, ou autres documents participant de la même nature, en un mot d'anciennes pièces d'archives, n'offrissent-elles même plus qu'un intérêt purement historique, par cela seul qu'il a été attribué aux Archives de l'Empire des collections de pièces dont c'est là le caractère principal, par cela seul qu'il y a été constitué ainsi une section essentiellement historique et qui conséquemment en porte le titre, de tels documents y ont leur place encore. On ne peut se refuser à en convenir. Reste à savoir seulement quels sont, parmi les documents de ce genre que renferme le Cabinet des manuscrits de la Bibliothèque impériale, ceux qui peuvent à bon droit être attribués aux Archives de l'Empire. Pour définir si, aux termes des lois sur la matière, ces documents devraient être strictement bornés à ceux qui ont fait partie autrefois des archives d'établissements civils ou religieux situés dans les limites du département de la Seine, ou si, au contraire, à ces documents on en peut ou doit ajouter d'autres, et lesquels, pour résoudre cette première question de droit et de légalité, il est nécessaire, ce nous semble, de passer en revue, non-seulement les lois mêmes qu'on invoque, mais la suite des faits qui les ont précédées et préparées, et qui forme l'histoire, soit des archives de l'ancien gouvernement de la France, soit des archives actuelles qui leur ont succédé.

§ Ier.

1. Aux temps les plus reculés de notre histoire, où l'autorité suprême était comme indivise entre le roi, chef de toute la tribu, mais chargé particulièrement de la protection des faibles (1), et les puissants, ses compagnons (2), cette au-

---

(1) Voy. dans les Capitulaires les instructions des rois à leurs *missi*. *Carol. M. Capit.*, I, 131 : « Ne a potentioribus opprimantur pauperes. » IV, 46 : « De pauperibus, viduis et pupillis injuste oppressis, ut adjuventur et releventur. » *Gesta Lud. pii.*, ann. 814 : « Ad justitias faciendas et oppressiones popularium relevandas, legatos in omnes regni sui partes misit, etc. »

(2) Pour les Germains, V. Tacit. *Germ.* 7 : « Nec regibus libera est et infinita potestas. » — « Auctoritate suadendi magis quam jubendi potestate. » Pour les Gaulois, v. Cæs. *de B. gall.* V, 27 : « Sua (Ambiorigis) esse ejusmodi imperia ut non minus habeat in se juris multitudo quam ipse in multitudinem. »

torité s'exerçait surtout en des assemblées dont la demeure du prince était le lieu. Là était le commun trésor, là s'amassèrent, dès qu'on eut des monuments, écrits ou non, de propriété, de souveraineté, les premières et communes archives.

Nos aïeux divisaient les matières publiques en ces trois classes : Justice, Guerre, et Finances ou Trésor ; et, au commencement, guerre et justice étaient à peu près même chose. Dans les assemblées des temps anciens, on se réunissait, en premier lieu, pour délibérer ensemble des guerres à entreprendre ou à

Loyseau, *nes Seign.* p. 24 : « Tels furent les Patriarches, puis les Juges, parmy le peuple de Dieu. Tels furent les roys de Lacédémone, qui, comme dit Aristote, n'étaient que simples capitaines en chef, subjets au surplus à la Seigneurie, c'est-à-dire à l'assemblée générale de tout le peuple, devers laquelle en tels Estats réside la pure seigneurie et parfaicte souveraineté. Tels estoient les anciens roys de la Gaule, que pour ceste cause Cesar appelle souvent *regulos*, estans subjets et justiciables des Estats de leur province, comme a bien prouvé Hotman en sa *Franco-Gallie*. Le même Hotman semble assez bien prouver que les roys de France de la première lignée, n'estoient pareillement que simples princes et premiers officiers du royaume, et que la souveraineté de la France résidoit lors par devers les Estats. Dont il ne se faut émerveiller ny en tirer une conséquence que ceux d'à présent n'ayent point plus de pouvoir. Car il est vray de dire qu'en toutes les monarchies qui ont esté establies par la volonté des peuples et non par la force, cela a eu lieu du commencement ; même il y a grande apparence que les roys de Rome, bien qu'ils se fussent establis d'eux-mesmes, n'avoient pas la pure souveraineté, etc. »

poursuivre, ce qui formait alors toutes les affaires publiques, et pour régler ensemble les guerres intestines et privées, ce qui formait alors presque toute la justice ; en second lieu, pour mettre en commun les fruits des guerres et se les partager. L'assemblée élisait un des siens pour la gouverner présente, sous l'autorité de son roi, pour la représenter absente auprès de lui : c'était celui qu'on appelait le chef de la famille, *sinschalk*, le Sénéchal. Représentant tout à la fois et du roi et de son peuple, le Sénéchal fut le premier et universel trésorier, le premier et universel archiviste.

2. Pourtant, dans la simplicité primitive une division existait qui devait de plus en plus se prononcer. Le séjour royal consistait premièrement en un lieu fort (la *sala*), qui fut d'abord quelque salle creusée en voûte, au sommet d'un mont, d'où le nom de Chambre (καμάρα, *camera*, *kammer*); secondement, en une enceinte qui entourait le lieu fort ou qui le précédait; c'était la Cour (*curtis*, de *cors*), ou basse-cour. La Cour avec les bâtiments qui l'enceignaient, comme les portiques dont était entouré l'*atrium* ou *cavædium* (*cava ædium*) des anciens, c'était le lieu où le Prince, au besoin, abritait son peuple, et où il le réunissait; toute semblable et par sa disposi-

tion et par son usage au *forum* (de *foris*, hors?) de la Rome primitive, elle était proprement le lieu public. La Chambre était le lieu où le Prince habitait; c'était le lieu, sinon absolument, du moins relativement secret, et sous ses voûtes fut déposé de préférence le Trésor (1).

Il y eut chaque année deux assemblées principales : dans la première, qui avait lieu au printemps et à laquelle assistaient tous ceux de la nation qui portaient les armes, assemblée qu'on appela, comme on sait, le *plaid*, du nom des résolutions (*placita*) auxquelles les délibérations aboutissaient, et *parlement* (*parlamentum*, *colloquium*), du nom des délibérations mêmes, on décidait et des choses de guerre et des choses de justice. Dans la seconde, qui avait lieu en automne, la campagne finie, les principaux seulement de la nation apportaient au prince, au nom de tous, les offrandes desquelles il devait s'entretenir, lui-même et ses compagnons ordinaires, de vivres, de vêtements, d'armes, de chevaux même. C'est dans cette assemblée que le roi, originairement, dut recevoir avec les dons les hommages par les-

---

(1) La cour (*atrium*), couverte et incorporée au palais, devint la Salle ; les portiques ou hangars qui l'entouraient devinrent les Galeries. On put dire alors qu'un appartement royal comprenait : salle (précédée ou non d'antichambre), chambre, cabinet (voy. ci-dessous), et galerie. Voy. Nicot, Richelet, etc.

quels on se donnait à lui, et conférer en retour, avec les emplois (*honores*), les bénéfices ou fiefs. L'assemblée du printemps se tenait dans la Cour; l'assemblée de l'automne, moins nombreuse, et qui avait pour objet les choses du Trésor, ainsi que les affaires qui n'étaient point proprement d'Etat, mais plutôt d'administration intérieure et ordinaire (1), dut se tenir dans la Chambre.

La Cour fut le lieu de justice ; la Chambre, demeure du Prince, centre de sa puissance, dépôt de son trésor, fut le lieu de faveur et de grâce. De là le pouvoir attribué souvent à la Chambre des Comptes jusque dans le XIV siècle, en fait de concessions et rémissions.

Des deux éléments primitifs de la souveraineté, le roi et ses fidèles, le roi, avec le temps, devint de plus en plus fort. Représentant surtout de la foule des petits et des opprimés, peu à peu et par cela même, ce fut dans sa demeure, centre de toutes les plaintes et de toutes les espérances, que de plus en plus résida le pouvoir. De la Cour (*forum*), le gouvernement passa par degrés à la Chambre royale.

A la Chambre royale avait été préposé, sous l'autorité du Sénéchal, ministre universel, un Chambrier ou chambellan. Un temps vint où

---

(1) Tacit. *Germ* : « De minoribus rebus principes consultant, de majoribus omnes. »

le Sénéchal se trouva réduit à présider, le bâton de force et de correction en main (1), aux choses de la Cour, aux choses de guerre et de justice, bientôt partagées encore entre des officiers différents et, avec le titre de Maître de l'hôtel (*hospitium*), qui en dernier lieu demeura le sien, à l'administration de l'hospitalité royale. Les vivres seuls restèrent sous sa garde; le Chambrier, avec la clef qu'il portait au cou, eut le trésor proprement dit (2),

---

(1) Le bâton marquait la puissance; c'est pourquoi on mettait en possession par la tradition d'un bâton, et on dépossédait en le rompant (*exfusticare*). Le Grand Maître de l'Hôtel rompait son bâton sur le cercueil du roi défunt. Ce bâton portait de petites pommes ou boutons noirs et d'or alternatifs (V. Favyn, *des Off. de la Cor.*, p. 135), rappelant les nœuds de la *clava*, qui fut la première arme et par suite le sceptre.

(2) Probablement avant lui le Bouteiller, *buticularius*, garde du cellier, dont la Chambre, originairement, ne dut pas être distinguée. C'est pourquoi le Bouteiller de France fut jusqu'au XVe siècle président de la Chambre des Comptes: Du Haillan, *de l'Est. des aff. de Fr.*, fo 299 b : « Le grand Bouteiller ou Eschançon de France a jadis esté un grand et honorable estat, mesmes contendoit de prérogative avec le connestable... et prenoit cent sols de chaque prélat de fondation royale à sa promotion, quand il faisoit son serment de fidélité, et à cause de son office estoit l'un des deux présidents en la Chambre des Comptes, comme appert par ordonnance du roy Charles sixiesme. Et en l'Estat de Philippes le Long, le sire de Suilli, grand Bouteiller de France, estoit souverain en la Chambre des Comptes. » A. Duchesne, *Antiq. et Rech. de la Fr.*, p. 669 : « En un vieux bouquin de la Chambre, intitulé *Pater*, en recitant divers droicts qui appartenoient au grand Bouteiller, on adjouste qu'il estoit souverain des Comptes. »

par suite le dépôt des titres du pouvoir et de ses actes.

Garde du trésor, le Chambrier, par une conséquence immédiate, eut d'abord dans son ministère la réception des hommages, et, par suite encore, dès qu'aux serments se joignirent des monuments qui en rappelaient la teneur, la réception et la conservation de ces monuments.

On appelait quelquefois la Cour, qui réunissait les hommes du roi, du nom de *tinel*, vieux mot (1) qui désignait le grand vase autour duquel tous, leur service fini, venaient, à l'ordre du Sénéchal, prendre place au royal banquet. On appelait souvent le trésor ou la Chambre, le *vestiaire* : c'en devint effectivement le principal que les vêtements qui y étaient amassés, non-seulement à l'usage du roi, mais aussi à l'usage de ses hommes (2). Et de là la part que le Chambrier prenait à la réception des hommages. L'hommage consistait dans la promesse qu'on faisait par serment qu'à la condition du vivre et du vêtement fournis par le seigneur, on serait son homme, ou son soldat, prêt à le servir, à l'assister en toute œuvre de justice et de guerre, en sa cour et

---

(1) Ducange, v. *Tinellus*, et A. Duchesne, *Antiq. et rech. de la Fr.*, p. 554.

(2) Le trésor des églises, par un motif semblable, était souvent appelé aussi *vestiarium, revestier*.

en campagne (*in curte et in campo*). Celui qui prêtait hommage quittait d'abord son cheval, ensuite son vêtement, recevait du Sénéchal, sous lequel il devait combattre, un nouveau cheval ; du Chambrier, garde du vestiaire, et après le bain, symbole d'un dépouillement et renouvellement total, un nouveau vêtement (*vest, investiture*). Le vêtement était de couleur royale, de pourpre ou d'écarlate; de là les manteaux rouges des chevaliers, des membres du Parlement, de tous ceux qui, à l'origine, avaient été, par l'hommage juré, les hommes du roi. On renouvelait ces vêtements avec les saisons : c'est ce qu'on appelait *livraisons* ou *livrées*; et jusqu'à la fin, tous ceux qui par leurs fonctions étaient comptés pour être commensaux ou convives du roi, eurent le droit qu'on appelait de « bouche à cour (1) et robe de livrée. » Ce fut donc, originairement, la charge du Chambrier que d'assister à l'hommage, et, aux temps antiques, de déposer dans le Trésor les symboles qui en furent les premiers monuments (2);

---

(1) Ducange, v. Buccellarius, cliens, verna, qui patroni panem edit, buccio, parasitus. — *Vassus*, buccellarius, conviva, trois synonymes. Lehuerou, *Instit. caroling.*, p. 149.

(2) L'investiture se fit d'abord par la tradition des symboles du pouvoir (bâton, anneau, couronne, etc.); plus tard s'y adjoignit la *cartæ traditio*, qui enfin de-

puis, lorsque le temps vint, surtout, où l'hommage fut prêté, non plus pour le vivre et le vêtement seuls, mais pour tels ou tels fiefs qui devaient en tenir lieu (1), et qu'il fallut énoncer par écrit, ce fut lui encore qui reçut de la main des vassaux, pour les serrer au plus profond de la Chambre, les cédules de leurs engagements. Ce fut lui, et en même temps ceux du conseil public avec l'assistance desquels il exerçait sa charge, qui durent, au besoin, tirant de la Chambre ces cédules, réclamer l'exécution des obligations qu'elles contenaient ; ce fut lui, par conséquent, qui en dut avoir et garder le dépôt. Et même après que le Chambrier eut perdu la plus grande partie de ses attributions, ce furent ceux à la tête desquels il avait autrefois veillé au trésor, et à qui demeura le soin des comptes, ce furent les « Gens des comptes » qui demeurèrent principalement chargés de la conservation des hommages, aveux, dénombrements, principaux titres du domaine, premier fonds du Trésor des Chartes royales, et même, par suite,

---

meura seule. Il en fut de même pour tous les contrats. La matière des archives consista donc d'abord en symboles réels, et plus tard seulement en monuments écrits.

(1) Lehuerou, *Instit. caroling.*, p. 138, 142, 149. Souvent, au lieu de terres, de simples pensions (fiefs *de camera*).

de la conservation de ce Trésor tout entier (1).

Quant à ce qui forme, comme on l'a vu, dans les archives de tout pouvoir public le second département, c'est-à-dire les décisions et engagements de ce pouvoir, avec les demandes qui y ont donné lieu et tous les documents qui s'y rapportent, ce fut le Chambrier aussi qui, d'abord, dut en avoir la garde.

Parmi ces compagnons du Prince qui étaient admis en sa Chambre, il y en eut qui ne s'en éloignaient guère, ou qui y revenaient sans cesse, qui étaient, plus que tous les autres, de sa suite, et qu'on appelait les *suivans* ou *poursuivans du Roi*. C'étaient ceux qui recueillaient pour lui les plaintes qu'en dehors des appels en justice, c'est-à-dire, surtout dans les premiers temps, des défis d'égal à égal, on adressait au patron des petits et des opprimés, et qui arrivaient par delà la Cour jusqu'à la porte de la Chambre royale (d'où les noms de Plaids et de Juges de la porte). On les appela quelque temps Référendaires (*à libellis*), d'un nom emprunté au formulaire romain; puis,

---

(1) Du Tillet met ses inventaires, qui sont surtout ceux du Trésor des Chartes, sous le titre de : *Inventaires des papers conncerant les roys et princes de France, trouvez par ledit du Tillet, dans les coffres de la Chambre des Comptes et registres de la cour du Parlement de Paris*. Voy. aussi Du Buat et le *Dictionnaire* de Chasles.

selon qu'ils étaient ecclésiastiques ou laïques, Clercs ou Chevaliers des Requêtes ; puis enfin, lorsque des gradués des universités, maîtres en sciences ou arts, en composèrent le plus grand nombre, Maîtres des Requêtes. Les Gens des Requêtes, sous ces différentes et successives dénominations, furent ceux aussi que le Prince chargea d'aller au loin recueillir les doléances des faibles, réprimer les excès des forts ; ce furent ceux que le Prince, à mesure que les ministres ou officiers chargés d'exercer une partie de la puissance publique s'en emparaient, et s'érigeaient eux-mêmes en princes indépendants, ce furent ceux qu'il envoyait d'auprès de lui (*à latere*) en qualité de commissaires ou légats extraordinaires, pour revendiquer, restituer, suivant le vœu public, l'autorité suprême; *missi* des premiers temps, *enquesteurs* du XIII⁰ siècle, *intendants* des siècles plus rapprochés du nôtre; en un mot, envoyés qui vont incessamment comme de l'intérieur de la Chambre du Prince (*cameræ missi*) jusqu'aux extrémités de son royaume et en reviennent à sa Chambre, portant et rapportant alternativement et prières et grâces.

Avec les Gens des Requêtes étaient attachés à la Chambre du Prince et toujours à sa suite les ministres, d'un ordre d'abord subalterne, qui recueillaient de sa bouche ses décisions, rédigeaient et délivraient ses réponses (*ab epistolis*) : c'étaient ceux qu'on appelait d'une dénomination romaine les Notaires du roi, et plus souvent encore, tous étant d'abord de l'Eglise, qui longtemps posséda seule tout savoir et toute littérature, les Clercs du roi.

Le Chambrier était inséparable de la personne du Prince (1), et le plus nécessaire de ses *suivans*. Ce fut à lui que, quelque temps du moins, les requêtes durent le plus souvent aboutir, et ce fut lui pareillement qui, le plus souvent, dut recueillir de la bouche même du roi ses réponses, en prendre ou faire prendre note, les transmettre. Quelque temps donc le Chambrier dut être le chef et des Référendaires et des Notaires royaux, et, en cette qualité, outre celle de garde du Trésor, avoir, avec le dépôt des titres de l'autorité suprême, le dépôt aussi de ses actes, ainsi que des lettres diverses, patentes ou closes, qui s'y rapportaient.

3. Cependant, aux mains du Chambrier, aux mains de cet officier, électif originairement, comme tous les officiers (2), mais qui devait

---

(1) Il couchait à ses pieds en l'absence de la reine. Quand le roi tenait son Lit de justice, le Grand Chambellan d'un côté, le Premier Chambellan de l'autre, étaient couchés au pied du trône.

(2) Loyseau, *des Off.*, p. 40 : « Les élections des of-

inévitablement tomber plus qu'aucun autre dans la dépendance absolue du roi, et qui, à plusieurs égards, devait compter avec la reine elle-même et lui obéir, les archives n'étaient déjà plus ou ne pouvaient demeurer longtemps les Archives publiques et universelles. Dès l'époque des Mérovingiens, on cherchait pour les actes de l'assemblée générale des dépôts placés, plus que ne l'étaient les Archives du Palais, hors de la puissance immédiate du Prince ; on les trouvait dans les trésors des églises (1). Puis l'Eglise ayant dans l'enceinte même de la résidence royale un sanctuaire, la Chapelle, qui semblait, dans son indépendance consacrée par la religion, offrir aux archives de la royauté et de la nation un dépôt également sûr de la Chambre les recueils

---

fices furent observées jusques à l'usurpation des Anglois, qui pendant qu'ils occupoient la plus grande partie de la France, introduisirent la libre collation du prince en tous offices, afin de mettre aux charges leurs partisans et confidens, ce qu'ils n'eussent pu faire si l'élection eust eu lieu : qui fust cause qu'après leur expulsion les roys voulant continuer la libre collation, et les officiers désirant r'avoir l'élection, on pratiqua désormais un expédient mitoyen entre les deux, qui s'appelle nomination, assavoir que le parlement ou chambre des comptes nommeroient au roy trois personnages capables de l'office vacant, dont le roy gratifieroit celuy des trois qu'il luy plairoit. »

(1) *Nouv. trait. de Diplom.*, I, 101. Sainte-Palaye, *Mém. de l'Acad. des Inscr.*, XV, 580.

des titres et des actes passèrent peu à peu dans la Chapelle (1).

Les Francs, en s'établissant dans les Gaules, ont trouvé, sur cette terre de tout temps religieuse (2), la religion chrétienne toute-puissante ; ils ont fait alliance avec elle. Partout, dans le royaume de France, auprès du comte, siége l'évêque. L'affinité était étroite, surtout, entre le roi et l'Eglise. L'Eglise, au nom de l'esprit, enseignait, parmi les violents, le droit des faibles : c'était le propre du roi, parmi ses compagnons en armes, d'être le patron et la ressource des faibles et des opprimés ; c'était son office principal que de faire prévaloir en leur nom, sur la guerre, le droit et la paix, et c'est par là qu'il devait de siècle en

---

(1) Le testament de Dagobert, publié dans un plaid général, est déposé dans les Archives du palais et dans les églises de Lyon, de Paris et de Metz : la charte concédée par Charlemagne à Tassillon, en échange de son abdication, est déposée dans les Archives du palais et dans sa chapelle, « *in sacri palatii capella.* » V. G. Ekhart, *de reb. Fr. or.* I, 205, 755.

(2) Cœsar, *de Bell. gall* , VI, 16 : « Natio est omnis Gallorum admodum dedita religionibus. » — Loyseau, *des Ordres*, p. 36 : « N'y en ayant guères (d'Estat en la chrestienté) où le clergé soit un ordre à part, ainsi qu'en France, qui a toujours esté plus chrestienne et a plus honoré l'Eglise que nation du monde. En quoy nous avons suivy anciennement les anciens Gaulois, nos prédécesseurs, lesquels donnoient le premier ordre aux druides, etc. » On appelait Paris : *la dévotieuse* (Favyn, *Théâtre d'honn.*, p. 444). C'est la même qualification que l'antiquité avait donnée à Athènes et à Rome.

siècle, porté par les vœux de la foule, s'élever d'une autorité précaire et restreinte à une souveraineté presque absolue. Entre l'Église chrétienne et le roi il se fit, dès l'abord, alliance et union intime. A la Cour, à la Chambre, s'ajouta un lieu saint, la Chapelle (1), où dut se conserver, avec les reliques, gages de la faveur divine (2), et bien plus que dans la Chambre royale elle-même, tout ce qu'avaient la nation et son prince de plus sacré et de plus cher.

Bientôt l'hommage, par lequel se recrute la milice royale, revêtira, dans la chevalerie érigée en ordre à l'image du roi même (3), pour la défense des faibles, la forme d'un sacrement (4) dont la Chapelle sera le plus

---

(1) D'abord sous le nom d'*Oratoire* (V. Fauchet, *Orig. des dignitez*, etc., c. 7). La chapelle était portée à la suite du roi. Philippe-Auguste perd à Fretteval sa chapelle avec ses archives.

(2) D'abord la chape de saint Martin, d'où vint, dit-on, le nom de Chapelle.

(3) Les chevaliers furent d'abord *milites reg's*. Leur règle, défense des opprimés, etc., n'était autre qu'une reproduction de l'office royal. Eustache des Champs (cité par Sainte-Palaye, *Mémoire sur l'anc. cheval.*, I, 127), dit que « les terres des rois et des chevaliers leur avaient été données pour défendre le peuple. » Et l'*Ordre de chevalerie* (*ibid.*, p. 129) : « Office de chevalier est de maintenir femmes, veuves et orphelins, et hommes més-aisés et non puissants. »

(4) L. Laboureur, *Hist. de la pairie*, p. 271 : « On en fit un sacrement parmi la noblesse. » — Sainte-Palaye, *Mém. sur l'anc. cheval.*, I, 114 : « L'habillement

souvent le lieu privilégié (1). Dans le trésor de la Chapelle, les trésoriers du roi, le Chambrier à leur tête, durent donc déposer, sous la garde du Chapelain, les cédules de serment et d'hommage, les *titres* du pouvoir.

Bientôt aussi ce sera dans la Chapelle royale que se réuniront d'ordinaire les conseils publics (2) ; les originaux ou les registres des *actes* du pouvoir viendront se déposer encore entre les mains du Chapelain.

L'Eglise avait préposé à la Chapelle, pour y servir en son nom, un de ses prélats (3). Représentant, auprès du prince, du droit et de la vérité, de la justice et de la science, il y occupa la place à laquelle avait été élevé, depuis Constantin, le questeur (4), intercesseur et

blanc et le bain répondaient aux cérémonies du baptême, l'accolade et le soufflet à celles de la confirmation, et le mot *espouser*, dont quelques auteurs se servaient pour *adouber*, *armer chevalier*, indique une espèce de mariage. Enfin la chevalerie était regardée comme une ordination, un sacerdoce. »

(1) Sainte-Palaye, *ibid.*, p. 70.
(2) Ord. de 1320 : « Viendront (les huit clercs et douze lais du parlement) à l'heure que l'on chante la première messe, en notre Chapelle basse de Paris, et demoureront illec continuellement jusqu'à midi sonnant, en notre dite Chapelle, sans partir et sans issir. » Miraulm. *Mém. sur l'orig. et instit. des cours souv.* (1610, in-8°), p. 11.
(3) Consensu episcoporum. Hincmar, *De ord. pa'a ii.*
(4) Loyseau, *Off.* p. 506 : « Le questeur, duquel, en France, le chancelier tient la place sans difficulté, ainsi que dit Cujas sur la loy dernière. *C. de pet. bon. subl.* » — Miraulmont, *Mém.*, p. 247.

correcteur suprême : par son intermédiaire passa toute demande; par son intermédiaire, toute réponse. A lui, en conséquence, de présider les conseils où l'on examine les demandes, où l'on prend les résolutions qui y répondent; à lui de mesurer ensuite ces résolutions mêmes à la mesure du droit supérieur dont il a le dépôt (1), de réformer celles qui s'en écartent (2), d'imprimer aux autres le grand sceau royal et d'en délivrer les lettres patentes. Un sceau lui est remis à cette fin, portant l'effigie du roi de France, non à cheval et brandissant l'épée, comme tous les autres souverains, mais (du moins sous la troisième race) dans le solennel et pacifique appareil du Lit ou Trône de justice, tenant en ses mains, séparés, les deux symboles de la

---

(1) Symmach. *l.* I, *ep.* 17 : « Vox et custos legum atque justitiæ, armarium legum et principis imago, consilii regalis particeps, precum arbiter, legum custos, et majorum gentium jurisconsultus. » Bud. *in Pand.* fº 77 b. : « Cancellarius igitur in Francia, cujus id munus est, eæ primæ sunt partes videre ut nulla principis constitutio, nulla sanctio, nullum diploma, nullum rescriptum, nulli codicilli regii non e republica atque etiam e dignitate reipublicæ populique exeant. Cujus censuræ aut stylo principum majestas acta sua eximi nunquam voluit. »

(2) Philippe le Long ordonna le premier que le Chancelier, au lieu de déchirer ou de biffer les lettres du roi qu'il ne croyait pas devoir confirmer et sceller, les lui renverrait avec l'indication de ses motifs. — En Angleterre, en Espagne, etc., le Chancelier avait des attributions semblables. Voy. Godefroy, *Hist. des Chanceliers.*

force et de la justice, identifiée avec la paix (dans la droite le sceptre, dans la gauche la main de justice, une main qui fait le signe de la bénédiction). Au Chambrier il ne resta, avec les lettres missives et privées, que le *sceau du secret*. Le Chapelain fut le Référendaire par excellence (*Referendarius*), qui rapportait au prince les plaintes des suppliants : les gens des requêtes devinrent ses assesseurs ; il fut par excellence l'Apocrisiaire (*apocrisiarius*, d'ἀπόκρισις), chargé de rendre les réponses du prince : les notaires, clercs, secrétaires se rangèrent sous ses ordres (1). Une de leurs qualifications, celle de Chancelier, tirée des barreaux (*cancelli*), derrière lesquels ils siégeaient (2), lui devint propre, et fut le nom qui bientôt rem-

(1) Hincmar. *epist*. ap. P. Pith. *in Capit. Car*. M : « Cancellarius a secretis tum appellabatur, erantque illi subjecti prudentes ac fideles viri, qui præcepta regis absque immoderata cupiditate scriberent et secreta illius fideliter custodirent. » Du Haillan, *de l'Estat des aff. de Fr*. (1580, in-8°), f° 309 b. : « Les Chanceliers (originairement) signoient les lettres et servoient comme de Secrétaires d'Estat : et souvent en plusieurs lieux ce mot de Chancelier est prins pour Secrétaire, ce qui faict penser qu'on ne faisoit point lors tant de depesches qu'on fait à ceste heure, et qu'un Chancelier servoit de ce qu'aujourd'huy sert un Chancelier et un Secrétaire, signant et scellant les lettres. »
(2) Loyseau, *des Off*., p. 269 « : *Cancellarii* estoient ceux qui mettoient en forme quoy que ce soit, qui souscrivoient les actes et sentences, et les délivroient aux parties... Et combien que le Chancelier fust du commencement le dernier en rang de tous les Scribes..., néanmoins estant celuy seul duquel les parties avoient

plaça tous ses autres noms. Ce fut le Chancelier qui bientôt, au lieu du Chambrier, fit prêter les serments d'hommage, en reçut les cédules ; ce fut lui qui, en retour, conféra les charges, en délivra les diplômes qu'on appela provisions d'offices et brevets ; d'où la juridiction qui lui fut propre, avec les Maîtres des Requêtes pour assistants, pour tous litiges relatifs aux offices publics ; ce fut lui enfin qui délivra principalement, comme représentant éminent du droit de grâce, de l'attribut le plus haut de la puissance royale, toutes chartes de concessions et rémissions. Toutes lettres adressées au Prince, toutes lettres par lesquelles le Prince y répondait, pour peu qu'elles eussent caractère public, passèrent donc par les mains du Chancelier ; avec ces lettres, les enquêtes, les mandements et instructions ; ce fut à lui qu'il appartint et de les déposer au Trésor nouveau et de les y conserver.

---

affaire..., il devint enfin le plus autorisé. » — Dans le *forum* romain, dans les *cours* des temps barbares, des *cancelli* séparaient le peuple de l'enceinte réservée aux juges et aux parties. Au dedans des *cancelli* et tout auprès se tenaient ceux des scribes auxquels le public avait affaire. De là le nom de *cancellarii*. Le vestibule, en général (*atrium*), séparé d'abord des maisons par les portes et portières (*vela*), était séparé, originairement, de la voie publique par de simples *cancelli*. Sidoine Apollinaire, en parlant de la garde de Théodoric, dans le vestibule du palais (*l.* II, *ep.* 1) : « Exclusa velis, inclusa cancellis. »

4. Il vint un temps où, le roi s'affranchissant, par la sainteté même que lui conférait sa justice, de la tutelle de l'Eglise (1), le Chancelier, premier ministre du roi, chef de tous ses conseils, se distingua du Chapelain, où il ne fut même pas nécessairement homme d'église, mais de robe longue seulement, c'est-à-dire lettré, gradué des facultés ; quelquefois enfin, comme les Flotte, les Nogaret, les d'Orgemont, homme d'épée, chevalier. S'éloignant de la Chapelle, se rapprochant de la personne du Prince, le Chancelier eut, à sa suite, non loin de la Chambre, dans laquelle il présidait aux conseils, son Auditoire, où les décisions royales, surtout en fait de grâces et

---

(1) D'abord membre de l'Eglise (A. Duchesne, *Antiq. et rech. de la Fr.*, p. 419 : « La tunique ou dalmatique montre qu'il est diacre, qui est dignité de prestrise, etc. » — Favyn, *Théâtre d'honn.*, II, 13 : « Les sacrés roys de France, dès le temps de Clovis, communiaient sous les deux espèces, que les docteurs appellent *communion sacerdotale*, ce que ne font les autres roys de la chrestienté. » Cf. Greg. Turon. III, 17; VI, 9, 15); puis, souvent tenu pour chef de l'Eglise de France (Loisel, *Observ.*, p. 34 : « Par le droit de régale, les roys de France tiennent le lieu des évêques, lorsqu'ils sont décédés. — Et de fait nous tenons nostre roy pour chef de l'Eglise gallicane »); toutefois, au moins originairement, à condition qu'il siégeât en Parlement (Fauchet, *Privil. et lib. de l'Eglise gall.*, p. 8 : « Nos évesques ne recognoissants souverain que le Roy assis en son Parlement, aussi appelé *Sancitum* et *Placitum*, lors composé de prélats, comtes et nobles soigneurs.) »

concessions, dûment vérifiées, scellées et enregistrées, il les proclamait et en délivrait lettres patentes. Le Trésor des Chartes, cependant, une fois mis dans la Chapelle royale, y demeura; de là il advint que le Chancelier ne fut pas toujours soigneux, comme il avait dû l'être alors que la Chapelle était tout entière sous son pouvoir, d'y verser ses papiers. Entre la Chambre royale, où s'arrêta souvent une grande partie des actes d'hommage et autres titres du domaine, et la Chancellerie, qui retint souvent une grande partie de ses dossiers, registres et expéditions, les Archives royales durent se trouver toujours plus dépourvues et négligées, et ce fut de plus en plus entre les mains des préposés au domaine et aux comptes, d'une part, et, de l'autre, entre celles du Chancelier et de ses notaires, que s'amassèrent les éléments qui devaient composer ces archives.

5. Ce ne fut pas tout. A partir du temps où de la division même qui fut l'effet de l'indépendance des seigneurs féodaux, après les malheurs et les désordres du IX et du X® siècle, naquit un besoin plus pressant et plus efficace d'unité, et où l'autorité royale, qui semblait anéantie, commença au contraire, suscitée par l'appel des peuples souffrants, à

prendre définitivement le dessus et à s'étendre et dominer de tous côtés, il lui fallut pour suffire à une tâche de jour en jour plus complexe, diviser, multiplier les organes de son action. De là une séparation nécessaire des ministères publics, et, par suite, des éléments dont se composaient les Archives royales.

A la fin du XIIIe siècle, la juridiction royale s'étendant, embrassant un beaucoup plus grand nombre, une beaucoup plus grande diversité de causes, le grand Conseil, qui, à l'administration de la justice joignait celle des affaires de guerre et d'Etat, n'y suffisait plus ; la justice, d'ailleurs, sous le règne de saint Louis, achevait de se distinguer de la guerre (1), et enfin le roi, plus puissant de jour en jour, réservait à son conseil intime une plus grande partie des affaires publiques. La cour de justice fut, sous saint Louis (2), séparée de la suite du Prince, et immobilisée en son palais de Paris. Le nom de Parlement, qui avait désigné jusque-là le Conseil royal et national tout entier, devint le nom particulier de cette cour. De cette époque on peut dater la distinction, jusque-là très-imparfaite, des trois grands services : la guerre, sous la direction spéciale du Connétable, successeur,

---

(1) « Guerre n'est pas droit. » Saint Louis.
(2) Voyez Beugnot, *Olim*, préfaces.

à cet égard, de l'antique Sénéchal ; la justice, sous celle du Chancelier, ministre universel, mais dont la justice fut, dès le principe, et toujours davantage, l'attribution principale ; enfin, sous le Trésorier, héritier des attributions les plus importantes du Chambrier, les finances (1).

Vers le même temps se détachaient aussi de la suite du roi, et prenaient résidence auprès du Parlement, à la Table de marbre, où le roi venait encore, aux jours de cour plénière, tenir un banquet solennel, la juridiction particulière du Connétable et de ses Maréchaux, et les autres juridictions qui, selon l'usage antique, étaient attachées à chacune des grandes charges.

Bientôt, du Conseil royal devait se séparer encore, pour juger et les appels du Parlement lui-même et les affaires de l'Eglise, le haut tribunal qui, retenant le nom par lequel avait été désigné jusque-là le conseil royal même, s'appela dès lors le Grand Conseil.

Le Conseil royal, resté pour ainsi dire en possession de la Chambre du roi, fut alors qua-

---

(1) Loyseau, *des Off.*, p. 20 : « Ayant... la charge de Maire du palais esté démembrée et partie en trois, à sçavoir que la superintendance des armes a esté baillée au Connestable, celle de la justice au Chancelier, et celle des finances au grand Trésorier de France, qui est à présent nommé Superintendant des Finances. »

lifié principalement de Conseil Etroit ou Conseil Privé. Puis, dans ce Conseil il fallut, pour juger principalement les conflits des hautes juridictions (1), un conseil ou comité spécial, à qui devint encore propre le nom de Conseil Privé. Au-dessus demeura enfin, pour les choses de finances et de gouvernement, l'assemblée qu'on appela le Conseil de finances, d'Etat et d'affaires.

D'un autre côté, vers la même époque où s'était constituée à part du grand Conseil public et royal, pour vaquer spécialement à la justice, la cour du Parlement, il était arrivé, le domaine s'accroissant non moins que la juridiction, que de ceux de ce conseil qui autrefois en étaient députés à l'occasion (2), pour vaquer, dans la Chambre royale, soit aux dons, engagements et redevances à recevoir, soit aussi aux dons et faveurs à accorder, un deuxième corps s'était formé, lequel, se separant peu à peu de la Chambre, devint une Chambre distincte des Deniers et des

---

(1) Ce fut d'abord l'attribution principale du Grand Conseil. Loisel, *Observ. mest.* « Le Grand Conseil est fondé principalement pour régler les ressorts des Parlements et entreprises qu'ils pourraient faire les uns sur les autres. Et l'on pourroit dire que messieurs du grand Conseil sont en quelque façon les souverains Préteurs de ce royaume. »

(2) « Gentes quæ ad compotos deputantur. »

comptes (1) ; chambre qui, conformément au principe général, d'après lequel tout pouvoir public était juge en sa sphère, fut en même temps, et toujours davantage, en matières de trésor et de comptes, une Cour de justice ; Chambre enfin qui bientôt encore se divisa en deux chambres et cours différentes : pour les deniers, la Chambre du Trésor, où siégeaient les Trésoriers de France ; pour le reste, la Chambre des Comptes. Puis de ces deux corps préposés au domaine royal, un troisième se détacha, chargé de cette branche particulière du domaine sur laquelle la royauté préten-

---

(1) Le Parlement, la Chambre des Comptes n'en continuèrent pas moins pendant longtemps de faire partie, dans les circonstances solennelles, du grand Conseil du roi, qui prenait alors, ordinairement, le nom de Conseil commun. *Reg. du parl.*, cité par Miraulmont, *Traité de la Chanc.*, p. 146 : « Le samedy, 21 janvier (1371), vaqua la cour, du commandement du roy, qui assembla tout son conseil, jusque au nombre de deux cens, ou environ, prélats, barons et autres, en l'hostel de S. Pol. » *Mémor. de l. Ch. des compt.*, cité par Fr. Duchesne, *Hist. des Chanc.*, p. 354, 362 : « Dominus rex, vocatis apud S. Paulum magno consilio suo tam prœlatorum gentium parlamenti [quam] cameræ Computorum, et aliis pluribus. » Il s'agissait de l'élection d'un chancelier. — De même, le 20 novembre 1373 ; *Reg. du parl.*, cité par Miraulm., *ibid.*, p. 149 : « Le roy tint au Louvre son grand et général conseil de prélats et princes de son lignage, barons et autres nobles des seigneurs du parlement, des requestes de son hostel, des comptes et autres conseillers, jusques au nombre de six vingts et dix personnes, ou environ, pour eslire chancelier de France. »

dit longtemps un pouvoir absolu, et d'où, en conséquence, on tira principalement, jusque vers le milieu du XIV⁰ siècle, les ressources que demandaient les besoins extraordinaires : ce troisième corps fut la Chambre et Cour des Monnaies.

Enfin, lorsqu'à l'ancien domaine, ou domaine ordinaire, s'ajouta, pour remplacer la ressource devenue odieuse de l'altération des monnaies, ce que l'on appela le domaine extraordinaire, c'est-à-dire les « aides de guerre(1) », on vit, du conseil demeuré dans la Chambre royale, se détacher encore la Chambre et Cour des Aides.

La noblesse, de plus en plus séparée de la royauté, ne l'aidait plus de ces offrandes qu'elle lui apportait jadis avec son hommage, et qui avaient formé, jointes au revenu ordinaire du domaine, le principal aliment du trésor ; les dépenses de guerre, le luxe, et en même temps l'avilissement seul du cens de ses terres la ruinaient (2) : le roi dut, pour suffire aux dé-

---

(1) « Oncques puis que le roy mit les tailles des possessions, des monnoies ne luy chalut plus. » Reg. des m nn , Leblanc, Traité des monn., p. 73 et 167; Chéruel, Dict. des in*tit., p. 817. Villani, VIII, 58 : « Lo re di Francia, per fornire sua guerra, fece falsificare sua moneta. »

(2) La noblesse française périt dans les guerres et se ruina. Dans la riche Angleterre (« le pays est fort argenteux, et les gens de métier gaignent plus en une

penses croissantes de son office, à celles des guerres surtout, demander aide aux peuples. Le peuple, d'autre part, sous la protection royale, s'enrichissait par le travail (1). De là les nouvelles assemblées nationales où vint prendre place, auprès du clergé et de la noblesse, ce tiers Etat, qui, dans les assemblées d'autrefois, s'il y avait tenu quelque place, ne formait pas un corps, et qui, dans les Etats généraux, présenta en corps ses plaintes (*libelli*), vota en corps, pour prix de la justice et de la protection pro-

---

semaine que ceux d'Allemaigne ou d'Espaigne en un mois. » Perlin, en 1558), les seigneurs s'exemptèrent bientôt du service militaire en payant l'*escuage*, s'associant ainsi à la condition du peuple, et s'enrichissant avec lui par le commerce. De l'*escuage* le roi d'Angleterre solda les troupes régulières qui défirent, aux XIVᵉ et XVᵉ siècles, les vaillantes mais très-irrégulières armées féodales de la France.

(1) Le Labour. *Hist. de la Pair.*, p. 152 : « Quand ces sujets ou hommes de pouëst (*gentes potestatis*, relevans absolument de leurs seigneurs) eurent obtenu le droit de *pécule*, et qu'ils devinrent maîtres de leur industrie,... ils trouvèrent moyen de devenir d'hommes de bras une manière de fermiers, prenant à cens ou champart les maisons ou terres qu'ils cultivaient auparavant comme serfs ;... ils commencèrent à cultiver les arts mécaniques et la marchandise, et se firent assez riches pour achepter leur franchise personnelle, etc. » P. 155. « Il n'était pas juste que croissant en biens et priviléges, et possédant en propriété des biens-fonds pour lesquels les Seigneurs qui les avoient aliénés à certain cens devenu à rien par l'abondance de l'argent devoient un service continuel à l'Etat, il (le tiers Etat) ne fût d'aucun secours à ce même Etat dans les nécessités publiques. »

mises, les *aides* ou *finances*. Les aides, en effet, comprenant et la taille, impôt direct sur ceux qui ne devaient point de service militaire, et les aides proprement dites, ou impôts indirects, firent bientôt le principal des revenus royaux, et le nom de finances, qui leur était propre originairement, fut le nom commun des deniers publics. Le Trésor, tel qu'on l'avait entendu jusqu'alors, n'en fut plus qu'une partie, et le Trésorier un des instruments du Surintendant des finances. En conséquence, faire en sorte que les peuples pussent aider à l'Etat, et pour cela leur aider (1), ce fut en quelque sorte, au moins pour l'intérieur, tout le gouvernement. Dans l'assiette des impôts, dans l'examen des cahiers des Etats, ou, lorsque les Etats ne furent plus réunis (tous les droits des peuples étant censés, à la fin, avoir été transférés au Roi), dans l'examen des cahiers des provinces semblèrent renfermées toutes les attributions du Conseil. Le Conseil, rebâti en quelque sorte sur ce nouveau fondement, se nomma le Conseil d'Etat et de finances. — De même donc que de l'ancien Conseil du Trésor, ou de la Chambre primitive, la Chambre spé-

---

(1) C'est ce que pratiqua si bien Colbert, diminuant les tailles, péages, etc., et dépensant beaucoup en canaux, routes, etc., pour que les *aides* en crûssent d'autant et davantage.

ciale des Deniers et comptes s'etait détachée afin de pourvoir au détail des choses du domaine, de même du moderne Conseil des Finances une Chambre spéciale se détacha pour le détail des impositions et pour les contestations dont elles pouvaient devenir le sujet. Chaque province avait élu dans le Conseil, et surtout, vraisemblablement, parmi les Gens des Requêtes, pour répartir et lever les aides dans sa circonscription, un commissaire, dénommé Général, parce qu'il s'agissait non plus du domaine particulier de la Couronne, mais de la généralité d'un pays. Des Généraux, d'une partie au moins d'entre eux, se forma la Chambre des Aides (1).

Le Parlement, les juridictions spéciales de la Table de marbre, le Grand Conseil et le Conseil Privé, les Chambres des Comptes, des Monnaies et des Aides, ainsi constitués par les développements et les démembrements successifs du grand Conseil primitif, étaient autant de Cours perpétuelles, aux formes solennelles, aux actes généralement publics, réglés, la plupart du temps, soit par les prescriptions

---

(1) V. notamment le Laboureur, *ibid.* p. 157. — Au commencement, le Général élu par chaque province fut aussi le chef des troupes qu'elle fournissait. *Ibid.*, p. 158.

positives des lois, soit surtout par leurs usages propres (1); c'étaient, ce devinrent du moins des corps permanents dont le temps affermit et régularisa de plus en plus l'organisation (2), et auprès desquels devaient se conserver, comme sous la surveillance et la foi du public, tous les monuments successifs de leurs opérations. Emanés de l'autorité centrale, le grand corps des secrétaires de cette autorité, le corps des Clercs et Notaires royaux leur fournit, pour tenir et pour garder leurs écritures, des greffiers par lesquels leurs archives se conservèrent entières et en bon ordre jusqu'à la fin de la monarchie, à cela près des ravages qu'y firent divers incendies, au XVIᵉ et au XVIIᵉ siècle, et, en dernier lieu, la Révolution. Les Archives du pouvoir, auquel restait, après l'érection de ces différentes Cours, presque toute l'action

---

(1) Du Haillan, *de l'Est. des aff. de Fr.*, fº 165 : « N'est subjecte ladite Cour (de Parlement) à aucune loy, statut ny ordonnance, et juge seulement d'équité. » Miraulm., *Mém.*, p. 23. — En Angleterre, le tribunal seul du Chancelier jugeait *ex æquo et bono*, et était appelé en conséquence *Curia conscientiæ*.

(2) Loyseau, *Off.*, p. 46 : « A l'égard du Parlement, lorsqu'il étoit ambulatoire, il est certain que... les Officiers d'iceluy estoient révocables, à sçavoir qu'ils n'estoient que Commissaires, et non pas Officiers ordinaires. » Il en fut de même des autres Cours, dans leurs commencements. Comme les *honores* auxquels ils succédèrent, les offices furent d'abord temporaires, puis vingers, puis (à partir de Louis XI) héréditaires.

politique, toujours plus concentrée dans le secret de la Chambre, eurent une tout autre destinée. Non-seulement les différentes pièces relatives aux attributions particulières, qui étaient devenues celles de chacune des Cours, ne durent plus entrer aux Archives royales ; mais, de plus, nombre de pièces appartenant par leur nature aux Archives royales, mais qui devaient, pour y arriver, traverser quelqu'un de ces différents corps, séjournèrent dans leurs bureaux, s'y arrêtèrent.

La Chambre des Comptes, devenue un corps distinct de la Chambre royale, négligea de plus en plus de verser ou de rétablir dans le Trésor des Chartes les *titres* du domaine ; de plus en plus, le Garde de ses livres négligea ou dépouilla, au profit des archives dont il avait le maniement journalier, les archives de la Sainte-Chapelle. Quant aux *actes* du pouvoir, les chambres et cours suprêmes conservaient de leur ancienne union et identité avec le conseil général et public le droit de les vérifier. Toute décision royale d'importance ayant dû, dans l'origine, recevoir, pour être valable, l'approbation de l'assemblée nationale, ce fut une règle qui subsista plus ou moins jusqu'à la fin de la monarchie, que tout édit, toute lettre patente devaient, même après vérification par le Chancelier, être vérifiés encore dans les cours souveraines, et que, par l'insertion seule dans leurs registres, une décision du roi et de son Conseil acquérait force de loi (1). Il en arriva que souvent des ordonnances, des édits furent portés aux cours souveraines pour y être vérifiés et enregistrés, qu'on négligeait ensuite ou de déposer au Trésor royal des Chartes ou de renvoyer, pour qu'elle les y déposât, à la Chancellerie.

6. Outre les causes qui souvent arrêtèrent ainsi nombre de papiers d'Etat dans le détour qu'ils avaient à faire pour arriver de la source première au dépôt établi pour les re-

---

(1) Loyseau, *des Ordres*, p. 24 : « Philippe le Bel, pour oster de sa suitte le parlement (qui lors estoit le conseil ordinaire des roys, voire leur faisoit teste bien souvent) et lui oster doucement la cognoissance des affaires d'Estat, l'érigea en cour ordinaire et le rendit sédentaire à Paris, dont encore il a retenu ce reste de son ancienne institution, qu'il vérifie et homologue les édits du roi, ce que l'empereur Probus avoit attribué au sénat romain : *Ut leges quas ip e eder t senatus consultis propriis consecraret*, dit Vopiscus. » — Comines, *Mém.*, II, 14 : « C'est la coustume de France d'y publier tous accordz, ou aultrement seroient de nulle valeur ; toutes foys les rois y peuvent tousjours beaucoup. » — Louis d'Orléans, *Ouvert. des parl.*, c. 6 : « Anciennement, s'il y avait quelque loy nouvelle faicte par le roy, on la monstroit au peuple pour en sçavoir son advis, pour ce que *in capitularibus Caroli*, art. 12, *scriptum est : Populus interrogetur de capitularibus quæ in lege noviter additi sunt*. Toutesfois la cour de parlement est celle aujourd'huy qui, au lieu du peuple, vérifie ou empesche les édicts du roy. »

cevoir, ces papiers devaient de plus en plus, avec le temps, ou s'amasser, pour ainsi dire, en cette source même, ou à l'entour, sans en descendre au lieu de leur destination, ou, plus souvent encore, se partageant comme entre des canaux toujours plus divergents, se dissiper, se perdre.

Les différentes cours constituées pour tout ce qui était surtout matière de droit et de raison, naturellement sujette aux formes solennelles de la publicité, restait, pour alimenter les Archives royales, tout ce qui relevait plutôt de la libre volonté, dont la Chambre du Conseil royal était devenue presque exclusivement le siége, tout ce qui formait, selon le langage d'autrefois, le domaine des choses de *commandement* (1). Là, moins de suite et de constance dans les actes, et, pour les monuments écrits relatifs à ces actes, des destinées plus diverses et incertaines.

Dans les monarchies, remarque Jean du Tillet, le savant greffier du Parlement qui, le premier, entreprit de composer, d'après les monuments authentiques, un corps complet

---

(1) *Ord.* de 1582 : « Choses procedantes du mouvement et commandement de S. M. » J. Joly, *add. aux Off.*, d'E. Girard, I, cccxl : « Secretaires d'Estat et des commandements, ainsi appelez parce qu'ils expedient tout ce qui depend de la seule grâce, faveur et commandement du Prince. »

de l'histoire et du droit public de la France, et qui reçut à cet effet tout pouvoir pour explorer le Trésor des Chartes, dans les monarchies les affaires publiques se traitent par un petit nombre de personnes qui en doivent garder le secret ; c'est pourquoi les papiers publics sont entre leurs mains seules et à leur discrétion tant qu'elles sont en fonctions, et, à leur sortie de charge, le plus souvent se perdent (1). En second lieu, on fut toujours

---

(1) *Guerres et traités de paix, Epistre au roy*, etc. : « Dyon ayant escrit quelque temps de la république romaine, poursuyvant celuy d'Auguste devenu empereur, s'excusa de moins pouvoir déclarer les matières récentes qu'il n'avoit fait les anciennes, pour la différence des monarchies aux républiques ; d'autant que soubs les républiques toutes choses sont vrayement cogneues par temps, pour estre faites par délibération de plusieurs, et redigées en escrits conservez. Or, au contraire, en la monarchie, l'Estat des princes est manié par peu de personnes esleuës et coustumierement exposées à envie telle, qu'ils sont contraints taire et celer leurs principaux affaires, et les tenir si secrets au plus profond de leurs pensées, qu'ils ne soyent sceuz ny entendus, mesmes d'aucuns leurs amis, desquels il faut que ils se gardent en telles choses, comme ils feroient des ennemis. Et certes en tel gouvernement le secret par tout est si nécessaire, que par faute d'iceluy, le meilleur advis tourne mauuais. A cette cause, ès monarchies le plus souvent ce qui est divulgué des conseils est faux, ou bien ne demeure que la narration nue de ce qui s'est passé, sans aucune certitude ne intelligence de la conduite ny du progrès. Et qui plus est à regreter, les instructions, missives et autres lettres concernans les affaires communement se perdent, sans estre gardées pour le service desdits Princes, comme il appartiendroit, mais les héritiers, amis ou serviteurs de ceux qui en ont charge, s'em-

membre du Conseil de gouvernement non en
vertu d'un office irrévocable, comme le fut,
du moins depuis le XIV⁰ siècle environ, celui
des membres des Cours, mais par une simple
délégation ou commission temporaire. Le roi,
de plus en plus puissant, élut de plus en
plus librement ses conseillers et agents immédiats. Et peut-être c'était une nécessité véritable
pour l'autorité suprême, en commerce de plus
en plus direct et actif non plus tant avec
les deux ordres, immobiles dans leur privilége,
du clergé et de la noblesse, qu'avec ce tiers état
dont la condition changeait d'heure en heure,
peut-être c'était une nécessité pour l'autorité
qui devait se proportionner par un continuel
progrès à ce continuel changement, de renouveler au fur et à mesure ses coopérateurs.
Or, parmi les mutations fréquentes des personnes, parmi la variation de leur faveur ou
de leurs disgrâces, mille chances survenaient,
pour les papiers d'Etat qui se trouvaient dans
leurs mains, de perte et de destruction. Et
enfin, en ce pays de France, de génie mobile

---

parent après le deceds de ce qu'ils peuvent, comb en que
la moindre pièce en son temps serviroit. Ce que je dis,
Sire, n'est pour bla mer aucun, ains advertir vostre dite
Majesté, pour y po rvoir, qu'au Thres r de vos chartres
défaillent non-seulement instructions et mémoires, mais
traictez et pièces d'importance de plusieurs règnes de
vos dits prédécesseurs. »

et toujours en quête du mieux, où les institutions, par cette cause surtout, se transformaient avec une rapidité croissante de siècle en siècle, et presque de règne en règne, on tenait moins de compte bien souvent qu'on ne faisait presque partout ailleurs des actes et des monuments du passé.

En 1320, par une ordonnance de Philippe le Long, auteur de tant de sages mesures, le secrétaire du Conseil du roi dut tenir un registre exact des délibérations, avec les noms, pour chacune, de ceux qui y auraient pris part. L'ordonnance ne fut pas longtemps exécutée; et le savant Guillaume Budé, dont le père et l'aïeul avaient été gardes du Trésor des Chartes, et qui lui-même le connaissait à fond, Budé dit à ce sujet : « C'est un malheur que cette règle n'ait pas été suivie ; si elle l'avait été, nous ne serions pas si ignorants que nous le sommes des actes des princes d'autrefois. Le temps présent saurait de quoi est redevable la chose publique à chacun de nos ancêtres. Maintenant, au contraire, par la négligence à garder les temps, tout est enfoui dans les ténèbres ; les Français sont dans leur patrie comme en un pays étranger, seul, ou peu s'en faut, de tous les peuples qui ignore ses propres affaires. D'instruments publics de gouvernement, il ne nous reste rien qui soit de grande conséquence. Tel est l'éternel génie de ce royaume, que les monuments des choses du passé y semblent n'importer en rien à la chose publique (1). »

7. Tous les papiers du Conseil, originairement, devaient passer, soit pour y entrer, soit pour en sortir, par les mains du Chancelier, universel rapporteur (*a libellis*) et secrétaire (*ab epistolis*). A mesure que les affaires dont le Conseil royal avait à délibérer devinrent et plus nombreuses et plus variées, à mesure qu'on dut, pour y suffire, se départir davantage de l'appareil des anciennes formes, à mesure enfin que l'autorité royale réussit à se rendre plus indépendante non-seulement du contrôle des Cours souveraines, mais de celui même des Chanceliers et Gardes des sceaux, les papiers d'Etat, toujours plus divers et d'objets et de formes, se divisèrent entre les différents rapporteurs et les différents secrétaires, devenus d'aides et employés du Chancelier, des personnages indépendants.—Les rapporteurs étaient principalement, comme nous

---

(1) *In Pandectas*, p. 89. Du Tillet cite pour la confiscation de la Guyenne sur le roi d'Angleterre, en 1370, outre un registre du Trésor et deux du Parlement : « registre du conseil, le 8 may audit an 1370. » — Du Haill., *Est. des aff. de Fr.*, f° 313 *bis* : « Estant un malheur coustumier en ce royaume de ne trouver aucune chose de l'institution des anciens Estats et officiers. »

l'avons vu, ceux qu'on appela, au XIVᵉ siècle et depuis, Maîtres des requêtes. Souvent les demandes, dont les Maîtres des requêtes avaient à faire le rapport au Conseil, durent rester entre leurs mains, et aussi les documents divers, informations, états, mémoires, etc., qui avaient servi à leur travail. — Du corps des Maîtres des requêtes étaient pris, selon la tradition de tous les temps, les envoyés ou commissaires royaux qui allaient par les provinces recueillant leurs doléances, recevant, pour les transmettre au Conseil, leurs cahiers; c'était l'objet, de la part des Maîtres des requêtes, de *chevauchées* périodiques. Telle fut, comme nous l'avons dit, l'origine des Intendants de justice, police et finances, entre les mains desquels se trouva enfin réunie, aux XVIIᵉ et XVIIIᵉ siècles, la plus grande partie de l'administration (1). Du même corps le plus souvent, et d'ailleurs quelquefois, étaient tirés les commissaires royaux, ambassadeurs et autres, chargés de négociations avec les Etats étrangers, de traités de paix ou d'alliance, de règlements de frontières, etc. Ces divers commissaires, répandus çà et là, loin, la plupart du temps, du centre du gouvernement, la meilleure partie des papiers qui

---

(1) Voyez Caillet, *l'Administration en France sous le ministère du cardinal de Richelieu*, ch. 4.

aurait dû de leurs mains passer au Conseil royal et du Conseil aux Archives restait en leur pouvoir ; quelquefois même, dans le nombre, des titres appartenant déjà au Trésor des Chartes, et qui leur avaient été confiés comme utiles à l'accomplissement de leurs missions ; leurs héritiers, après eux, ou s'en faisaient une propriété ou les abandonnaient à des tiers.

Mais ce fut entre les mains surtout des secrétaires du Conseil que s'amassa de bonne heure la meilleure partie de ses papiers.

Les affaires terminées, un temps suffisant une fois écoulé, il était de règle que les papiers du Conseil et généralement les documents relatifs à tous les objets de ses délibérations, passassent des mains de ses secrétaires dans le Trésor des Chartes. Le plus souvent, la règle n'était pas appliquée.

Dans tous les corps, ceux qui tenaient la plume avaient, par degrés, passé d'une condition inférieure à un grand pouvoir. C'était ainsi que dans le Parlement, dans la Chambre des Comptes, les clercs ou scribes appelés d'abord « petits clercs, » par opposition aux prélats qui en faisaient partie, après avoir tenu la plume sur les bancs placés au-dessous des siéges des conseillers, étaient montés peu à peu aux siéges supérieurs (1); et peu à peu les gens de *robe longue*, les *gens de lettres*, c'est-à-dire les gradués des Facultés, de la Faculté surtout où l'on enseignait ce droit romain qu'on appelait « la raison écrite, » les *gens de lettres*, en vertu de leur office de scribes, et en vertu du savoir qu'ils y apportaient et qu'ils y acquéraient, avaient pris dans toutes les cours souveraines la place des seigneurs dont elles avaient été jadis exclusivement composées (2). Il en fut de même dans le corps

---

(1) S.-Simon, t. XI. p. 375.
(2) « Comme il advient en toutes vacations, que ceux qui font la besongne s'accroissent et augmentent tousjours, voire supplantent enfin leurs maistres qui sont négligens. » Loyseau, *Off.*, p, 274. Du Haillan, *Est. des aff. de Fr.*, f° 157 : « Quand le Parlement de Paris fut institué, la moitié des conseillers d'iceluy estoit composée de gentilshommes de robbe courte, esleus entre les autres, bien sages et expérimentez aux affaires, bien qu'ils n'eussent aucunes lettres, ains seulement fondez de raison, qui est l'ame de la loy et de la justice. Mais depuis, quand la chiquanerie s'est mise parmy les cours souveraines et que les estats ont esté venaux, les gentilshommes ne voulans chiquaner ny acheter ce qui est deu à la vertu, ont laissé les procés, et se sont du tout adonnez aux armes ou à courtiser les Roys et Princes, ou au plaisir et mesnage de leurs maisons aux champs, et ont abandonné les villes. »—Anselmo, *Palis de l'Honneur*, p. 277 : « Dans la fin de la deuxième race et au commencement de la troisième, la noblesse étant devenue ignorante et fainéante tout ensemble, les roturiers et bourgeois qui apprirent la jurisprudente s'élevèrent peu à peu dans les charges. » Le Laboureur, *Hist. de la Pairie*, page 151 : « Ainsi notre noblesse perdit ses coutumes et son rang dans le Parlement, et

des Maîtres des requêtes, de même dans les Conseils du roi. Et les clercs, ou secrétaires de ces corps ainsi composés presque entièrement de leurs prédécesseurs, devenant puissants à leur tour et de la même manière, ce n'était pas chose facile que de tirer de leurs mains ou de celles de leurs commis les dossiers et registres qui s'y trouvaient.

Ce fut pis encore, à cet égard du moins,

---

devenant esclave des loix des étrangers qu'elle avoit chassés de la Gaule, elle ne se trouva plus propre qu'à la guerre, et ne fut plus bonne à rien en temps de paix. » Loyseau : « Le Tiers-Etat de France est à présent en beaucoup plus grand pouvoir et autorité qu'il n'estoit jadis, pour ce que les officiers de la justice et des finances en sont presque tous, depuis que la noblesse a mesprisé les lettres et embrassé l'oisiveté. » D'Ormesson (cité par Chéruel, *Hist. de l'admin. monarch.*, II, 354) : « Maintenant... ce sont toutes robes longues qui tiennent le conseil. Aucun homme d'épée et fort peu d'évesques y entrent. » Les lettrés, d'abord qualifiés de *maîtres*, tandis que les chevaliers étaient appelés *mess'res*, furent aussi élevés aux honneurs de la chevalerie, comme chez les Romains les notaires (*militia litterata*) avaient eu le *cingulum militare*, dans la collation duquel on a voulu quelquefois chercher l'origine de l'institution de la chevalerie. Les fourrures plus ou moins précieuses qui faisaient partie du costume des gradués des facultés indiquaient sans doute aussi une assimilation aux chevaliers, qui avaient le privilége de porter de l'hermine, du vair et du petit-gris ; ce privilége même était peut-être un reste des anciens usages germaniques. (Sidon. Ap. *l.* VII, *ep.* 9. : « Pellitos reges. » Carm. 7 : « Pelliti principis. » *L.* I, *ep.* 2 : « Pelliforum turba satellitum. » Rutil. Numat. « Ipsa satellitibus pellitis Roma patebat. » V. Savaron, ad Sid. Ap. t. I, p. 13) lorsqu'au lieu de commis, ils eurent pour leurs papiers des clercs-greffiers en titres d'office.

Les charges publiques d'abord données en fief (1), après élection, à des conditions plus ou moins onéreuses (2), étaient devenues sous le règne de Louis XII (3) et depuis, l'objet, de la part de l'autorité royale, d'une véritable vente. Ce fut bientôt, comme on sait, sous le nom de « parties casuelles, » une des branches les plus fructueuses du revenu royal (4).

---

(1) Loyseau, *Seign.*, p. 17 : « Aussi n'estoient lors l'office et le fief guères dissemblables. »

(2) Les investitures n'avaient jamais été gratuites. Voy. Brussel, *Usage des fiefs*, p. 403. Il est dit, dans un arrêt du conseil du 25 octobre 1574, que le revenu de la Chancellerie est « le plus ancien domaine et patrimoine de la couronne de France. » Est. Girard, *Off.* I, 571. Ce revenu n'était, en effet, que la forme moderne des dons qu'offraient au roi ceux qui venaient faire l'hommage et recevoir l'investiture.

(3) « Ce qu'il fit à l'imitation des Vénitiens qui ayans despensé plus de cinq millions de ducats à la guerre qu'ils avoient contre luy, s'advisèrent, pour remplir leur thrésor tout espuisé, de vendre les offices de leur république, dont l'histoire dit qu'ils retirèrent cent millions. » Loyseau, *des Off.*, p. 374.

(4) D'après Loyseau (*des Off.*, p. 377), la recette des parties casuelles, dans les dix dernières années du règne de Henri IV, se monta à plus de soixante-dix millions. D'après un relevé que Colbert fit faire en 1664, il y avait alors, en France, quarante-cinq mille sept cent quatre-vingts officiers « employés, » dit Forbonnais, « à faire un ouvrage auquel six mille eussent sufﬁ ; » et le prix courant des offices s'élevait, en somme, à plus de quatre cents millions. Forbonnais (*Rech.* I,

Pour suffire aux dépenses croissantes de l'Etat, sans trop accroître le poids des tailles et des aides, sans être obligé aussi de recourir aux Etats généraux, sans cesse on créait de nouveaux offices auxquels était attaché, outre les gages, un casuel plus ou moins lucratif; et, bien qu'à des prix de plus en plus élevés, ils trouvaient toujours des acquéreurs. Parmi les offices, les plus profitables et les plus recherchés étaient les greffes (1), qui étaient ou les secrétariats mêmes, ou des démembrements et des dépendances des secrétariats de tous les corps et d'un grand nombre d'offices, et auxquels on attachait,

---

331) l'évalue, pour son temps, à plus de huit cents millions. La charge de trésorier de l'épargne, au commencement du règne de Louis XIV, valait un million (*Estat de la Fr.*, 1658, p. 399). Loyseau, *des Off.*, p. 377 : « Aujourd'huy moitié des habitants des villes sont officiers, de sorte que la marchandise est délaissée, et le labour laissé aux païsans, qui sont comme esclaves des officiers. » — Rien d'étrange, du reste, à ce qu'on fût si empressé de prendre part aux fonctions publiques, par lesquelles on s'élevait aux priviléges de la noblesse. Il est dit, dans le préambule de l'édit rendu, à la suggestion de Colbert, en 1664, pour la suppression de beaucoup de charges, que « la meilleure partie des habitants des villes, qui s'occupaient auparavant en diverses professions utiles au bien commun de l'Etat, ont quitté tous autres emplois pour s'adonner au seul exercice des charges. »

(1) La charge de greffier du Parlement « est une des plus lucratives de toute la France. » (*Estat de la Fr.*, 1658, p. 533.)

en les détachant du domaine (1), la recette des droits à payer par les parties intéressées, pour enregistrements, expéditions, extraits, etc. A tout moment on inventait, on créait de nouvelles charges de ce genre, qu'on abolissait plus tard, en les remboursant au prix de vente, à mesure que le revenu s'en élevait, afin de les créer et revendre de nouveau (2). Le royaume se couvrit ainsi, par une suite de créations alternativement abolies et renouvelées, de ces sortes de bureaux d'écritures et de perception tout ensemble, et, par conséquent, de dépôts d'archives. On imagina de donner aussi aux secrétaires du Conseil du roi, pour la garde de leurs papiers, au lieu des commis qu'ils entretenaient à leurs frais et pour leur compte, des Greffiers en titre d'office. On en créa en 1576, en 1594, en 1609,

---

(1) Philippe le Long déclara, par ordonnance de l'an 1319, « *que les sceaux et escritures estoient de son domaine, partant qu'ils seroient doresenavant vendus par encheres à bonnes gens et convenables;* où le mot d'escritures comprend les greffes et tabellionnez, et c'est la plus ancienne ordonnance que j'aye veuë faisant mention de la vente publique des offices, mais encore ce n'estoit que des offices domaniaux, et ce n'estoit que bailler à ferme, et non pas aliéner à une fois payer. » Loyseau, *des Off.*, p. 273.

(2) Les offices de gardes des archives de Languedoc, en 1689, produisirent un million. En 1707, on créé, pour la conservation des titres et priviléges des villes, trois cents offices de greffiers archivistes. (Chasles, *Diction. de just. pol. et fin.* V. *Archiv.*)

en 1648. Maintes fois les papiers des Secrétaires royaux se trouvèrent ainsi entre les mains d'officiers presque indépendants, d'archivistes spéciaux à qui il était bien plus difficile encore de les arracher, au profit des Archives royales, qu'à ces Secrétaires eux-mêmes.

Enfin le Conseil du roi, dit d'Etat et de finances, ne pouvait rester longtemps, si jamais il le fut tout à fait, un et indivisé. Les affaires continuant de se multiplier rapidement, un conseil se forma, dans le sein du Conseil, pour le détail de l'administration, duquel le fond et le noyau, en quelque sorte, fut formé de commissaires généraux des aides, qu'on chargea de réviser et réformer les opérations des premiers qui avaient été créés; on les nomma Intendants des finances; à leur tête, principalement depuis la fin du XVI° siècle, un Surintendant. Ce conseil, bientôt, prit le nom de Conseil de Direction et finances; ses secrétaires, celui de Secrétaires de finances. Au-dessus, pour l'examen des cahiers des provinces, c'est-à-dire pour les hautes affaires du gouvernement à l'intérieur, et pour les relations de guerre et de paix avec les Etats étrangers, il y eut un conseil moins nombreux et formé d'abord de plus hauts personnages, qu'on appela proprement le Conseil Etroit, le Conseil d'Etat, le Conseil des Affaires, ou encore, aux XVIᵉ et XVIIᵉ siècles, le Conseil des Dépêches (1).

Les affaires de finances et d'administration proprement dites se trouvant placées encore, par la formation du Conseil spécial de Direction et finances, sous une sorte de juridiction qui avait ses règles plus ou moins nécessaires, au Conseil d'Etat par excellence était réservé enfin, par une dernière abstraction, ce qu'on devait appeler au sens strict les choses de commandement : les secrétaires du roi chargés d'y tenir la plume eurent en propre le nom de Secrétaires d'Etat et des Commandements. Le souverain, alors, était le roi presque seul ; le commandement, sa volonté presque unique. Le Conseil de Direction et finances occupait l'antique Chambre royale : un réduit plus profond reçut le Conseil Etroit ; ce fut la chambre pratiquée, à la fin, par delà la Chambre même, pour que le roi pût s'y clore, et, avec lui, ce qu'il avait de plus secret et de plus précieux ; ce fut le Secret ou Cabinet du roi (2).

Les anciens *Clercs du secret*, dont le Cham-

---

(1) Fr. Duchesne (*Hist. des Chanc.*, p. 7607) rapporte au cancellariat de Sillery (1608-1624) l'institution du Conseil des Dépêches ; mais il en est déjà fait mention sous François Iᵉʳ.

(2) « Appelé anciennement le *Secré.* » Pasquier. — « *Cabinet* de *cavinettum.* » Ménage. *Cavinettum* de *cavinum, cavum.*

brier, réduit par l'avénement du Chancelier à la garde du seul *sceau du secret*, était quelque temps demeuré le chef, les Clercs du secret, presque annulés alors, renaissaient en quelque sorte avec une puissance toute nouvelle dans les Secrétaires du Conseil intime. Confidents, instruments des volontés maintenant toutes-puissantes du Prince, ils montèrent, d'une condition d'abord subalterne, au faîte du pouvoir. Plus utiles souvent par leur savoir que les conseillers proprement dits, et presque toujours plus commodes au Prince, ils devaient devenir, à la fin, de leurs aides et employés, leurs successeurs. Louis XIV, en dernier lieu, réduisit le Conseil des Dépêches aux Secrétaires d'Etat seuls et au Chancelier. Et le Chancelier lui-même, borné de plus en plus aux fonctions de la justice, le cédait alors de beaucoup en puissance réelle, si ce n'est en dignité, à ces clercs du secret, qui, d'employés du Chambrier, étaient, pour un temps, devenus les siens. Dès lors, à côté, au-dessous, en quelque sorte, de ces lettres patentes, de ces lettres de sceaux, dans lesquelles continuaient de se produire tous les actes officiels et publics, ce fut dans des lettres closes, dans des lettres de cachet, dans ces lettres missives et souvent secrètes, que se concentra en grande partie le gouvernement.

Les Secrétaires d'Etat, en possession de plus en plus exclusive, chacun pour son département, des papiers les plus importants d'Etat et d'administration, préféraient, au lieu de les verser dans des archives générales, les garder en leur possession. Ils recueillirent en registres et gardèrent soigneusement, à partir du règne de Louis XIV, ou du moins de la formation de son conseil des Dépêches, les minutes des décisions royales (*dispositiones*) ; un peu plus tard, les minutes des lettres qu'ils adressaient eux-mêmes pour l'expédition des affaires (*epistolæ*); quelquefois encore (Colbert, par exemple), les lettres, rapports et mémoires (*libelli, memoriæ*), qui leur étaient adressés. Et bien plus puissants encore que les Secrétaires de finances, que pouvait, la plupart du temps, le Garde du Trésor des Chartes pour les en dessaisir ?

En cas de mutation des Secrétaires d'Etat, soit par décès ou autrement, les papiers qui étaient demeurés entre leurs mains devaient passer en celles de leurs successeurs. C'était là, du moins, une occasion favorable pour réclamer ceux de ces papiers qui, par leur caractère ou leur date, devaient revenir au Trésor royal. Le plus souvent, et surtout lorsque la mutation avait lieu par mort du titulaire, une partie était perdue, dissipée, passait par vente ou autrement entre les mains de quelques particuliers.

8. De tant de papiers d'Etat détournés des dépôts destinés à les recueillir, il se forma, à partir surtout du XVe siècle, où se multiplièrent les écritures, des collections particulières plus riches quelquefois, à beaucoup d'égards, que les Archives royales. Dans ces temps où il n'y avait encore ni bibliothèques, ni sociétés littéraires, et où l'accès des archives était fort difficile, c'était un usage fréquent des hommes qui remplissaient des positions élevées dans l'Etat, et qui joignaient à l'expérience des affaires l'amour de la science, que de former de ces cabinets de livres, de manuscrits, d'antiquités, etc., qu'ils se plaisaient à ouvrir aux savants et aux hommes publics (1). Là prirent naissance les académies. Tels furent particulièrement les cabinets des de Thou, des Pithou, des Dupuy, des Brienne, dont la partie la plus considérable consistait dans des chartes, des lettres patentes, des contrats et testaments de souverains, des instructions des princes à leurs ministres, des correspondances d'ambassadeurs, etc., etc., membres épars, débris des archives publiques.

Reprenant sur un nouveau plan le projet de Jean du Tillet, d'établir sur des preuves authentiques l'histoire de la France et de son

---

(1) Rigalt. *Vita P. Puteani*, pp. 23, 50-52. — H. Vales. *Orat. in vit. P. Puteani*, p. 95-100.

droit public, le grand érudit et jurisconsulte Pierre Pithou avait résolu de réunir et de publier le recueil complet des historiens de la France, de ses lois, de ses synodes et conciles, surtout ce qui en était encore inédit et ignoré. Il avait fait, dans ce dessein, d'immenses recherches, d'amples recueils ; les troubles de la Ligue particulièrement lui avaient donné occasion d'acquérir un grand nombre de pièces importantes (1). Enfin il lui avait été communiqué, prêté différentes pièces du Trésor des Chartes (2). En mourant, il légua toutes ses chartes au roi, les unes pour la Bibliothèque royale, à la tête de laquelle était alors le président de Thou, dont Pithou était l'intime ami, les autres pour le Trésor des Chartes ; pour ce dernier dépôt, sans doute, celles qui en avaient fait ou qui en auraient dû faire partie, et pour la Bibliothèque royale toutes les autres. Sa dernière volonté ne fut pas exécutée (3). Les chartes qu'il laissait passèrent, à ce

---

(1) Loisel, *Vie de P. Pithou*, p. 274.

(2) Fr. Duchesne, *Hist. des Chancel.* — Des recueils de Pithou paraissent avoir été tirés en très-grande partie les ouvrages et compilations de Pierre et de Jacques Dupuy sur les Droits du roi, les Offices, les Mariages et la Majorité des rois, les preuves des libertés de l'Église gallicane, etc., ainsi que les Conciles de Sirmond. V. Boivin, *ibid.* et p. 103, et Grosley, *Vie de P. Pithou*, II, 251. — 7.

(3) Jacob, *Traité des Bibliothèques*, p. 373 ; *Catalog. bibl. Thuan., præf.*

qu'il paraît, entre les mains de son frère François, chargé, avec quelques autres personnages importants, d'une commission pour le règlement des limites de la France et des Pays-Bas, pour l'exécution de laquelle il lui avait été communiqué, du Trésor même des Chartes, différents titres dont une partie de ceux que laissait Pierre Pithou pouvaient être un supplément utile (1). A la mort de François Pithou, Pierre Dupuy reçut du procureur général, trésorier des chartes, qui était alors Mathieu Molé, son ami, la mission d'aller retirer du cabinet du défunt, à Troyes, les titres qui appartenaient au roi. De retour à Paris, il les aurait remis tous à Molé pour être déposés dans le Trésor des Chartes, s'il fallait prendre à la lettre les expressions de Nicolas Rigault, son biographe et son ami. Mais, d'après son propre aveu (2), il n'en remit au procureur général que quelques-uns. Il en dut garder par devers lui un certain nombre, avec l'intention, sans doute, de s'en dessaisir plus tard (3). Il les réunit dans

---

(1) Boivin, *P. Pithæi vita*, p. 74. — Grosley, *Vie de P. Pithou*, I, 378.
(2) *Droits du roy*, p. 1014.
(3) Boivin, *P. Pith. vit.*, p. 75 : « Il paroist par les catalogues qu'une bonne partie de ce grand recueil a esté composée des extraits de P. Pithou, et de beaucoup de pièces dont il avoit recouvré les originaux ou fait faire des copies. Par exemple, les volumes cottez CCXXVI, CCXXVII, CCXXVIII, CCXXIX ont pour titre

l'hôtel des de Thou, dont la riche bibliothèque était sous sa garde, avec la plus grande

---

Champagne, Brie, ville de Troyes, et l'on sait très-certainement que P. Pithou avoit ramassé beaucoup de choses concernant *la Champagne, la Brie* et *la ville de Troyes*, outre ce qui est imprimé. Le volume CCXXXVII est intitulé : *Inventaire de plusieurs titres par lieux communs, tirez de la Chambre des Comptes et du Thresor des Chartes;* et les auteurs de la Vie de P. Pithou nous apprennent qu'il avoit fait des extraits, par titres et lieux communs, des Ordonnances royaux tant anciens que modernes, des registres de la Cour, de la Chambre des Comptes, du Thresor des Chartes, etc. Les volumes CCCXXXVIII, CCCXXXIX, CCCXL, CCCXLI regardent *les Pairies;* CCCCLXVI, DXXXII, DLXXXVIII, DXCIII *les Domaines;* CCCCXXII, CCCCXCIII, DXXXIV, *les Libertez de l'Eglise gallicane;* toutes matières qui ont fait l'objet des recherches de P. Pithou, qui pourroit bien aussi estre l'auteur des extraits contenus dans le volume CCXXXIV intitulé : *Extraits notables de plusieurs anciens registres par P...* On ne peut donc pas douter que le grand recueil de MM. Du Puy n'ait esté formé en partie des extraits et des recueils de P. Pithou, originaux ou copies. Je n'ay garde de soupçonner ny le célèbre Pierre Du Puy, ny Jacques, son frère, de s'estre approprié ce qu'ils avoient revendiqué pour le roy; et je ne puis croire ce que M. Chappé a escrit sur la foy de M. Des Marés, que les deux frères chargez de visiter la bibliothèque de François Pithou, et de mettre à part ce qui appartenoit au roy, avoient mis à part pour eux-mêmes plusieurs recueils très-considérables, et s'estoient après cela fait honneur des ouvrages d'autruy... On peut seulement supposer que ces deux illustres frères, ayant eu entrée dans la bibliothèque de François Pithou, prirent copie de tout ce qu'ils y trouvèrent de pièces importantes. On peut croire aussi, sans donner aucune atteinte à leur mémoire, que, promettant d'achever les ouvrages commencez par P. Pithou, et continuez par François, ils obtinrent aisément des héritiers toutes les pièces qui partie des pièces de même nature que P. Pithou avait recueillies de tous côtés, et quantité d'autres qu'il se procura lui-même, notamment celles que lui abandonna Loménie de Brienne. Ainsi se forma, en près de mille volumes, le précieux recueil qui porte son nom et qui, avec un nombre assez considérable de documents littéraires et de dissertations ou mémoires historiques, renferme principalement, soit en originaux, soit en copies, une immense quantité de pièces d'archives.

C'était une collection du même genre et provenant de sources semblables que celle qu'avait formée Loménie de Brienne, successivement, sous Henri IV et sous Louis XIII, ambassadeur et secrétaire d'Etat; collection que P. Dupuy eut de lui la commission de mettre en ordre et de transcrire (en trois cent quarante volumes), et dont il eut, pour prix de son travail, les originaux qu'il inséra, en partie du moins, dans ses propres recueils; c'était encore une collection du même genre,

---

pouvoient servir à ce dessein. A l'égard des titres et des actes originaux qui appartenoient au roi, il ne seroit pas surprenant que MM. Du Puy, devenus gardes de la Bibliothèque du roi, eussent conservé dans leur cabinet une partie de ces originaux avec ce qu'ils en avoient d'ailleurs, d'autant plus qu'ils pouvoient dès lors avoir intention de faire ce qu'ils firent depuis, je veux dire de léguer au roy leur bibliothèque. »

formée pareillement d'éléments épars d'archives publiques, que celle que réunissait à la même époque Philippe de Béthune, frère de Sully, employé sous Henri IV et sous Louis XIII à différentes ambassades (1), et à laquelle son fils joignit ensuite toutes sortes de manuscrits, raretés et antiquités.

9. Dès l'époque où commence pour nous l'histoire des Archives royales, nous voyons les rois s'épuiser en quelque sorte, soit pour les constituer, soit pour les restituer dans leur intégrité, et pour y maintenir l'ordre, en efforts incessamment renouvelés.

Les archives des deux premières races avaient péri dans les guerres intestines et les invasions du IXe et du Xe siècle ; en 1195, à la journée de Fretteval, Philippe-Auguste perdit et sa chapelle et son trésor et tous les titres et chartes qui y étaient contenus. Par ses ordres, le fils de son chambellan, Gautier de Nemours, travailla aussitôt, sous la direction du chancelier Guérin de Senlis, à réparer ce malheur. Le chancelier et ses employés réussirent, disent les contemporains, à restituer tous les titres qui avaient été perdus. On en fit des registres qui subsistent encore, mais qui se trou-

---

(1) « Recueil inestimable, » dit Fr. Duchesne, *Hist. des Chancel.*

vent aujourd'hui dans la Bibliothèque impériale. Ce fut le premier fonds et l'origine du nouveau Trésor des Chartes qui s'est conservé jusqu'à nous. Philippe-Auguste ne voulut plus que les chartes royales fussent portées en original, selon l'ancien usage, à la suite du roi. Il les fit déposer à demeure, probablement dans la chapelle du château du Louvre qu'il venait de bâtir. Saint Louis, lorsqu'il eut élevé la Sainte-Chapelle dans l'enceinte du palais de la Cité, les y fit transporter; on les plaça, selon l'usage des abbayes et des églises (1), au-dessus du Trésor de la sacristie, qui renfermait les reliques et les ornements sacrés. Elle, y devaient rester jusqu'à l'année 1783. Elles y furent confiées, à ce qu'il semble, aux soins réunis d'un clerc du roi, de celui qui, sans doute, tenait spécialement les écritures pour le trésor et les comptes, et à ceux d'un chanoine de la Sainte-Chapelle, qui, apparemment, en était le trésorier (2).

---

(1) Ingulf. Croyl. ap. Germon, *de Vet. dipl.*, p. 337 : « Intrantes vestiariam... eo quod duplici arcu lapideo dicta domus erat tecta... In chartarium vero nostram ascendentes, quæ, licet arcu erat per totum contecta, etc. »

(2) En 1269, des chartes des sénéchaussées de Languedoc sont déposées dans le Trésor par un certain Barthélemy Dupuy, juge de Carcassonne, « cum magistro Nicholao de Anthollo ejusdem domini regis clerico et quandoque cum domino Joanne de Muriento, ca-

Philippe le Bel donna le premier, peut-être, un garde particulier au Trésor des Chartes. Ce fut un de ses clercs, Pierre d'Etampes, qui était, comme le furent aussi pendant longtemps ses successeurs (1), le notaire ou greffier principal de la Chambre des Comptes, et qui avait, à ce titre, la garde de ses papiers et de ses livres. En même temps chanoine de la Sainte-Chapelle, il dut le premier, sans doute, avoir à lui seul, et à l'exclusion du garde du trésor des reliques, la clef du Trésor des Chartes.

Les Clercs des comptes qui étaient ainsi chargés, à titre de simple commission, de la garde des chartes et priviléges du roi (2), les négli-

---

nonico capellæ domini regis. » Arch. de l'Emp., sect. Hist. *reg.* D. — Le premier chapelain fut un nommé Mathieu, qualifié maître chapelain. Grégoire de Meulent (?), son successeur, était dit, en 1245, maître-gouverneur de la Sainte-Chapelle de Paris ; depuis, il fut qualifié d'archi-chapelain ou de trésorier. Lebeuf, *Hist. du dioc. de Paris*, I, 359.

(1) Pierre de Julien, qui succéda à Pierre d'Etampes, Jean de Kenne ou de la Queue, successeur de Pierre de Julien, étaient clercs et gardes-livres des comptes, (Miraulmont, *Mémoir.*, p. 453, d'après les registres de la Chambre des Comptes), et semblablement les successeurs de Jean de la Queue, Adam Boucher et Nicolas de Villemor (Dessales, *le Trés. des Ch*, p. 51, 53). Il dut en être de même de Pierre Gonnesse et de Pierre Turpain, prédécesseur de Gérard de Montaigu.

(2) P. Dupuy, *Droits du roy*, p. 1007 : « Il y a sujet de douter si ces gardes, depuis Pierre d'Estampes, ont esté véritablement gardes du Trésor des Chartres, et il

geaient, sans doute, soit pour les affaires de la Chambre des Comptes, soit pour ses archives propres. En 1371, voyant le Trésor des Chartes tombé dans une grande confusion, Charles V chargea le principal de ses secrétaires, Gérard de Montaigu, d'y rétablir l'ordre. Gérard remit en ordre les titres que renfermaient les layettes, soumit les registres à l'arrangement qui subsiste encore aujourd'hui, dressa, tant pour les registres que pour les titres, un inventaire mieux conçu et plus détaillé que tous ceux dont on s'était servi jusqu'à lui. Cet inventaire se trouve aujourd'hui, comme les registres de Philippe-Auguste, dans la Bibliothèque impériale (1). Charles V, pour le récompenser de ses travaux, pour témoigner aussi du prix qu'il attachait au dépôt qui en avait été l'objet, changea la garde en un office, office qui, néanmoins, releva toujours de la Chambre des Comptes, et pour lequel le Trésorier titulaire dut, comme l'avaient fait les Gardes ses prédécesseurs, prêter serment devant le bureau de ce corps, entre les mains du chancelier. Par les termes des lettres patentes rendues pour cette création, on peut voir de quel

---

y a quelque apparence de croire qu'ils étoient seulement gardes des chartres de la Chambre, que l'on appelle aujourd'huy gardes des livres. »

(1) Voyez plus haut.

point de vue élevé le fondateur, après saint Louis, de la Bibliothèque royale, envisageait les Archives de la royauté, et de quelle importance elles étaient à ses yeux, non pas seulement pour l'administration, à l'usage exclusif de laquelle on veut quelquefois aujourd'hui les borner, mais encore pour la littérature et l'histoire. « Nous prenons en considération, dit le *sage* roi, la dignité de ce trésor qu'après le trésor des insignes de notre rédemption, que tous les fidèles vénèrent dans notre très-sacrée chapelle royale, nous estimons plus grand, plus haut et plus digne que tous les trésors de choses temporelles, puisque l'on y conserve nos priviléges, qu'il sert à perpétuer la mémoire des actions, qu'il est la ressource des lettres entièrement perdues dans notre royaume, et que par ce dépôt enfin se maintiennent intacts les droits de la couronne. C'est pourquoi nous avons établi et décidé que maître Gérard et ses successeurs, à qui serait commise à l'avenir la garde de ce trésor, se nommeraient Trésoriers de nos priviléges, chartres et registres (1). »

10. La création d'un Trésorier en titre, en séparant davantage le Trésor des Chartes de la Chambre des Comptes, n'eut guère, pourtant,

---

(1) Voy. Dessalles, *le Trés. des Ch*, p. 65.

d'autre effet, à ce qu'il semble, sinon que ce corps garda par devers lui, plus que par le passé, beaucoup de pièces qu'il devait, après en avoir pris connaissance ou les avoir transcrites en ses registres, transmettre aux Archives royales. Un siècle environ après le travail auquel s'était livré le secrétaire de Charles V, le Trésor des Chartes était encore une fois en grand désordre, et, de plus, beaucoup de pièces y manquaient. Louis XI, en 1474, en 1481, prescrivit un nouvel inventaire. On reconnut alors que de soixante-quinze layettes qu'aurait dû contenir le Trésor, plusieurs faisaient défaut. Bientôt ce fut encore pis. « Nous avons été advertis, dit Charles VIII, dans une lettre du 13 juillet 1477, que plusieurs personnages, tant nos officiers que autres, ont en leurs mains et rière eulx plusieurs lettres, titres et enseignemens, tant originaux, doubles copies, que extraits prins en nostre Chambre des Comptes et Thrésor de nos Chartes et autres qui grandement nous servent et touchent les droits, faits et affaires de nostre royaume, lesquelles leur ont été ci-devant baillées ou à leurs prédécesseurs, dont ils les ont eues, et sont tombées en leurs mains, pour nous en servir à la poursuite ou enseignement d'iceulx /nos droits, affaires et besognes, et que depuis néantmoins n'ont esté par eux rendues et restablies en notre dicte Chambre des Comptes et Thrésor, comme ils devoient, en notre très-grand préjudice, et pourroit plus estre si par nous n'estoit sur ce donné provision, etc. » Le roi ordonna de nouveaux travaux d'arrangement et de catalogues. Il fut mal obéi, et il écrivait, dans des termes où se retrouve la vivacité connue de son caractère : « Nous vous mandons bien expressément, que toutes excusations cessans, vous vous assemblez ensemble et donnez si bon ordre à besongner au fait de l'ordre et inventaire des chartres, que, le plus tost que faire se pourra, le tout soit fait et parfait. Trouvons fort étrange que la chose ne soit pas plus avancée, considéré que ne bougez de Paris, et que cognoissez de combien cette matière nous touche, et quand de nous-même, pour noz autres affaires, la mectrions en oubly, vous en devriez avoir mémoire et y mettre fin (1). »

Par une lettre de Louis XII à la Chambre des Comptes, en date de l'an 1500, on voit que, les inventaires enfin rédigés, on avait négligé encore de les faire grossoyer et mettre au net. « Vous mandons bien expressément, dit le roi, qu'incontinent et à toute diligence vous fassiez grossoyer les diz inventaires en doubles,

---

(1) MS. Dupuy 581, folio 64.

dont l'un demeurera en nostre dit Trésor, et l'autre pourra estre mis en nos coffres..... Et faites en sorte qu'il n'en faille plus escrire. »

En 1539, François Ier ordonnait qu'on recherchât parmi les papiers de la Chambre des Comptes ceux qui auraient dû être portés au Trésor des Chartes, et qu'on les y portât effectivement, toutefois après les avoir enregistrés en ladite Chambre; en même temps il prescrivait qu'on fît rentrer, soit à la Chambre des Comptes, soit au Trésor, tous les titres, répertoires ou inventaires qui en auraient été tirés et qui n'auraient pas été restitués. Cette prescription, probablement, ne fut guère exécutée. Nous voyons seulement qu'on retira des hôtels des chanceliers Duprat, Dubourg et Poyet un certain nombre de coffres renfermant principalement, à ce qu'il semble (1), des pièces relatives aux affaires étrangères.

11. Les chanceliers, déjà, ne versaient donc plus guère d'eux-mêmes au Trésor des Chartes les papiers d'Etat qui se trouvaient en leurs mains. Vers la fin du siècle, ils cessèrent tout à fait d'y déposer leurs registres.

En 1367, tandis que le chancelier était en

---

(1) D'après les inventaires de Du Tillet.

Angleterre avec le sceau, auprès du roi Jean, prisonnier, et que les actes royaux se scellaient à Paris du sceau du Châtelet, on avait créé pour la garde des rôles et registres de la Chancellerie, jusqu'alors confiée à un simple commis, un office exprès. La Chambre des Comptes n'avait consenti qu'à regret à cette innovation, prévoyant sans doute que les registres de la chancellerie une fois entre les mains d'un officier spécial, il n'en viendrait plus un seul aux Archives royales, qu'alors elle avait encore sous sa garde (1). L'office dura peu. Mais, en 1568, l'Hôpital le fit créer de nouveau en faveur de son secrétaire Gilbert de Combaud (2). Combaud remplit quarante ans,

---

(1) « La Chambre des Comptes n'enregistra les lettres qu'avec beaucoup de peine et difficulté, à cause que le Chancelier avoit accoutumé de faire faire le registre par qui bon luy sembloit et à tel profit qu'il vouloit, pour estre mis ensuite au Trésor des Chartes, adjoustant qu'au Parlement il y avoit bien un registre, mais qu'il n'y avoit point de registreur, et que tout l'honneur, l'Estat et les grands services de la Cour et de la Chancellerie consistoient aux registres. « Fr. Duchesne, *Hist. des Chanc.*, p. 345. — Ce fait manque dans l'*Histoire de la Chancellerie*, de Tessereau.

(2) L'Hôpital était peu jaloux de mettre ses registres entre les mains du Parlement, sous l'autorité duquel avait dès lors passé presque entièrement la garde du Trésor des Chartes, et dont il contribua beaucoup, comme on sait, à restreindre les attributions en matière d'affaires d'Etat. « Au mois d'avril 1564, M. le chancelier de l'Hôpital ayant fait faire ès villes et bailliages de ce royaume plusieurs publications de lettres patentes et

sous les successeurs de l'Hôpital, la charge de Contrôleur et Garde des rôles de la Chancellerie. Avec la garde des rôles et des registres, il avait également celle des chartes et papiers (1). Depuis le jour de sa nomination, le Trésor des Chartes ne reçut de la Chancellerie aucun registre, et de pièces originales presque aucune (2). A cette époque, d'ailleurs, et depuis un certain temps déjà, ce n'était plus dans la Chancellerie, c'était plutôt chez les Secrétaires et les Surintendants des finances, c'était surtout, comme nous l'avons dit, chez les Secrétaires d'État et des commandements que s'amassaient, sans que presque rien en arrivât au Trésor royal, les pièces les plus nombreuses et les plus importantes de gouvernement et d'administration.

12. Désormais, le Trésor des Chartes n'était presque plus d'aucun usage pour l'administration ni le gouvernement. A part les renseigne-

---

d'édits sans qu'ils eussent été aucunement reçus ni vérifiés en la cour de Parlement..., furent en propos à la cour de Parlement de Paris de lui faire donner ajournement pour répondre de la publication] desdites patentes et édits. » *Mém. de Condé*, éd. in-4°, t. I, p. 27.

(1) Voy. Cl. Joly, *Add.* aux *Offices de France*, d'Est. Girard, t. I, p. 276. Cf. Arrêt de la Cour des Aides du 23 février 1628.

(2) Dupuy, *Droits du Roy*, p. 1010.

ments qu'on y pouvait puiser concernant les alliances et traités avec les Etats étrangers, il ne servait plus guère qu'à la revendication en justice d'anciens droits du domaine royal et de la couronne ou à la recherche des faits, lois et usages des temps anciens. En renouvelant les prescriptions de ses prédécesseurs pour la mise en bon ordre du Trésor des Chartes (1539), François Ier n'en donnait d'autres motifs, outre le besoin qu'on pouvait avoir de « reprendre et revoir les choses passées, tant en traités de paix, confédérations et alliances qu'autrement, » sinon que les procureurs généraux ne pouvaient, sans le secours des titres que le Trésor contenait, défendre utilement dans les procès les droits de la couronne (1).

---

(1) « Comme il ne soit chose plus nécessaire, décente et convenable à l'intelligence et conduitte de tous nos affaires d'Estat et d'importance que en la diversité d'iceulx ainsi qu'ils s'offrent et occurent souventes fois, l'on ait moyen de reprendre et revoir les choses passées tant en traittez de paix, confédérations et alyances que aultrement, et là, élucider et tryer raysons par lesquelles on puisse prévoir les inconvénients advenir pour mieulx y remédier et pourvoir, aussy seroit et est bien difficile à nos procureurs généraux et autres ayant charges de nos procez et des affaires qui en dépendent, vérifier et enseigner de noz droits et domaine es procez jà intentez et autres que l'on pourroit, à bonne cause, intenter sans estre instruitz et informez quelz titres nous en avons, à présent contraincts, à faulte de ce, eulx nyder seulement du droit commun et de la possession, quant aulcune en avons, et bien

D'autre part, ce n'était point le fait des Gens des Comptes que la recherche des antiquités du royaume, bien que ce fût à eux, en qualité de gardes nés des archives, que Charles VIII eût encore demandé un mémoire sur la manière dont les rois de France rendaient anciennement la justice; c'était plutôt là le fait des Gens du Parlement. C'était

---

souvent preignent droit par les tiltres des parties que, à faulte de preuve suffisante de nostre part, il est à croyre ou présumer que nous puyssions souvent succumber de nostre bon droit, et, pour ceste cause, eust été anciennement ordonné ung lieu certain à garder et conserver seurement tous et chacuns noz tiltres et enseignemens concernans l'Estat de nostre royaume, pays et seigneuries, appelé le Trésor de noz chartes, auquel lesditz titres estoient inventoriez, et la copye des inventaires retenue et gardée en nostre Chambre des comptes, à Paris, pour savoir ce que reposoit audit Trésor, et y avoir recours quand besoing estoit, sans touttes fois que l'on y peust toucher que par expresses lettres et mandement de nous, ceste forme ainsy observée comme nous estimons jusques à présent, touttes fois, par ce que nous avons entendu de l'estat des tiltres du dit Trésor et des inventaires d'iceulx, et qu'il nous a esté rapporté, quant il a esté question d'y trouver aulcuns titres concernans noz affaires d'Estat et d'importance, qu'il y a beaucoup de choses non inventoriées, et les choses inventoriées tant meslées les unes avec les aultres, et les anciens inventaires tant effacez et deffectueux en substance qu'il est impossible trouver ne soy ayder desditz tiltres, à moings que à telle et si grande difficulté et perte de temps que, avant qu'on les puisse recouvrer, les affaires pour lesquels on les demande et auxquels ils pourroyent servir sont widez et terminez, etc. » Dessales, *le Trésor des Chartes*, p. 91.

un greffier du Parlement que ce Du Tillet à qui fut accordée, sous Charles IX, l'autorisation de puiser dans le Trésor des Chartes les éléments de ses grands recueils historiques ; c'était un président au Parlement que ce Brisson à qui, pour mettre à sa disposition tous les matériaux nécessaires à la composition du code Henri III, on accorda la faculté de se servir également à sa discrétion des collections du Trésor des Chartes ; faculté de laquelle il abusa, ainsi que Du Tillet, au rapport de Dupuy, en mettant dans ce dépôt plus de désordre encore qu'il n'y en avait. C'était enfin un magistrat, et qui remplit sous Henri II, Henri III et Henri IV, les fonctions de substitut, et ensuite de procureur général, que ce Pierre Pithou qui entreprit, comme nous l'avons dit, de recueillir, pour les publier, tous les monuments authentiques de l'histoire et de la législation du royaume, et qui explora, dans ce dessein, pendant de longues années, et les Archives royales, et celles du Parlement et de la Chambre des Comptes, et celles d'un nombre infini d'autres chartriers soit seigneuriaux, soit ecclésiastiques.

Par un arrêt du roi, rendu en 1582, Jean de la Guesle étant procureur général, et Pierre Pithou son substitut, l'office de Trésorier garde des chartes fut réuni à toujours à celui de procureur général (1). Par cet arrêt, le Trésor des priviléges, chartes et lettres des rois de France, sorti autrefois de la Chambre du souverain, et après s'être trouvé, par degrés, séparé du centre du pouvoir et de l'administration, devenait enfin une sorte de dépendance de la Cour de justice. En 1583, le procureur général, accompagné de son substitut, fit le récolement du Trésor : sur trois cent vingt layettes qui auraient dû s'y trouver, cinquante-huit manquaient.

Depuis l'arrêt de 1582, les choses n'allèrent pas mieux pour le Trésor des Chartes. Un semblable dépôt confié à un magistrat chargé de tant d'autres soins ne pouvait guère que tomber dans un désordre pire encore que par le passé (2).

De plus, le nouveau trésorier n'y était pas

---

(1) Voir cet arrêt aux Pièces justificatives.
(2) Dupuy, *Droits du roy*, p. 1012 : « Cette union avait quelque apparence de bien; mais elle n'a pas fait cesser le désordre, au contraire, l'a augmenté, parce que le procureur général estant toujours occupé à l'exercice de sa charge, qui a un fort grand employ, ne pense que rarement à ce qui est du trésor ny à la collection des titres et traictez pour y être conservés; ce qui mérite une personne qui n'ait que cet employ. Ce qu'avait bien jugé le roy Charles V..., qui ne voulut pas qu'aucun maistre des comptes eût cette charge avec la sienne. Et de vérité, cette union n'a servi qu'à augmenter les gages du procureur général et ses droits. »

en possession incontestée de son office. Ayant prêté serment au Parlement en qualité de procureur général, il se refusait quelquefois à prêter serment à la Chambre des Comptes en qualité de Trésorier des Chartes; la Chambre, de son côté, refusait, à défaut de cette dernière formalité, de le reconnaître comme régulièrement investi. Le différend dura depuis 1582 jusqu'à l'année 1697, où il fut vidé par arrêt du roi, en faveur du procureur général (1). Dans cet intervalle de plus d'un siècle, on dut se dispenser aisément, envers une autorité contestée, des obligations auxquelles, sous le régime même qui avait précédé, on s'était de plus en plus soustrait. Depuis la fin du XVIe siècle, non-seulement on ne mit plus au Trésor des Chartes les registres de la Chancellerie, mais on n'y déposa que fort rarement les originaux des actes officiels et publics même les plus importants. Peu d'années après le mariage de Louis XIII, on eut besoin de recourir au contrat : on le chercha inutilement dans le Trésor des Chartes, et il se retrouva enfin chez un épicier.

13. A un ministre tel que Richelieu, qui voulait porter à une hauteur toute nouvelle l'au-

---

(1) Voir cet arrêt aux Pièces justificatives.

torité royale, le besoin ne pouvait pas ne pas devenir sensible d'un arsenal de ce que l'on appelait à juste titre *instrumenta regni*, d'un ample magasin des titres, preuves et enseignements du pouvoir. De plus, il voulait, reprenant le projet de P. Pithou, faire réunir en un corps les monuments de l'histoire de la France (1); entreprise à la tête de laquelle il mit son savant et laborieux compatriote André Duchesne. C'était donc une suite presque nécessaire de ses vastes desseins que de songer à rétablir dans leur intégrité les Archives royales. Mais, en même temps, Richelieu ne pouvait guère être favorable à l'antique dépôt de ces archives, passé aux mains du procureur général près le Parlement, officier ordinairement uni d'intérêts et d'opinions avec ce corps, qui, alors plus que jamais, portait à l'autorité royale beaucoup d'ombrage ; le roi, d'ailleurs, depuis le XVI° siècle surtout, se formait au Louvre, dans son Cabinet, un trésor de choses précieuses à divers titres, parmi lesquelles beaucoup de papiers d'État (2) : Riche-

---

(1) Ce fut pour cette entreprise que Peiresc dut se charger du dépouillement des bibliothèques et des chartriers des églises et abbayes (Gassendi, *vit. Peir.* ann. 1618), et il le fit, selon Rigault (*P. Put. vit.*), à l'instigation de P. Dupuy.

(2) Voy. sur le Cabinet de Henri IV, les *Economies royales* de Sully.

lieu eut l'idée de constituer au Louvre un nouveau dépôt de chartes.

Mathieu Molé, alors procureur général, eut connaissance de ce projet. Ami des Dupuy, des Godefroy et d'autres érudits éminents, il savait d'ailleurs tout le prix du trésor qui était confié à sa garde, et, dès 1615, il avait chargé Pierre Dupuy et Théodore Godefroy d'y remettre encore une fois l'ordre ; ce fut alors qu'ils firent, des titres originaux que renferment les layettes, les inventaires dont on se sert encore aujourd'hui. Molé était le parent et le digne ami du garde des sceaux Marillac ; il était auprès de lui en grand crédit : il lui demanda les moyens de faire rentrer au Trésor des Chartes les titres et papiers d'Etat de toute nature qui en étaient sortis ou qu'on aurait dû y déposer et qu'on retenait indûment. Il lui demanda, en outre, afin d'en remplir, autant que possible, les lacunes, et probablement à l'instigation de P. Dupuy, de faire acheter par le roi le grand recueil de Brienne.

En juin 1626, Louis XIII rendit l'arrêt suivant (1) : « Les rois, nos prédécesseurs, ont sagement institué que les traités, contrats, titres et enseignements concernant notre État, les

---

(1) Dans le t. 581 de la collection Dupuy, cet arrêté porte la date du 10 décembre 1628.

droits et prérogatives de notre couronne et domaine, fussent mis en un lieu nommé le Trésor des Chartes, auquel jusqu'à présent, y en a été mis un grand nombre, desquels, en plusieurs grandes et importantes occasions, ont été tirées des pièces importantes à la justification de nos dits droits, tant en dehors de notre royaume qu'avec les princes et Etats voisins. Et, d'autant que nous avons appris que, depuis les derniers règnes, il y a eu grand'nonchalance d'y porter et remettre les titres et actes de la condition susdite, par ceux qui les ont passés ou ceux entre les mains desquels ils se trouvent, au grand préjudice de nos droits et avantages de cette couronne; à quoi voulant pourvoir, nous voulons et ordonnons qu'à la diligence de notre procureur général en la cour de Parlement de Paris, à la charge duquel celle de la garde du Trésor est unie, et de ses successeurs, tous les titres, contrats, traités, mémoires et instructions, actes et enseignements concernant les droits, biens, revenus et prérogatives de notre couronne et domaine soient saisis et arrêtés entre les mains de tous ceux qui se trouveront les avoir en leur possession, portés au dit Trésor et ajoutés à l'inventaire d'icelui, etc. »

Par cet arrêt devaient donc être réintégrés au Trésor non-seulement les titres et les actes publics, ou chartes proprement dites, mais tous les enseignements ou documents qui en sont le complément (*libelli, memoriæ, epistolæ*).

Le garde des sceaux écrivit à Molé en lui transmettant cet arrêt :

« Je vous prie de faire voir dans le Trésor des Chartes et dans les mémoires des divers temps, les pièces qui manquent et n'y ont été mises, afin de travailler au recouvrement d'icelles et les y ajouter. Je vous envoie la copie de l'arrêt qui en a été donné par Sa Majesté. »

Molé répondit : « Monseigneur, j'ai vu l'arrêt donné par le roi pour le rétablissement de l'ordre dedans le Trésor des Chartes ; il est maintenant en tel état par l'inventaire commencé, qu'il est malaisé de désirer quelque chose qui y ait été mis qu'aussitôt je n'en donne compte. Les originaux des traités y sont, tant avec les rois d'Espagne que d'Angleterre ; les testaments de nos rois, leurs contrats de mariage, quelques procès-verbaux des commissaires employés pour les limites, les contrats qui regardent le domaine de la couronne en chacune province, et ceux qui se trouvaient ès maisons des chanceliers après leur mort. Mais depuis le malheur des guerres, (ceux) qui ont été aux premières charges ont fait un trésor de leurs cabinets, et, après leur mort, tout a été dissipé. Les commissaires envoyés pour les limites du côté de Navarre, de Provence, d'Avignon, du comté de Bourgogne, de Piémont et de la Lorraine ont gardé leurs procès-verbaux, au lieu de les remettre au lieu public. J'ai retiré depuis peu d'un secrétaire de feu M. de Caumartin les pièces justificatives des droits du roi touchant le canal commencé par l'archiduc à Gravelines. M. de la Ville aux Clercs (de Brienne) m'a baillé tous les actes du mariage entre le roi de la Grande-Bretagne et Madame. J'ai recouvert depuis peu l'original du traité de Crespy ; j'ai sçu que M. le comte de Limours a les lettres patentes touchant l'élection du roi de Pologne, scellées de tous les sceaux des seigneurs et gentilshommes du pays ; et pour le payement de quelques années de ses pensions, il serait bien aisé de les tirer de lui. — Il avait couru un bruit que l'on voulait commencer un autre trésor en quelque chambre du Louvre, mais je ne l'ai pu croire, me promettant cette grâce de me conserver la charge en son entier. Ce n'a pas été sans prudence qu'il a été établi au lieu où il est et uni à ma charge, vu les changements ordinaires de la cour. M. de Lomenie (de Brienne) le père a fait une recherche fort exacte de beaucoup de traités et autres titres qui regardent la couronne. Il a des copies tirées du Trésor et des registres du Parlement.

On tient que le roi les veut avoir : cela suppléerait au défaut qui est au Trésor depuis les derniers temps. »

A cette lettre Marillac repartit : « Monsieur, j'ai bien recognu ce que vous me mandiez d'un second lieu de Trésor des Chartes, et quand j'en ai ouï parler, j'ai pensé à vous, et n'en voulus rien dire lors, mais seulement arrêter en mon esprit l'ordre qu'il faut tenir pour l'empêcher, tant pour le bien de la chose que pour votre considération particulière, entre les mains duquel je ne désire pas que la charge reçoive diminution. Je vous prie seulement donner ordre, comme je crois que vous faites, que le lieu soit bien net et bien ordonné. Le roi fait état de récompenser M. de Lomenie et faire ramasser tout ce qu'il a. »

La même année, Molé adressait au garde des sceaux deux mémoires de Pierre Dupuy et de Théodore Godefroy, ayant pour sujet, l'un le Trésor des Chartes de France, l'autre les archives de Simancas (1), qui sont le Trésor des Chartes de l'Espagne. Dans le premier de ces mémoires, après avoir fait une histoire sommaire du Trésor des Chartes, et exposé les résultats du travail de classement et d'inventaire dont ce dépôt ve-

---

(1) Voyez ces mémoires aux Pièces justificatives.

nait d'être l'objet, Pierre Dupuy indiquait les mesures qu'il conviendrait de prendre pour qu'à l'avenir on y déposât tous les papiers publics qu'il était destiné à contenir. Dans le second, Théodore Godefroy opposait à la négligence avec laquelle avait toujours été conservé le Trésor des Chartes de France, les soins que les rois d'Espagne avaient toujours pris de leurs archives. Molé ajoutait :

« Monseigneur, vous recognoîtrez par les mémoires ci enclos, dressez par ceux qui travaillent à l'inventaire du Trésor, le soin que l'on a pris ci-devant de faire en sorte que tous les papiers fussent mis en un lieu particulier pour conserver plus aisément les droits de la couronne, et combien l'on a chéri ce lieu, puisque les rois ont pris la peine eux-mêmes de l'aller voir. Je me promets qu'ayant été jusqu'ici un trésor caché et étant maintenant découvert par l'affection que vous portez au public, il sera à l'avenir non-seulement conservé, mais augmenté ; et si les exemples y peuvent servir, quoiqu'ils n'aient suivi que celui de France, vous verrez ce qui est extrait de l'un des historiens d'Espagne. Quand il vous aura plu porter le roi à cette résolution, je sais beaucoup de lieux particuliers où les papiers de la couronne sont enfermés et qu'il sera très-aisé de faire saisir. — Et comme le siècle est rempli de personnes qui, ne cherchant que leur avantage, oublient librement le public, et, pourvu que leur fortune s'augmente, ne tiennent guère compte d'autrui, aussi a-t-il couru un bruit d'un nouveau Trésor que l'on voulait faire dedans le Louvre, à qui cette nouvelle charge devait être donnée, de quels papiers il devait être composé, et quels appointements on devait recevoir. Je ne dirai pas seulement que c'est une charge de laquelle il a plu au roi de me pourvoir, puisqu'elle est unie à celle de procureur général, mais aussi qu'il ne doit être divisé, et que avec très-grande considération on l'a mis au lieu où il est; ce que je réserve à vous dire quand j'aurai l'honneur de vous voir. Si les papiers de M. de Lomenie n'étaient point de si haut prix, ce serait un moyen très-facile de suppléer au défaut qui y est, encore que ce ne soient que copies, comme aussi d'obliger, dès maintenant, les Secrétaires du roi de mettre au Trésor les registres qu'ils ont des lettres patentes... Du temps de M. le Garde des sceaux du Vair, on fit saisir au logis de feu Combaud, et les papiers furent portés en sa maison et sont maintenant en la possession des héritiers.»

Marillac répondit à la lettre qui précède :

« J'ai reçu les mémoires que vous avez pris la peine de m'envoyer, touchant le Trésor des

Chartes, dont je vous remercie ; je n'y trouve rien du temps de ce règne, encore qu'il me semble avoir ouï dire que plusieurs vous en ont baillé (1). Les actes de mariage du roi avec les promesses, dispenses, quittances et renonciations réciproques sont ès mains de M. Puisieux et j'en ai les copies, pour ce que je les dressai. Quant à ce nouveau Trésor dont vous parlez, il ne s'y est rien fait depuis ce que je vous mandai de Nantes, et n'a pas été parlé devant moi ni d'appointements, ni de choses semblables. J'estime vous avoir dit ou écrit qu'il sera bon que vous priiez un jour M. le cardinal de Richelieu de visiter le Trésor des Chartes, et j'en ferai volontiers la partie. Si ce qu'a M. de Lomenie est bon à garder, j'espère qu'il ne tiendra pas à l'argent qu'il ne soit rendu public. Quant à ce que vous me mandez de la chancellerie (c'est des lettres en vert qui sont chartes) (2), il s'en peut faire quelque chose pour les années passées, mais non pas sitôt pour les dernières, pour plusieurs raisons. Je vous envoie le projet de la commission

---

(1) Peut-être ces pièces avaient-elles passé aux mains de P. Dupuy.

(2) On scellait de cire verte, en signe de *verdeur* inaltérable, de perpétuité, les édits, qui étaient des lettres patentes commençant par : « A tous présens et à venir, » les autres lettres patentes commençant seulement par : « A tous ceux qui ces présentes verront. »

que j'estime à propos de vous faire expédier pour les chartes. »

Molé écrivait encore au garde des sceaux, dans la même année 1628 :

« Quant à l'inventaire du Trésor des Chartes, il est déjà composé de seize volumes écrits à la main, et n'est encore du tout achevé ; vous le verrez quand il vous plaira. C'est un regret que les particuliers retiennent les titres publics. MM. les Secrétaires d'Etat, depuis soixante ans, n'ont tenu compte d'en envoyer. Feu M. de Sceaux m'a donné huit ou dix pièces de Metz, Toul et Verdun ; feu M. d'Ocquerre ne m'en a envoyé aucune ; et si incontinent après leur mort on ne saisit leurs papiers, comme on a fait souvent, on n'en retirera pas. J'accepterai la commission portant pouvoir de faire saisir et sceller, s'il vous plait de me l'envoyer, et, l'occasion se présentant, je n'y manquerai pas. S'il vous plaisait commander que les Secrétaires du roi missent au Trésor les lettres scellées en cire verte, desquelles ils retiennent copie et reçoivent leurs droits pour le duplicata, ce serait poursuivre l'ordre ancien. Si je savais qui est celui qui tient le registre qui se fait maintenant des choses concernant l'Etat et des rachats du domaine, engagements et autres, je le conjurerais de me les bailler, afin de les mettre au Trésor et les conserver à la postérité. On a travaillé à l'inventaire des titres qui sont en la Chambre des Comptes, qui ne sont que copies inscrites dedans leurs registres, desquels les originaux dussent être au Trésor, si on ne les eût point ôtés, etc. J'ai vu la copie de la commission pour le Trésor des Chartes, à laquelle il ne se peut rien ajouter pour prouver à l'avenir le bon ordre qui y sera établi. Je n'ai reçu aucun papier du temps de M. de Puisieux, ni même le contrat de mariage du roi de la Grande-Bretagne : je n'ai que celui de la reine. La commission étant expédiée, il sera bien aisé de les tirer, et beaucoup d'autres, que je ferai saisir, étant assez fort, puisqu'il vous plaît en prendre quelques soins. »

Enfin Marillac qui avait demandé à Molé un inventaire sommaire du Trésor des Chartes lui écrivait peu après :

« Ce que je demande de l'inventaire des chartes, est seulement depuis l'avénement du feu roi et par un mot seulement : un tel acte, sans plus, à cause que faisant état d'en recouvrer plusieurs, je serais bien aise de ne pas travailler pour ceux que vous avez déjà. Et puisque, depuis soixante ans, on y a été si paresseux, il n'y aura pas beaucoup à faire. Vous me ferez bien plaisir de faire faire le projet de la commission dont je vous ai écrit pour le recouvrement des chartes en toutes les manières possibles, et ce que mandez que ci-devant on les a saisis à la mort de ceux qui les avaient. Je sçaurais volontiers quand cela se faisait et pourquoi il a discontinué. Le registre des engagements, rachats et autres actes, se tient par le Contrôleur général des finances. Celui des affaires d'Etat, traités et choses semblables, je m'en suis chargé à cause du secret et pour en accoutumer l'usage, puisque le roi l'a ordonné sur l'avis que je lui en ai donné. L'un et l'autre est encore à sa naissance; l'usage lui donnera force, et, après quelque temps, il se mettra au Trésor, n'étant fait que pour conserver au royaume la cognoissance des affaires, pour l'instruction de ceux qui y travaillent. »

Dans cette même année, 1628, un édit, effectivement, avait été rendu pourvoyant du moins à l'enregistrement et à la conservation, dans les Archives royales, des titres les plus importants, c'est-à-dire de ceux où étaient consignées les transactions de la France avec les Etats étrangers. Cet édit était ainsi conçu :

« Le roy, considérant que les notes des affaires, demeurant aux mains de ceux qui les reçoivent, se confondent parmi les papiers des familles particulières, en telle sorte que la mémoire s'en perd au grand préjudice de son Etat, a ordonné et ordonne qu'il sera tenu registre par celui des ministres de son Etat que Sa Majesté ordonnera, dans lequel seront enregistrés tous les traités, lettres, accords et actes de paix, trèves, mariages, alliances, négociations, reconnaissances, concessions etc. de quelque nature que ce soit, concernant son Etat et affaires passées avec ces princes et potentats et qu'il sera fait une exacte recherche de tous les actes de la même nature qui se sont passés par ci-devant, lesquels seront enregistrés dans un autre registre séparé, et que les originaux desdits actes, tant du passé que de l'avenir, seront portés au Trésor des Chartes, et ajoutés à l'inventaire d'iceluy. »

En 1633, Séguier avait succédé à Marillac ; Molé lui écrivait encore (9 décembre) :

« Monseigneur, puisqu'il plut au roi d'envoyer les traités faits avec les ducs de Savoie et de Lorraine pour être registrés en la Cour, il sera très-aisé de satisfaire à sa volonté. Ce sera honneur pour le Parlement et assurance pour le public, et me semble qu'il ne peut y avoir de difficulté, si on veut que tous les articles soient vus en public, pour y faire porter les originaux : ils me sont envoyés, je les mets entre les mains du rapporteur; ils sont registrés, et par après me sont rendus pour être déposés au Trésor des Chartres de France. C'est l'ancien ordre, duquel je me promettais l'honneur de vous entretenir si j'en eusse trouvé la commodité, afin de faire en sorte, à l'avenir, que tels actes ne demeurassent plus ès mains particulières, mais au lieu public établi à cet effet ; car encore que ceux qui les peuvent avoir soient constitués en dignité et charges, néanmoins, après leur mort, ils passent à leurs héritiers, qui sont personnes privées à l'égard de l'Etat. Si vous aviez vu l'inventaire des titres qui y sont en original, vous jugeriez assez l'importance de cette affaire, et ne permettriez pas que l'on établît un autre Trésor des Chartres de France, puisqu'il y en a déjà un, et qu'il y a office en titre qui est uni, par lettres patentes vérifiées en toutes les compagnies, à celui de procureur général du roi. Si, au milieu de la faveur que vous me faites de m'honorer de votre bienveillance, je reçois cette plaie, elle me sera d'autant plus sensible ; on l'a tenté dans les années dernières passées, mais ayant représenté la conséquence et mes intérêts, quoique ceux qui étaient lors en charge et qui avaient ce dessein n'eussent aucune bonne volonté pour moi, ils ne l'ont pas pourtant mis à exécution. Et enfin, la considération publique ayant prévalu, ils m'ont fait délivrer les originaux, desquels, en cette qualité, j'ai baillé mon écrit pour leur décharge. Et encore qu'ils soient au Trésor, si on les désire avoir pour servir en quelque affaire importante, on les retire pour être remis après au même lieu, etc. (1). »

L'arrêt de 1626, l'édit de 1628, avaient reçu quelque commencement d'exécution. Molé avait fait rentrer au Trésor un certain nombre de pièces importantes, et on avait acheté, au prix de 40,000 livres, pour l'y déposer, la collection de Loménie de Brienne (2). Mais en somme, au témoignage de P. Dupuy (3), les choses demeuraient à peu près dans le même état que par le passé.

En 1630, Marillac était tombé en disgrâce et quittait les sceaux. Les vues de Richelieu prévalurent alors sur celles qui avaient été communes à Marillac et à Molé. Au mois d'avril 1631, un édit créa deux Gardes des

---

(1) Ces lettres ont été publiés dans les Mémoires de Molé (1855, in-8°), avec quelques interversions dans l'ordre chronologique.
(2) Rigalt., *Vit. P. Put.* p. 52. En outre, un article de l'ordonnance de 1629, appelée, comme on sait, du prénom de son principal auteur, Michel de Marillac, le *Code Michaud*, prescrivit aux églises et monastères de faire des inventaires de leurs archives, et de les déposer aux siéges des juridictions les plus prochaines.
(3) *Droits du roy*, p. 1016.

registres de la Chancellerie, du Conseil d'Etat et du Contrôle général des finances, et disposa que ces registres qui, jusque-là, avaient été portés à la suite du roi, et qui, selon les projets de Marillac, auraient dû, après quelque temps, être déposés au Trésor des Chartes, seraient dorénavant conservés par leurs nouveaux gardes dans le château du Louvre. Ceux du Conseil d'Etat et des finances devaient y être déposés trois mois après chaque quartier expiré, ceux de la Chancellerie et du Contrôle général trois mois après chaque année expirée (1).

L'édit resta longtemps sans exécution. Le Louvre ne devait recevoir les archives des Conseils que près d'un siècle plus tard [1716] (2.)

---

(1) *Additions* de Cl. Joly du traité des *Offices* d'E. Girard, t. I, p. CCLXXXI.

(2) Voyez : Arrêt du conseil, du 21 mai 1654, prescrivant la remise des papiers, par les Secrétaires en exercice, aux Gardes des registres créés en 1631, « en attendant que le roi ait ordonné au Louvre un lieu pour ledit dépôt; » arrêts semblables des 12 septembre et 16 octobre 1661, 24 novembre 1663, 30 mars 1684, 10 septembre et 10 novembre 1691, 9 juin 1692, 3 juin 1710, 11 juillet 1713, 16 avril 1715, 25 avril 1716. Le 5 septembre 1684, un arrêt avait aussi été rendu pour le dépôt provisoire des papiers de la dernière Chambre de justice chez son greffier, « en attendant qu'ils puissent être mis au Louvre dans l'appartement qui sera marqué à cet effet par le marquis de Louvois, surintendant général des bâtiments. » En juillet 1756, on transporta au Louvre le dépôt des papiers du Conseil privé, qui avait été créé en 1594.

14. Sous le ministère suivant, celui de Mazarin, il se trouva qu'un même personnage réunit à l'emploi de Procureur général au Parlement, celui de Surintendant des finances qu'avait rempli Richelieu, et duquel l'administration intérieure du royaume dépendait presque tout entière. Ce personnage était Fouquet, génie entreprenant, d'ailleurs, et fertile en projets. Il avait conçu celui qui s'exécuta sous Colbert, d'un *papier terrier* de la couronne, comprenant tous les titres des terres imposables, c'est-à-dire des terres tenues en roture, du domaine royal, et qui devait fournir le moyen soit d'en révoquer les aliénations, soit de les aliéner de nouveau à de meilleures conditions. Pour cela il fallait réunir ces titres, en grande partie dispersés et oubliés. C'était d'ailleurs une occasion de créer et de vendre de nouveaux offices. En mars 1655 un édit créa, pour huit Secrétaires du roi, autant d'emplois d'Intendants des chartes, chargés de rechercher par tout le royaume, au moyen d'autant de Commis qu'il y avait de Généralités, tous les titres du domaine, et de les remettre aux mains du Trésorier des chartes. En août 1658, un nouvel édit disposa qu'il serait construit, pour la conservation de ces titres, un bâtiment qui serait appelé l'Hôtel des Chartes. Sans doute l'ancien Trésor y eût été réuni et incorporé. Le bâtiment fut com-

mencé (dans un jardin attenant à l'hôtel du premier président au Parlement). On commença aussi à réunir les titres au dépôt desquels il était principalement destiné (1). — Mais la disgrâce de Fouquet, l'avénement de Colbert aux affaires arrêtèrent tout. La construction commencée fut abandonnée, les offices d'Intendants des chartes supprimés, sans même que le prix que les acquéreurs en avaient payé leur fût remboursé (2) comme le voulaient l'usage et, ce semble, la justice; à cette rigueur on reconnaît la haine, méritée sans doute à beaucoup d'égards, mais extrême, que Colbert portait à Fouquet (3), et dont il poursuivit presque toutes ses créations. Le projet même du papier terrier général de la couronne fut presque abandonné, et on ne le mit en pleine exécution qu'après la mort de Colbert (4).

---

(1) 3 décembre 1659, arrêt du conseil ordonnant dépôt au Trésor des Chartes des titres domaniaux trouvés dans les châteaux de Nérac et de Lectoure, et entre les mains de notaires ou autres particuliers de la province de Guyenne.

(2) « Attendu les grands avantages qu'ils ont reçus par la jouissance des droits attribués auxdits offices et le préjudice notable que nous avons souffert de la création et établissement d'iceux. »

(3) Voy. P. Clément, *Vie de Colbert*.

(4) 21 août 1691, arrêt du conseil établissant en la Chambre des Comptes un dépôt particulier pour les papiers terriers. Voy. Brussel, *De l'usage des fiefs*, préface.

15. Pendant tout le temps de l'administration de Colbert, il semble que le Trésor des Chartes fut plus négligé que jamais et qu'on n'y déposa presque aucune pièce d'importance (1).

Cependant, chargé, quoique sous le titre seulement de Contrôleur (vérificateur) général, de toute l'administration des finances, bientôt Secrétaire d'Etat au département de la Maison du roi, qui comprenait les affaires ecclésiastiques, Surintendant des bâtiments royaux et occupé, à ce titre, de tout ce qui avait rapport aux arts, aux lettres et aux sciences, investi enfin de la confiance entière du roi, et de moitié, pour le moins, dans tous ses desseins et ses travaux, il fallait à Colbert plus encore, peut-être, qu'il ne l'avait fallu à Richelieu, une vaste collection d'instruments de gouvernement et d'administration ; pour élever les ressources financières de la monarchie au niveau de la situation nouvelle qui lui était faite depuis Henri IV et Richelieu, et de ses nouvelles destinées, il lui fallait le plus ample recueil, et plus complet encore que Fouquet ne l'avait conçu, des titres de tout genre du domaine royal; pour composer le nouveau code, uni-

---

(1) Le 1er mai 1677, seulement, sur le rapport de Colbert, des papiers provenant d'un valet de chambre de Louis XIII et contenant des legs pieux du roi, sont mis au Trésor des Chartes.

forme pour tout le royaume, dont il proposait le plan à Louis XIV dès l'an 1665, comme à un nouveau Justinien, il lui fallait la suite entière de tous les actes de la royauté; enfin, pour accomplir l'entreprise de Du Tillet et de Pithou, que Richelieu avait fait reprendre par Duchesne sans pouvoir encore la mener à terme, et qui, peut-être, n'avait pas été étrangère non plus aux vues de Fouquet, l'entreprise d'un corps complet des annales authentiques de la France, il lui fallait en réunir sous ses yeux les monuments encore épars de tous côtés. En d'autres termes, Colbert avait besoin d'un dépôt d'archives embrassant et le principal de ce que contenait le Trésor des Chartes et tout ce qu'en outre il aurait dû contenir d'important.

Ce dépôt, au lieu de l'établir au Louvre, désigné par Richelieu pour recevoir les archives du Conseil des finances, de la Chancellerie et du Contrôle général, Colbert l'établit dans la Bibliothèque du roi.

Dès 1656, Colbert avait fait donner à son frère Nicolas l'emploi de garde de la Librairie. Nicolas Colbert, nommé évêque de Luçon en 1661, abandonnant alors l'exercice de sa charge, n'en retint que le titre, et laissa à son frère le principal soin et l'entière direction de la Bibliothèque royale. A peine entré au ministère, en 1661 ou 1662, Colbert fit placer dans la Bibliothèque du roi la collection de Brienne qui avait été achetée, comme on l'a vu, pour le Trésor des Chartes (1). En 1666, il fit transporter la Bibliothèque du roi dans un petit hôtel de la rue Vivienne, attenant à deux maisons contiguës qui lui appartenaient et qui formaient sa propre habitation (2). En 1667, il obtint du roi d'y réunir le Cabinet du Louvre, renfermant de riches collections d'antiquités, de médailles, d'estampes, et où était entrée encore, en 1663, la collection des comtes de Béthune.

Aux collections des comtes de Béthune et de Brienne, il semble qu'on aurait dû chercher à joindre le recueil analogue et plus important encore des Dupuy. Mais ce recueil avait alors disparu. Jacques Dupuy, frère de Pierre, et qui avait été avec lui et après lui Garde de la Bibliothèque du roi, avait, en 1656, légué au roi « tous les manuscrits que son frère et lui avaient rassemblés. » On incorpora, en conséquence, à la Bibliothèque royale

---

(1) Cette collection, après être restée quelque temps entre les mains du premier ministre, puis du procureur général, se trouvait alors de nouveau dans le cabinet de Mazarin. Voy. Leprince, *Essai histor. sur la Bibl. du roi*, éd. 1856, p. 135-6.

(2) *Catalogue des manuscrits de la Bibliothèque du roi*, préf. — Leprince, p. 46.

plus de trois cents manuscrits que renfermait le cabinet de Jacques Dupuy, mais on laissa de côté le grand recueil de pièces. On le considéra, dit-on, comme appartenant à la bibliothèque de M. de Thou (1). Et bientôt on le perdit de vue. Lorsque la bibliothèque des de Thou fut vendue, en 1680, tandis que Colbert en achetait en bloc les manuscrits, ce recueil passa avec les imprimés, sans qu'on en sût rien, ou, si l'on en sut quelque chose, sans que, pour des motifs qui nous échappent, on fît semblant d'en rien savoir, entre les mains d'un parent de Colbert, le président de Ménars, et ne reparut que lorsque le président la vendit, avec deux volumes de la correspondance de P. Pithou, qui y étaient joints, au procureur général Joly de Fleury (2).

---

(1) Boivin, *ibid.*, p. 78 : « Leur intention (de léguer au Roy leur bibliothèque) en cela n'a pas esté pleinement exécutée. Leur bibliothèque a esté unie à celle du Roy; mais le Roy ne l'a pas eue toute entière. La partie la plus importante, qui estoit ce grand recueil dont nous avons parlé, en a été distraite, je ne sçay comment, sous prétexte sans doute que ce recueil appartenoit à Messieurs de Thou, et non pas à Messieurs Dupuy. » — Sur un exemplaire de l'ouvrage de Boivin, qui a appartenu à Baluze, et qui fait partie aujourd'hui de la bibliothèque de l'Institut, à la place des mots *sous prétexte*, soigneusement raturés, on lit les mots *on aura cru*, écrits de la main de Baluze.

(2) Lebeuf, en 1754, *Hist. du dioc. de Paris*, préf., p. xxv, cite parmi les sources où il a puisé « plusieurs volumes de M. Du Puy, chez M. l'ancien procureur général. »

A la fin de l'année 1667, Colbert entreprenait, pour accroître les revenus sans ajouter aux impôts, de reconstituer par le rachat des engagements le patrimoine royal (1). Et en 1668, le roi donnait à des magistrats érudits la commission suivante : « Nous vous commettons pour vous transporter dans tous les trésors de nos chartes et dans toutes les archives des villes et lieux, archevêchés, évêchés, abbayes, commanderies, etc., vous faire représenter tous les titres que vous jugerez nécessaires pour la conservation des droits de notre couronne et pour servir à l'histoire, pour en être les copies par vous extraites envoyées au garde de notre Bibliothèque royale. » Le président Doat recueillit, en conséquence, dans les archives des provinces de Languedoc et de Provence et du pays de Foix, des copies de chartes qui remplirent deux cent cinquante-huit volumes ; Godefroi, archiviste de la Chambre des Comptes de Lille, réunit cent quatre-vingt-trois volumes de copies de titres de la Flandre, avec un assez grand nombre d'originaux. Ces recueils furent déposés, aux termes des ordres du roi, dans sa bibliothèque. — Le président Alland reçut pour le Dauphiné une

---

(1) Voy. Forbonnais, *Rech. et consid. sur les fin. de Fr.*, I, 405.

mission semblable ; mais on ignore quel fut le résultat de son travail. Dans le même temps, Baluze, le savant bibliothécaire de Colbert lui-même, était chargé de faire extraire du Trésor des Chartes, ainsi que des Archives du parlement, de la Chambre des Comptes et de la Cour des Aides, tout ce qui s'y trouvait de plus important ; ces extraits remplirent près de cinq cents volumes.

Qui ne voit que c'était là former dans la Bibliothèque du roi, sous la main de son principal ministre, un nouveau corps d'archives générales ?

Colbert, à l'exemple de Richelieu, de Mazarin, de Fouquet, se formait à lui-même une ample bibliothèque. Outre une infinité de livres et de manuscrits choisis en tous genres, qu'y réunissaient pour lui ses doctes agents, Carcavy et Baluze, il y rassemblait, avec les papiers de sa propre administration, ceux du ministère de Mazarin, et ce qui put se recouvrer de celui de Richelieu (1). C'était, tout à côté

---

(1) Il ne faut pas confondre cette collection, qui paraît se retrouver principalement dans le fonds Sérilly (Voy. ci-dessous), celle qu'on appelle, dans la Bibliothèque impériale, *les Cinq cents de Colbert*, en 524 volumes, et qui est principalement composée, dit Leprince, « de titres, mémoires et instructions, lettres, etc., concernant le royaume et les affaires étrangères. »

de ces archives générales qu'il créait dans la Bibliothèque du roi, un autre corps d'archives plus spéciales, plus récentes, plus nécessaires encore au service journalier de son administration (1). Dans cette bibliothèque, si voisine de la Bibliothèque royale, vinrent prendre place, sans doute comme nécessaires aussi, soit à son ministère, soit aux travaux historiques pour lesquels se tenaient chez lui des assemblées de savants, une très-grande partie des collections qu'on réunissait de toutes parts au nom et aux frais du roi.

A partir principalement de l'année 1673, de l'époque où Colbert parvint au plus haut point de son crédit, il parut négliger davantage la Bibliothèque du roi au profit de la sienne propre (2), et les richesses historiques et diplomatiques qui auraient dû peut-être, régulièrement parlant, venir accroître le nouveau trésor royal, s'arrêtèrent, s'amassèrent dans le sien. Ce fut dans la bibliothèque du ministre que furent placés et les extraits du Trésor des Chartes et des greffes des cours souveraines, et les recueils de Doat et de Godefroy. Le bibliothécaire de Colbert, Baluze, de son côté, possédait dans

---

(1) Sur ce qui subsiste dans la Bibliothèque impériale et ailleurs des papiers de Colbert, voy. principalement P. Clément, *Vie de Colb.*, préf. et append.

(2) *Catal. des manuscrits de la Bibl. du roy*, préface.

l'hôtel même de son maître une bibliothèque particulière où il réunit, outre les livres imprimés, plus de mille manuscrits ; parmi tout cela, quantité de titres et papiers précieux appartenant visiblement aux collections du roi ou de son ministre : c'est dans la bibliothèque de Baluze que se trouvaient, à sa mort, et une partie des recueils d'André du Chesne, que son fils François avait cédés à Colbert, pour qu'ils servissent à la nouvelle collection des histoires de la France, et une grande partie des pièces mêmes du ministère de Richelieu et de celui de Mazarin.

16. Colbert mort, l'héritage des charges qu'il remplissait fut démembré en trois ministères, la Maison du roi avec la Marine dévolus à son fils Seignelay, le Contrôle général à Pelletier, la Surintendance des bâtiments à Louvois. Le grand dépôt formé par Colbert dut, par suite, être aussi en grande partie divisé.

Mais l'exemple qu'il avait donné ne pouvait être perdu.

Seignelay avait dû se saisir d'une grande partie, tout au moins, de ceux des papiers réunis par son père qui se rapportaient soit à la Marine, soit à la Maison du roi, et les transmettre à son successeur Pontchartrain.

Pontchartrain, en 1699, forma des papiers de

la Marine, par les soins de Clairembault, son premier commis (1), un dépôt spécial qu'il établit dans un pavillon dépendant du couvent des Petits-Pères.

Les papiers de la Maison du roi durent composer un dépôt séparé, qui, en 1701, fut placé dans le Louvre.

Des papiers du Contrôle général se formèrent, entre les mains de Pelletier et de ses successeurs, le dépôt qui en était conservé en 1788, dans deux maisons de la rue du Temple et de la rue de Paradis, le même peut-être qui s'est retrouvé récemment dans la Bibliothèque du roi. Ceux de la Surintendance des bâtiments durent passer entre les mains de Louvois.

Ajoutons qu'à peu près dans le même temps où commençaient à l'hôtel Colbert les archives de la Maison du roi et de la Marine, dans les hôtels voisins de Louvois et de Colbert de Croissy prenaient naissance les dépôts de la Guerre et des Affaires étrangères. En 1688, Louvois, à l'instar de Colbert, rassemblait dans son hôtel tous les papiers jusqu'alors épars des affaires militaires, et constituait ainsi, pour la première fois, les archives de la Guerre. Croissy, réveillé, dit Saint-Simon, par son

---

(1) Clairembault conserva par devers lui beaucoup de minutes, qui ont passé depuis de son cabinet dans celui de Chérin, et de là dans la Bibliothèque du roi.

exemple, réunissait pareillement aux papiers de sa propre administration tous ceux qu'on put retrouver des administrations antérieures pour les affaires étrangères, depuis le temps du moins où les Brienne avaient composé leur collection; et en 1710 on en formait, dans ce même pavillon des Petits-Pères, où Pontchartrain venait de placer le dépôt de la Marine, un dépôt des Affaires étrangères. Ces deux dépôts et celui de la Guerre changèrent ensuite de lieux plusieurs fois, jusqu'à ce qu'on eut bâti à Versailles, en 1762 et 1768, deux hôtels où durent être fixés à demeure ces trois ministères avec leurs archives, et d'où elles ne furent apportées à Paris qu'en 1789 (1).

Maintenant, des papiers d'Etat et d'administration rassemblés par Colbert dans sa bibliothèque particulière, soit pour le compte du roi, soit pour le sien propre, la partie de beaucoup la plus considérable était demeurée, confondue avec cette bibliothèque, à ses fils, le marquis de Seignelay et Colbert, archevêque de Rouen. Celui-ci eut en partage, à ce qu'il paraît, les imprimés, avec quelques papiers, qui furent réclamés par le roi (2). Après la mort du marquis de Seignelay et de Col-

---

(1) Le Roi, *Hist. des rues de Versailles*, p. 378-379.
(2) Arch. de l'Emp., *Secrét. du roy:*

bert de Rouen, livres et manuscrits, tout passa aux mains du comte de Seignelay, fils du marquis, et des mains du comte dans la Bibliothèque royale.

Depuis que Colbert avait fait de la Bibliothèque du roi, comme aussi de la sienne propre, le dépôt des manuscrits et papiers de toute nature qui pouvaient servir soit aux travaux administratifs du gouvernement, soit aux grands corps d'ouvrages de jurisprudence ou d'histoire dont il dirigeait ou encourageait l'entreprise, on avait acquis successivement, pour les y joindre, de nombreuses collections soit de manuscrits de littérature, de jurisprudence ou d'histoire, soit de chartes, diplômes et papiers d'Etat et d'affaires ; notamment, en 1711, le riche recueil de manuscrits, de titres, de documents de toute nature, relatifs surtout à l'histoire des familles nobles et considérables, qui avait été formé par Gaignières ; en 1717, le cabinet de généalogie et de titres généalogiques de d'Hozier; en 1718, les manuscrits de Philibert de Lamare, renfermant, avec de précieux documents littéraires, une foule de titres et autres pièces d'archives très-importants pour l'histoire, surtout, de la Bourgogne ; en 1719, les manuscrits de Baluze, contenant, outre un grand nombre de monuments littéraires, une quantité considérable de chartes, de cartulaires, de papiers de gouvernement et d'administration. Le comte de Seignelay, après avoir vendu à l'enchère les livres imprimés de la bibliothèque de Colbert, offrit au roi, en 1728, de lui céder les manuscrits. Sans rechercher plus qu'on ne l'avait fait pour la bibliothèque de Baluze ce qui aurait pu être réclamé comme appartenant à la Couronne, par exemple les recueils de Doat et de Godefroy, les papiers ministériels, etc., le roi acheta le tout, en 1732, pour cent mille écus. Des papiers du ministère de Mazarin, en quatre cent soixante-deux volumes, furent portés au dépôt des affaires étrangères ; on venait d'y porter également, après avoir acquis le recueil de manuscrits du président de Mesmes (fils du comte d'Avaux), composé de plus de six cents volumes, tout ce qui s'y trouvait de papiers d'ambassades et de documents relatifs aux Etats étrangers. Tout le reste de ce que renfermaient les papiers de Colbert, de chartes, de titres, de papiers publics et d'affaires, y compris même bon nombre de relations et correspondances d'ambassades, fut incorporé, aussi bien que les manuscrits littéraires, à la Bibliothèque du roi.

En vendant au roi les manuscrits de son aïeul, le comte de Seignelay avait, à ce qu'il paraît, mis à part, pour les vendre à un M. de

Sérilly, une collection de plus de quatre cents volumes, composée principalement des extraits raisonnés que Colbert avait fait faire du Trésor des Chartes et des registres des cours suprêmes. On les acquit aussi en 1756 pour la Bibliothèque du roi.

Ainsi se trouvèrent réunis dans la Bibliothèque royale les membres jusqu'alors séparés, quoiqu'à bien peu de distance les uns des autres, des riches archives amassées dans les trois maisons de la rue Vivienne, de 1664 à 1682.

La même année, vint enfin se joindre aux recueils de Béthune et de Brienne le grand recueil de Dupuy, qui des mains de M. de Ménars avait passé dans celles du procureur général Joly de Fleury, et que celui-ci céda à la Bibliothèque. Une foule de pièces d'archives y entraient encore avec le cabinet de Lancelot en 1738 (1), avec ceux du président de Mesnières en 1765 (2), de Fontanieu en 1766, de Jault en 1780 (3), etc.

(1) « Lequel renfermait environ deux cents manuscrits et plus de cinq cents portefeuilles remplis de pièces détachées concernant les droits du roi. » Leprince, *Hist. de la Bibl. du roi*, éd. 1856, p. 85.

(2) Soixante et onze cartons de titres originaux relatifs aux domaines public et privé, avec un volume relié du terrier de Paris, et trois volumes de la table générale. » L. Pâris, *Ann. de la Bibl. du roi*, 1856, p. 304.

(3) « Plus de huit mille titres originaux, depuis 1150 jusqu'au XVIIIe siècle. » *Id., ibid.*, p. 397.

Ce n'est pas tout. Après Colbert, comme pendant son administration, nous voyons le gouvernement, suivant ses errements, déposer dans la Bibliothèque royale, à titre officiel, des documents publics et d'Etat. En 1685, Pelletier, successeur de Colbert au Contrôle général, ayant fait transcrire en des registres les titres et actes que l'on conservait dans le château de Nantes, et qui formaient le Trésor des Chartes de Bretagne, les fit déposer dans la Bibliothèque du roi. En 1688, le même ministre, pour préparer une révision de l'assiette de l'impôt dans le Dauphiné, avait ordonné qu'un inventaire fût fait en double exemplaire des titres de la Chambre des Comptes de Grenoble. L'une des deux copies fut déposée près cette Chambre; l'autre, après avoir passé, on ne sait comment, entre les mains d'un particulier et, après sa mort, entre les mains d'un autre, fut enfin acquise pour la Bibliothèque du roi, à laquelle elle avait sans doute été originairement destinée. La Lorraine réunie à la France (1670), ses archives furent portées au château de Metz (1672). Un arrêt du Conseil ordonna, en 1697, d'en dresser l'inventaire. Cailhe Dufourny, auditeur de la Chambre des Comptes de Paris, fut chargé de ce travail. En 1713, en vertu de son testament, la minute en fut déposée dans la Bibliothèque du roi, et une copie dans le Trésor des Chartes. Depuis Colbert, la Bibliothèque du roi n'était donc pas seulement un dépôt de trésors littéraires, mais un trésor de Chartes, un dépôt d'Archives.

17. La Bibliothèque du roi, au XVIIe et même au XVIIIe siècle, n'était pas un lieu ouvert à tous comme elle l'est aujourd'hui. Lorsqu'elle était dans le château de Fontainebleau, où François Ier l'avait placée, Amyot, alors Maître de la Librairie, en avait le premier, assure-t-on, ouvert l'entrée à certains savants. On a dit que Henri IV, qui la transporta à Paris, dans le quartier des écoles, l'y avait rendue publique. Mais c'est certainement en un sens fort restreint qu'il faut entendre ces expressions, aussi bien que l'inscription mise en tête du catalogue de la Bibliothèque du roi par Rigault et Haultin :

« *Ludovicus rex..., Bibliothecam ad usus publicos sede commodissima conlocatam amplificare jussit.* »

Sous l'administration de Colbert et sous celle de Louvois, son successeur dans la Surintendance des bâtiments, de laquelle dépendait alors la Bibliothèque, aucune partie n'en était entièrement publique. Louvois mort, Louis XIV décida que sa bibliothèque serait dorénavant sous son autorité seule. L'année suivante, au mois de novembre 1692, l'abbé de Louvois, fils du ministre, et que celui-ci en avait fait le Garde, décida, sans doute d'après la volonté du roi, qu'elle serait « ouverte deux fois par semaine à tous ceux qui voudraient y venir étudier, et », ajoute *le Mercure de France*, « il régala d'un magnifique repas plusieurs savants, le jour de cette ouverture (1). » Et alors même, ce n'était guère, en effet, qu'aux « savants » que l'on ouvrait la Bibliothèque. Un règlement postérieur (11 octobre 1720) y admit en outre le public sans distinction, mais un seul jour de la semaine (2), et pendant deux heures seulement.

Mais, même depuis lors, les manuscrits ne

---

(1) La Bibliothèque du couvent de Saint-Victor était ouverte trois fois par semaine depuis 1640 ; la Mazarine l'était tous les jeudis. Voyez Maichelius, *de Bibliothecis*, p. 97, et Jacob, *Traité des Bibl.*, p. 487.

(2) « Art. III. La Bibliothèque sera ouverte à tous les sçavants de toutes les nations, aux jours et heures qui seront réglés par le bibliothécaire, et il sera préparé des endroits convenables pour recevoir lesdits sçavants et les mettre en état d'y vacquer à leurs études et recherches avec toute commodité.

« Art. IV. Outre cesdites entrées accordées aux sçavants, ladite Bibliothèque sera ouverte au public une fois la semaine, depuis onze heures du matin jusqu'à une heure après midy, et seront alors toutes les personnes que Sa Majesté a déjà attachées à ladite Bibliothèque, ainsi que les autres qu'elle se propose d'y attacher encore, sous les ordres dudit bibliothécaire, obligées de se trouver durant cedit temps, au salon, cabinets et galleries d'icelle, pour satisfaire la curiosité de tous ceux que l'envie de s'instruire y attirera. »

furent pas mis, sans beaucoup de réserve, à la disposition du public, et particulièrement les chartes, papiers d'Etat et d'affaires, pièces d'archives. En 1730, M. Anisson Duperron ayant été chargé par le ministre d'Angervillers de faire un recueil général des ordonnances de la guerre, il fallut, pour qu'il lui fût donné communication des papiers du ministère de Le Tellier, qui se trouvaient et se trouvent encore dans la Bibliothèque royale, un ordre exprès du roi, transmis par le ministre secrétaire d'Etat de sa maison (1).

L'incendie de 1737 avait dévoré une grande partie des archives de la Chambre des Comptes ; elle s'occupait de les rétablir au moyen des documents renfermés dans les autres dépôts publics, notamment dans la Bibliothèque du roi : le secrétaire d'Etat de la maison du roi invitait alors l'abbé Sallier, garde du cabinet des manuscrits, à communiquer les catalogues à MM. de la Chambre des Comptes; mais il ajoutait que lorsque, après en avoir fait le dépouillement, ils demanderaient les registres ou autres pièces dont ils croiraient avoir besoin, il serait nécessaire qu'ils en remissent un état, afin qu'on examinât les mesures qu'il conviendrait de prendre « pour en

---

(1) Archives de l'Empire, O. 263, f° 398-9.

permettre la communication, ou d'en prendre des copies (1). »

En 1762, les Etats d'Artois ayant demandé la permission de faire copier à la Bibliothèque du roi un manuscrit qui intéressait cette province, le bibliothécaire Bignon écrit : « S'il ne s'y trouve rien qui blesse les intérêts du roi, il n'y a nul inconvénient de le communiquer et d'en donner une copie collationnée et signée, qui servira aux Etats autant que l'original. C'est ce que nous saurons par l'ordre que je viens de donner à M. Bigon d'en faire l'examen. »

En 1782, l'historien de la Bibliothèque, Le Prince, dit encore, au sujet, soit du Cabinet des Manuscrits, soit de celui des Titres et généalogies : « On n'y communique pas indistinctement toutes sortes de manuscrits. »

En 1784 (1er avril), le procureur du roi du bailliage de Remiremont ayant à soutenir un procès, au nom du roi, contre le chapitre de la même ville, sollicitait, par une lettre du 1er avril 1784, tout agent du roi qu'il était et agissant pour les droits royaux, une permission ministérielle afin de prendre communication de cartulaires concernant l'abbaye de Remiremont, qui étaient, disait-il, déposés à la Bibliothèque

---

(1) Archives de l'Empire, O. 268, f° 475.

du roi et au Trésor de la Sainte-Chapelle. On voit par cette pièce que la Bibliothèque du roi était considérée, en ce qui concernait ses chartes et cartulaires, comme un dépôt d'archives soumis au même régime, à l'égard des demandes en communication de pièces, que le Trésor des Chartes. De plus, le Maître de la Librairie, Garde en chef de la Bibliothèque, avait qualité, comme le Trésorier des chartes, pour délivrer des expéditions authentiques qu'il signait et scellait; or, alors même que le procureur général était devenu, comme nous l'avons vu, le garde du Trésor des Chartes, il avait fallu, pour l'autoriser à délivrer des copies authentiques des pièces qui y étaient renfermées, qu'à sa charge fût jointe la qualité de Notaire et Secrétaire du roi (1). Le Maître de la Librairie, en authentiquant des copies de chartes, diplômes, etc., faculté que n'a plus aujourd'hui le Directeur de la Bibliothèque impériale, exerçait donc alors, à l'égal du Trésorier des Chartes, et comme préposé à un dépôt de même nature, les fonctions de Secrétaire royal. D'où il suit que si des pièces d'archives ont été, sous l'ancien régime, déposées et con-

---

(1) Voyez aux Pièces justificatives l'arrêt de 1582. Dupuy, *Droits du Roy*, p. 1012 : « Le Procureur général estant Secrétaire seulement à l'effet de signer les collations des titres qui se tirent du Trésor, et n'y a que lui qui le puisse faire. »

servées dans la Bibliothèque du roi, d'une façon et selon des formes plus ou moins régulières, comme en de véritables archives publiques, aujourd'hui que cet établissement n'est plus considéré comme un dépôt de cette nature, ni son chef comme un archiviste, c'est dans les Archives publiques actuelles que les règles veulent que toutes ces pièces aillent prendre place.

18. Au commencement, et surtout au milieu du XVIIIe siècle, de circonstances nouvelles naquit la pensée de recommencer, sur des proportions encore plus vastes, l'entreprise formée successivement par Richelieu et par Colbert pour réunir les monuments disséminés de l'histoire nationale.

Le chancelier Le Tellier, après la mort de Colbert, avait recommencé l'entreprise d'un recueil complet des historiens de la France. C'était néanmoins de Daguesseau seulement que devait en dater la mise à exécution. Daguesseau, de plus, avait repris le projet, conçu à la fois par Colbert et par Lamoignon, d'une réforme générale de la législation ; et, en conséquence, il avait voulu qu'au recueil général des Historiens de France s'ajoutât un recueil général des Ordonnances des rois, semblable pour la troisième race à celui que Baluze venait de donner pour les deux premières. Pour cela, Daguesseau avait fait recommencer sur un plan plus étendu les extraits du Trésor des Chartes. Mais entre les derniers Capitulaires et les premières Ordonnances, il y avait une lacune que ne pouvaient remplir ni le Trésor des Chartes, qui ne date guère que du XII° siècle, ni même les suppléments réunis par Colbert dans la Bibliothèque du roi. Combler cette lacune fut le premier objet de l'entreprise nouvelle à laquelle est resté attaché le nom du ministre distingué qui depuis en fut l'âme, le contrôleur général Bertin.

Le temps était venu de chercher à réunir la suite complète et non interrompue des monuments de l'histoire et du droit.

Le Parlement, humilié par Louis XIV, qui avait mis à néant l'antique droit de vérification des édits, s'était après lui relevé aussitôt, opposant à un pouvoir devenu par degrés entièrement arbitraire et absolu, les lois antiques, la constitution nationale (1) attestées par

---

(1) Les jurisconsultes mêmes qui avaient proclamé la puissance absolue du roi, en exceptaient généralement « les loix fondamentales de l'Etat, parce que le Prince doit user de sa souveraineté selon la propre nature et en la forme et aux conditions qu'elle est establie. » Loyseau, *des Seign.*, p. 22. — « Il y a différence entre les loix du roi et les loix du royaume. Celles-cy, d'autant qu'elles ne peuvent estre faites qu'en générale assemblée de tout le royaume..., aussi depuis elles ne

ses registres. Il importait de prouver, s'il se pouvait, que cette nation, au nom de laquelle on commençait à élever la voix contre l'usurpation royale, c'était la royauté qui lui avait procuré avec la liberté tous ses droits et qui les lui maintenait. Il importait aussi, en présence d'une critique désormais inévitable, de savoir exactement à quelles règles et à quelles limites traditionnelles l'autorité pouvait effectivement être obligée de s'astreindre (1). Pour tout cela, les Archives royales ne pouvaient suffire, même avec les suppléments que Richelieu et que Colbert surtout y avaient joints. Il y manquait encore une foule de monuments de ce droit public de la France qu'on invoquait de toutes parts, ainsi que de son histoire. On voulut les réunir pour l'usage d'abord du gouvernement et de ses ministres, puis pour en publier les plus importants, et mener ainsi à fin le grand dessein qui datait de Pithou.

Le 31 octobre 1759, peu de jours après l'entrée de Bertin au Contrôle général, on créa à Versailles, sur sa proposition, un Dépôt de

---

peuvent estre changées et innovées qu'avec l'accord et le consentement des trois estats. » *Intruct. des gens des trois est. du roy.*, 1576.

(1) Voir à la Bibliothèque impériale le 1er volume des archives de la collection Moreau, et Moreau lui-même, *Plan des travaux littéraires*, etc., 1782, 1787, 1788.

législation attaché au département des finances, et qui devait contenir toutes les lois destinées à régler chaque branche d'administration publique (1). En 1762, on créa de plus un dépôt d'Histoire et de droit public. Dans ce dernier dépôt, principalement, durent être réunis tous les matériaux d'un recueil général de chartes et diplômes des rois de France. On l'appelait aussi, en conséquence, le dépôt des Chartes. C'est là que, par les soins des Bréquigny, des Secousse, de Sainte-Palaye, des Foncemagne, et des membres des congrégations bénédictines de Saint-Maur et de Vannes, on devait rassembler, en premier lieu, des inventaires complets, accompagnés d'analyses et extraits, de toutes les archives royales et publiques ; en second lieu, des copies de toutes les pièces importantes des archives ecclésiastiques et particulières. On y devait joindre encore des copies des chartes intéressant la France, qui se trouveraient dans les archives étrangères. Le tout était remis à la garde de Moreau, revêtu du titre d'historiographe du roi. On réunit ainsi un nombre immense de pièces, et parmi ces pièces, une quantité notable de titres originaux.

Le Dépôt de législation, porté de Versailles

---

(1) L'administration intérieure dépendait alors presque tout entière du Contrôle général. Voy. Tocqueville, *Ancien régime*.

à Paris, y avait été un moment (1764) placé à la Bibliothèque du roi. En 1788, un arrêt du roi Louis XVI en conseil d'Etat réunit les deux dépôts en un seul, qui devait être attaché à perpétuité à la Chancellerie de France. C'était constituer encore une sorte de Trésor des chartes anciennes du royaume à l'usage de l'autorité chargée et de préparer des lois et de diriger la publication officielle des monuments de l'histoire et de la législation nationales.

14. Peut-être, si la révolution ne fût survenue, on eût rejoint quelque jour à l'ancien corps des Archives royales ces différents dépôts, créés successivement, qui en formaient autant de suppléments.

Daguesseau, en 1711, alors procureur général et par conséquent trésorier des Chartes, avait adressé à Louis XIV un mémoire où il lui représentait l'utilité d'un dépôt public et général d'archives, et demandait, comme Molé l'avait demandé autrefois, le renouvellement des règles anciennes pour que les actes publics y fussent déposés (1). Et depuis le commencement du siècle, tout en continuant de placer dans la Bibliothèque du roi des collections considérables de pièces d'archives, on revenait pourtant, dans une

---

(1) Voir aux Pièces justificatives.

certaine mesure, à l'usage presque entièrement oublié au temps de Colbert, de déposer dans le Trésor des Chartes les documents officiels. Lorsqu'en 1701, on fit réclamer à Colbert, archevêque de Rouen, les titres et papiers d'Etat qui provenaient du cabinet de son père, on les mit dans le Trésor des Chartes. Une révision générale des feux du Dauphiné, entreprise en 1697, ayant été consignée dans un état général, composé de vingt-deux volumes in-folio, le roi, en 1707, sur le rapport du contrôleur général Chamillart, en fit déposer l'original au Trésor des Chartes, la copie au greffe de la Chambre des Comptes de Grenoble (1). En 1719, lorsqu'on eut acquis les manuscrits de Baluze, on estima que les originaux d'ordonnances royales qui s'y trouvaient « convenaient mieux au Trésor des Chartes qu'à la Bibliothèque du roi; » et ils furent mis au Trésor (2).

En 1737, un particulier ayant retrouvé et offert au roi le contrat de mariage de Charles VIII avec Anne de Bretagne, après que le ministre de la Maison du roi l'eut adressé à la Bibliothèque du roi où la pièce fut reconnue authentique, il envoya l'ordre, de la part du roi, de la déposer au Trésor des Chartes (3).

---

(1) Archives de l'Empire, E, 707, f° 230.
(2) *Ordonnances*, t. II, p. 331.
(3) Archives de l'Empire, E, 780.

En 1776, un incendie détruisit une partie du Palais-de-Justice. Dans un arrêt rendu en conseil, moins de deux mois après (2 mars 1776), et contre-signé par Malesherbes, le roi, en augmentant le nombre des commissaires chargés de rédiger les extraits du Trésor, « travail qui serait la seule ressource dans le cas d'un malheur semblable à celui qui venait de donner les plus justes alarmes, » le roi exprimait le désir de voir ces commissaires « travailler de concert à former un plan général capable de mettre à jamais ce dépôt à l'abri de toutes confusions et à faire les recherches des titres qui, n'y étant pas encore réunis, seraient de nature à y être déposés. » On reconstruisit la partie du Palais-de-Justice que l'incendie avait consumée, et dans les nouveaux bâtiments on pratiqua, pour y placer le Trésor des Chartes, des salles construites l'une au-dessus de l'autre avec beaucoup de soin et d'art, dont les planchers inférieurs, supérieurs et intermédiaires étaient voûtés en pierre. On y porta le Trésor dans l'année 1783, en ayant soin d'y donner aux documents des places exactement correspondantes à celles qu'ils occupaient dans les salles de la Sainte-Chapelle.

De ces faits, comparés avec les termes de l'arrêt royal de 1776, il est permis de conclure qu'on se proposait et de remettre en ordre le Trésor des Chartes, et de le rendre conforme à sa destination légale ; en d'autres termes, d'en faire comme il aurait dû toujours dû l'être, le dépôt central universel des archives de la monarchie.

15. La Révolution survint, qui changea tout. Ce n'était pas aux chartes du régime qui finissait qu'on allait maintenant demander les règles du droit public, les éléments des lois ; on ne vit plus guère, dans ces chartes et dans les papiers de même nature, dès les premiers moments du grand et universel changement, et à l'exception des pièces propres à servir encore de titres de propriété, que des monuments plus ou moins curieux pour l'histoire. De là des décisions par lesquelles des dépôts entiers ou des collections plus ou moins considérables de pièces d'archives, relatives au régime ancien, furent attribuées successivement à des bibliothèques, uniquement considérées désormais comme des dépôts, ouverts sans réserve au public, de documents de littérature et d'histoire.

En 1790, par un décret de l'Assemblée constituante, le Dépôt de législation, histoire et droit public fut transféré de la Chancellerie à la Bibliothèque du roi.

Par un autre décret, daté du jour de la dernière séance de l'Assemblée nationale (29 septembre 1791), décret relatif aux anciens pays d'Etat, il dut être dressé de leurs archives un inventaire en double. L'un des deux exemplaires devait demeurer en dépôt auprès de l'administration du département où était situé le siége de l'ancienne administration, avec les titres et papiers concernant particulièrement le territoire qui en dépendait ; l'autre devait être porté à la Bibliothèque du roi avec tous les titres, disait le décret, qui concernaient le général du royaume (1).

On en eût fait autant, peut-être, du Trésor des Chartes, si l'occasion se fût offerte de le déplacer. Un jour vint où le tribunal révolutionnaire eut besoin, pour placer ses papiers, d'une partie des salles que ce dépôt occupait depuis 1783 : on jeta alors pêle-mêle dans la salle inférieure, par un escalier, tout ce que contenait la salle supérieure.

Avec la Révolution de nouvelles Archives venaient de commencer. Le pouvoir, émané directement de la nation, qui était entré d'abord en partage, et presque aussitôt en possession entière de la souveraineté, avait dû se

---

(1) Ce décret ne fut pas exécuté.

créer tout d'abord, pour conserver ses titres et ses actes, un dépôt à lui propre. Dès le 29 juillet 1789, il fut institué un « Dépôt de toutes les pièces originales relatives aux opérations de l'Assemblée. » Le décret du 12 septembre 1790 lui donne le nom « d'Archives nationales » et le définit : « le Dépôt de tous les actes qui établissent la constitution du royaume, son droit public, ses lois et sa distribution en départements. »

Dans ce dépôt, tout devait dater de l'ère nouvelle. On y ajoutait seulement, à titre de précédents immédiats, les papiers relatifs à l'Assemblée des notables de 1787.

Pourtant, dans les archives de l'ancienne monarchie il y avait une foule de titres qui intéressaient, soit des propriétés privées, soit surtout le domaine public. Il importait de conserver ces titres. Il y a plus : en présence des mesures qui avaient décidé la réunion des biens du clergé au domaine national et la vente immédiate d'une partie considérable de ce domaine, la recherche des titres qui pouvaient servir à établir la situation et la consistance de toutes les parties des propriétés publiques était de la plus urgente nécessité. En conséquence, par un premier décret du 7 août 1790, les différentes archives des Conseils du roi, de sa Maison, des anciennes Cours de justice, avaient été réunies en un seul dépôt. Le 12 brumaire an II (2 novembre 1793), la Convention le divisa en deux parties, l'une domaniale et administrative, contenant principalement les titres de la fortune publique, l'autre judiciaire et contentieuse, où devaient se trouver surtout ceux des propriétés particulières, et elle en fit deux sections annexes des Archives nationales. Il importait, en effet, que la grande opération de la recherche des biens nationaux reçût l'impulsion continuelle et fût sous la surveillance incessante de l'Assemblée souveraine et de son secrétaire archiviste (1).

16. Bientôt des mesures de conservation plus générales encore devinrent nécessaires. Dans toute la France, avec l'intention ou sous le prétexte d'abolir tout ce qui rappelait le régime féodal, on détruisait une infinité de monuments précieux pour l'histoire, pour les sciences et pour les arts. Par le décret de la Convention rendu le 7 messidor an II (25 juin 1794), les Archives nationales furent érigées en un dépôt central pour toute la république. Tous les titres domaniaux, en quelque lieu qu'ils fussent, étaient déclarés appartenir à la sec-

---

(1) Rapport de Baudin sur la loi de 7 messidor an II.

tion domaniale de ce dépôt, et pouvaient, sur la première demande qu'en ferait le comité des Archives, y être transportés (1). Parmi les dépôts où l'on pouvait avoir à réclamer des manuscrits intéressant le domaine et la fortune publique, l'article 14 spécifiait la Bibliothèque nationale.

« Il est temps, disait le rapporteur Baudin, principal auteur de la loi, que tout retentisse au centre et se rapporte à l'unité. Ce grand principe doit être la base de nos diverses institutions. Qu'on conserve ou qu'on établisse des dépôts de titres partout où la commodité des citoyens et l'activité du service l'exigeront ; mais ces diverses collections éparses ne seront que des sections du dépôt central. »

En même temps, une Agence spéciale était instituée pour partager tous les titres en trois catégories : dans la première, les titres féodaux et nobiliaires, qui devaient être anéantis ; dans la seconde, les titres nécessaires au maintien ou au recouvrement des propriétés, soit publiques, soit particulières, lesquels devaient être répartis entre deux sections, l'une domaniale, l'autre judiciaire, annexées aux Archives nationales ; enfin, dans la troisième catégorie,

---

(1) Déjà, en 1787, le ministre des finances avait proposé à l'Assemblée des notables d'établir un dépôt unique des titres du domaine dispersés par toute la France.

les documents utiles à l'histoire, qui devaient être attribués, dans les départements, aux bibliothèques des districts, et, à Paris, à la Bibliothèque nationale.

L'Agence établie à Paris, et plus tard le Bureau qui la remplaça, mit à part, pour être anéantis, soit comme proscrits par le nouveau régime, soit comme entièrement inutiles, plus de 500,000 kilogrammes pesant de papiers, répartit presque tout le reste entre les deux sections domaniale et judiciaire, et mit en réserve, comme monuments de l'histoire des sciences et des arts, un nombre de pièces relativement peu considérable, remplissant en tout 489 registres et 1,171 boîtes. — Jusque dans le compte rendu de ses travaux, daté de thermidor an VI, le Bureau du triage désigne, conformément aux prescriptions de la loi, ce dernier amas de documents, formant la « masse de l'histoire et comprenant même des documents constitutifs et politiques, » comme destiné à la Bibliothèque nationale.

17. Néanmoins, il n'avait jamais été question de comprendre dans cette masse ni le Trésor des Chartes, ni aucune partie de ce Trésor. On l'avait classé tout entier dans la section domaniale. Jamais, non plus, l'Agence ni le Bureau du triage, composés d'hommes de

savoir, n'imaginèrent qu'après avoir fourni à la régie des domaines les documents qui pourraient lui servir pour le recouvrement des biens nationaux, le Trésor des Chartes dût être transporté à la Bibliothèque. Dès le principe, et jusqu'à la fin (1), l'Agence des titres envisagea et représenta le Trésor des Chartes comme un corps qui devait subsister entier parmi les Archives nationales (2).

En outre, considérant que les archives de l'abbaye de Saint-Denis, où nos premiers rois avaient coutume de déposer les plus importants de leurs titres et de leurs actes, usage qui durait encore dans le XII° siècle, renfermaient des chartes remontant jusqu'au VI°, et ainsi antérieures de beaucoup aux monuments les plus anciens du Trésor des Chartes, le Bureau de triage émettait, dans un de ses rapports annuels (3), l'opinion que ces archives devaient être jointes au Trésor des Chartes pour en former, en quelque sorte, la première partie ou l'introduction.

Enfin, « pour ramener le Trésor des Chartes à sa destination, qui avait été de réunir en un

---

(1) Voyez principalement le rapport spécial de l'an VI, Arch. de l'Empire, Secrétariat.

(2) Pourtant le Trésor des Chartes ne fut mis à la disposition de l'archiviste que par l'arrêté consulaire du 4 thermidor an VIII.

(3) Rapport de ventôse an VII.

même dépôt tous les titres et les actes du gouvernement, » disait le Bureau du triage dans un rapport spécial adressé au Corps législatif en l'an VI, « il fallait rapprocher encore des titres qu'il contenait, joints à ceux de Saint-Denis, tous ceux de même nature qui seraient renfermés, soit dans d'autres archives, soit dans des dépôts uniquement littéraires; » il fallait, par conséquent, au lieu de porter dans la Bibliothèque nationale des pièces d'archives, aux termes des lois de 1791 et du 7 messidor an II, en retirer, au contraire, toutes celles qui s'y trouvaient, et les réunir au Trésor des Chartes, enfin reconstitué et complété. Le nouveau dépôt ainsi formé devait avoir son emplacement, sa dénomination, son organisation particulière. « Telle devait être, » ajoutait-on encore, « cette organisation, que ses divisions répondissent, non pas seulement à celles que présentait jusque-là le Trésor des anciennes chartes, mais aux différentes sortes d'actes qui constituent les archives d'un grand peuple, et que ces actes, à l'avenir, vinssent au fur et à mesure et naturellement s'y placer (1). »

Sur un plan analogue pouvaient être établies, dans les différents départements, des archives particulières. Dans les archives centra-

---

(1) Rapport de l'an VI, p. 138.

les en seraient réunis tous les inventaires, qui seraient fondus ensuite en un inventaire et répertoire universel. « Alors, disait en terminant le Bureau du triage (1), le Corps législatif, le gouvernement et le public auraient, pour ainsi dire, sous les yeux et à la main tout ce qui concerne la gloire et les intérêts de la nation. »

Ce n'est pas tout : le Bureau du triage ne pouvait pas, dans le progrès de son travail sur toutes les différentes archives qui en étaient le sujet, ne pas s'apercevoir de plus en plus de la difficulté, souvent même de l'impossibilité qu'il y avait à séparer les titres selon les catégories indiquées, d'après un point de vue trop exclusif, par la loi du 7 messidor an II (2).

« Plus nous avançons dans nos opérations, disait ce Bureau dès l'an IV, plus nous trouvons de difficultés dans la division des archives en judiciaires, domaniales et même historiques. L'examen des archives du Bureau des domaines, du Trésor des Chartes, ce précieux dépôt connu de toute l'Europe savante, les restes mêmes très-importants de la Chambre des Comptes, nous prouvent de plus en plus que les propriétés individuelles sont liées

---

(1) Rapport de l'an VI, p. 189.
(2) *Ibid*, p. 33.

avec celles de la nation ; que beaucoup de superbes chartes et bien conservées sont essentielles pour l'histoire comme pour le domaine et le judiciaire ; que les jugements enfin rendus dans le domanial et dans le judiciaire, ainsi que les actes qui appartiennent à ces deux objets, ont tant de connexité, qu'on ne peut les diviser sans morceler ou appauvrir les deux autres parties pour en enrichir une des trois. »

Le Bureau du triage ne pouvait pas non plus ne pas s'apercevoir de l'inconvénient qu'il y avait à détruire l'ordre ancien, selon lequel les documents avaient été rangés et inventoriés, à mêler ce qui jusqu'alors avait été séparé, à séparer ce qui jusqu'alors avait été réuni.

Pour obvier autant que possible à ces difficultés, pour atténuer ces inconvénients, en un mot pour réparer ce qu'il y avait de vicieux dans l'opération même du triage, si l'on excepte ce qui concernait la mise au rebut des papiers inutiles, le Bureau ne se contentait pas de travailler, au fur et à mesure qu'il avançait dans cette opération, à des répertoires qui devaient servir à mettre l'ordre ancien en rapport avec l'arrangement nouveau : dans un de ses derniers comptes rendus (25 thermidor an VIII), il exprimait le vœu que les sections entre lesquelles on avait voulu que les titres anciens fussent partagés, fussent du moins placées dans de simples divisions d'un seul et unique local, et qu'enfin, et surtout, en ce même local fût recueilli tout ce qu'on avait eu la pensée malheureuse d'envoyer, en qualité de monuments historiques, à la Bibliothèque nationale. Ceux à qui l'on avait commis la tâche de démembrer en des divisions arbitraires tout ce que renfermaient les divers dépôts de titres épars dans Paris et dans les environs, ceux-là mêmes, après s'être livrés sur ces dépôts, au nombre d'environ quatre cents, à un travail de six années, étaient conduits, par l'expérience ainsi acquise des résultats que devait avoir l'exécution rigoureuse des prescriptions de la loi, à une pensée qui n'était autre que celle de l'organisation en un seul corps, dont le Trésor des Chartes, avec le chartrier de Saint-Denis, formerait la tête, des Archives générales de l'ancienne France.

18. Par la loi du 5 brumaire an V, le triage des titres cessa dans les départements, sauf ceux de la Belgique et celui de la Seine ; tous les titres et papiers dépendant des dépôts appartenant à la République durent être portés en masse, par les soins des administrations centrales de chaque département, au chef-lieu de ce département.

Rien, du reste, n'était changé, disait l'art. 6 de la loi, aux dispositions des lois des 12 brumaire et 7 messidor an II, quant aux Archives nationales de la République. Ces Archives restaient donc, par rapport aux dépôts des départements, un dépôt central, à la section domaniale duquel appartenaient et pouvaient toujours être transférés tous les titres domaniaux qu'ils contenaient.

La constitution de l'an III ayant séparé les pouvoirs de législation et d'administration que la Convention avait réunis, le Directoire avait proposé au Corps législatif d'introduire dans les Archives une division analogue, et, en en laissant la partie législative aux assemblées chargées de faire les lois, d'en attribuer au pouvoir exécutif toute la partie administrative, dans laquelle serait compris, avec les sections domaniale et judiciaire, le Bureau du triage des titres.

La question était encore pendante, lorsque survint la révolution du 18 brumaire. La constitution de l'an VIII assurait au pouvoir exécutif, sous le nom de Consulat, la prépondérance : le Consulat mit les archives, sans distinction, en son pouvoir, et sous l'autorité immédiate du premier Consul. Le 1ᵉʳ pluviôse an IX, un arrêté supprima le Bureau du triage, ordonna que le triage serait continué à Paris par le garde des Archives de la République, et que tous les papiers sur lesquels cette opération n'avait pas encore été exécutée seraient remis entre ses mains.

Mis en possession des documents amassés et triés par le Bureau des titres, l'archiviste Camus, moins versé que les membres de ce bureau dans la connaissance des anciens titres et des rapports qui les unissent, Camus, qui d'ailleurs avait presque toujours été en désaccord avec le Bureau et avec l'Agence, proposait encore au ministre de l'Intérieur, dans un rapport daté du 25 pluviôse de la même année, de faire porter au dépôt domanial, au dépôt judiciaire, à la Bibliothèque nationale, les « papiers déjà disposés pour y être remis (1). »

Une objection se présentait. N'était-il pas vrai, comme Camus l'avait dit lui-même peu auparavant dans un de ses rapports annuels au Corps législatif sur l'état des Archives (an VII), que les bibliothèques étaient faites pour les livres imprimés ou manuscrits, et les archives pour les titres? Une idée du consul Lebrun lui parut, un moment, propre à résoudre la difficulté, et c'était, considérant les pièces officielles anciennes dont l'administration n'avait plus affaire, comme des monuments histo-

---

(1) Arch. de l'Emp., Secrétariat.

riques tels que le sont des médailles et des inscriptions, de les placer, non, à la vérité, parmi les livres, dans la Bibliothèque elle-même, mais dans un musée ou cabinet annexe qui ferait un pendant au Cabinet des Antiques. « On formerait, en effet, un très-bel ensemble, si l'on considérait comme trois branches qui sortent d'un même tronc et si l'on rapprochait de la collection des monuments renfermés dans les livres, mémoires, écrits qui composent la grande Bibliothèque nationale, la collection des monuments qui consistent en médailles, pierres gravées, inscriptions, que l'on conserve au muséum des Antiques, et la collection des monuments consistant en chartes, diplômes et autres pièces authentiques. »

Dans ce plan, d'une régularité apparente, Lebrun présentait comme le pendant d'un musée mélangé de médailles, inscriptions et autres antiquités de tous les temps et de tous les pays, la collection des monuments officiels et authentiques de l'histoire de la France.

Camus, du reste, après avoir relaté avec éloge le projet du consul, exprime, quelques lignes plus loin, la pensée qu'aux Archives devraient, en tous cas, être réservés le Trésor des Chartes et même les titres de Saint-Denis, de Saint-Germain-des-Prés et de plusieurs autres grands établissements, c'est-à-dire précisément toutes les pièces qui sont le plus importantes pour l'histoire (1). Et enfin, frappé sans doute lui-même de cette réflexion qu'une telle exception réduisait à peu près à néant la proposition même qui lui avait d'abord paru mériter approbation, il revient sur ses pas et raye sur son manuscrit tout le passage que nous venons d'en extraire.

L'an X, on constituait aux Archives un *Bureau des monuments historiques*, où l'on réunit au Trésor des Chartes les monuments historiques, formant, dit Daunou, « un deuxième Trésor des Chartes, qu'on s'abstint néanmoins de fondre dans le premier, et auquel on ajouta successivement les pièces historiques que fournit la continuation du triage (2). »

Le gouvernement consulaire, après avoir transféré en son pouvoir les Archives nationales tout entières, n'en avait pas fait pour cela le dépôt des actes de son administration ; et dans le projet même du 13 frimaire an IX, que le Tribunat repoussa, il n'ajoutait guère aux procès-verbaux des Corps législatif et du Tribunat qui y devaient être déposés, conformément à la destination primitive des Archives nationales, qu'une expédition des rè-

---

(1) Pages 8 et 10.
(2) *Tableau systématique des Archives de l'Empire au 1ᵉʳ janvier* 1813.

glements d'administration publique rédigés par le conseil d'Etat, et qui participaient de la nature des lois. Il laissait ainsi aux archives, il confirmait leur caractère à peu près exclusivement législatif; et c'était à la Secrétairerie d'Etat, au Sceau, qu'il établissait l'unique dépôt de ses actes. Au Consulat succède l'Empire; et d'abord, le sénatus-consulte organique du 28 floréal an XII (18 mai 1804), en parlant (art. 139) des actes des premières autorités de l'Etat et des lieux où ils doivent être déposés, semble ne reconnaître encore d'autres archives que celles qui appartiennent en particulier à chacune de ces autorités. D'autre part, depuis que les Archives avaient été placées dans les attributions du pouvoir exécutif, le Corps législatif n'y déposait plus rien. Dans cette situation, les Archives n'avaient plus aucun usage ; il fut question, un moment (vers 1807), de les supprimer, en sorte que désormais il n'aurait plus existé d'autres dépôts de papiers officiels que ceux que se formeraient auprès d'eux les différents corps de l'Etat et les différentes administrations.

19. Mais en 1808 (6 mars), un décret intervient, ordonnant la réunion dans un palais spécial, à l'hôtel Soubise, de « toutes les archives existantes à Paris, sous quelque dénomination que ce puisse être. »

Le législateur de 1808 ne voulait pas dire qu'il ne devait plus y avoir dorénavant à Paris, en dehors des Archives de l'Empire, aucun dépôt, même temporaire, de papiers publics ; il voulait dire qu'il ne devait plus en exister ailleurs aucun dépôt auquel pût s'appliquer le nom d'archives. Il voulait dire que les archives réunies au palais Soubise en un seul corps devaient être complètes autant que possible, et pour cela mises en possession de tout ce qui, n'importe où, leur appartenait. Premièrement, les administrations et les corps judiciaires en activité ne devaient plus conserver leurs papiers au delà du temps pendant lequel ils étaient nécessaires à leurs travaux habituels ; à mesure que ce temps serait passé, ces papiers, au lieu de s'amasser en des dépôts particuliers, devaient être versés dans un dépôt commun. En second lieu, dans ce dépôt commun devait être transféré tout ce qui existait alors, soit auprès des administrations ou des corps judiciaires, soit partout ailleurs à Paris, d'archives anciennes, de papiers provenant des établissements de l'ancienne France. Les pouvoirs qui s'étaient succédé jusqu'alors, depuis 1789, avaient pu, répudiant toute la tradition des siècles précédents, en détruire en grande partie les monuments et renvoyer le reste à des musées, à des bibliothèques. Telle ne pouvait être la pensée d'un pouvoir qui prétendait maintenant faire revivre en lui, uni à l'esprit des temps nouveaux, tout l'essentiel des choses du passé. Pour l'autorité impériale, c'était le vestibule nécessaire de ses propres archives que les archives de l'ancienne autorité royale.

Enfin se pouvait-il qu'acceptant ces archives anciennes, telles que les avaient faites mille causes de désordre et de dispersion, on se contentât, sans songer à en rassembler les membres épars, de recueillir ce qui en subsistait en corps, soit sous les voûtes de la Sainte-Chapelle, où l'on avait rapporté le Trésor des Chartes en 1790, soit dans les dépôts établis à Paris des ministères et des cours de justice? Ce devait être une suite nécessaire des hautes vues qui avaient inspiré le décret du 6 mars 1808 que de rejoindre autant que possible aux archives officielles de l'ancienne France, tout ce qui était de nature à en remplir les lacunes.

Telle était, en effet, l'interprétation que donnait au décret du 6 mars 1808 son auteur lui-même. Et cette recherche des membres dispersés des Archives de France, il prétendait l'étendre et aux départements et aux provinces mêmes que ses conquêtes y avaient ajoutés. Le lendemain d'une visite à l'hôtel Soubise (15 février 1810), Napoléon écrivait à son ministre de l'intérieur : « J'ai été visiter les Archives; elles me paraissent bien incomplètes, et je ne sais si l'hôtel Soubise pourra suffire à cette immense quantité de papiers. » (C'était le temps où y arrivaient les archives des pays conquis.) « ... Je voudrais un projet de décret général sur les Archives. Je désirerais que l'on renfermât dans les Archives générales tout ce qui est antérieur au règne de Louis XV, soit des relations extérieures, soit du gouvernement, soit de la justice, de sorte qu'il n'y eût dans les archives des ministères et des administrations que les papiers relatifs aux affaires de ces départements depuis la première année du règne de Louis XV. Il y a à Versailles, à Rome et dans les départements, beaucoup de papiers qu'on pourrait réunir aux Archives centrales. Il me semble que, par ce moyen, l'administration aurait tout ce qu'il lui faut. Dans cinquante ans, on déclarerait que tout ce qui est du siècle de Louis XV et de Louis XVI serait réuni aux Archives. »

Les Archives de l'Empire, telles que les voulait le décret de 1808, c'étaient les *Archives générales* et *centrales*. Dans ces deux mots de la lettre du 15 février 1810 est toute la pensée du législateur.

Un décret de 1809 complète et explique en

ce sens le décret de 1808; il déclare que les manuscrits, en quelque dépôt public qu'ils se trouvent, appartiennent à l'État.

Maintenant, ces dépôts d'archives desquels, sous quelque dénomination qu'ils existassent, on devait, pour obéir aux termes du décret de 1808 et à son esprit surtout, transporter au dépôt central tout ce qui était de nature à le constituer ou à le compléter, fallait-il en exclure les dépôts littéraires, les bibliothèques? Ces expressions si fortes : « toutes les archives existantes et sous quelque dénomination que ce soit, » semblent ne laisser ouverture à aucune exception.

Celui que Napoléon avait mis à la tête des archives depuis la mort de Camus (1804), Daunou, dans un mémoire antérieur de quelques mois seulement au décret de 1808, et qui, lorsque ce décret fut rédigé, était présent à la pensée et peut-être sous les yeux mêmes du législateur, Daunou, après avoir dit qu'il existait à Paris deux grands corps d'archives générales, savoir : celles du Sceau ou de la Secrétairerie d'État, et celles de l'Empire, ajoutait :

« On pourrait considérer comme un troisième corps d'archives générales le très-grand nombre de chartes, diplômes et autres monuments de l'administration publique qui existent parmi les manuscrits de la Bibliothèque impériale (1). »

Camus avait dit à peu près de même, dans un mémoire sur l'histoire des Archives, qui est resté inachevé (2) :

« Les collections rassemblées dans la Bibliothèque nationale sont, en quelque manière, le supplément de toutes les archives et chartriers (3)... Tous ces dépôts (de papiers publics) étaient, dans la réalité, des démembrements du du Trésor des Chartes. »

L'Empereur voulait, comme on l'a vu, qu'un décret général, développant la pensée qui avait inspiré celui du 6 mars 1808, organisât, d'après cette pensée, les Archives de France. En 1812, un conseiller d'État était chargé par lui de

---

(1) Arch. de l'Emp., Secrétariat. Dans un *Exposé* qui doit être de 1807 ou 1808, et dont on conserve aussi la minute aux Archives, Daunou disait : « Certaines archives particulières recélaient une quantité considérable de monuments de l'administration publique. Telles étaient les archives de l'Université, celles du Temple, celles des Chapitres, celles des grands monastères, et surtout la partie de la Bibliothèque du roi consacrée aux manuscrits. »

(2) Voir aux Pièces justificatives.

(3) M. Daunou, par des motifs que nous ignorons, ne proposa jamais la réunion aux Archives de l'Empire des pièces d'archives de la Bibliothèque impériale; mais cette réunion n'en est pas moins une conséquence directe, soit des termes du décret du 6 mars 1808, soit de ceux par lesquels M. Daunou lui-même, après Camus, caractérisait les collections de la Bibliothèque.

communiquer ses vues à cet égard au garde du dépôt. Dans une lettre de M. Defermon, adressée à M. Daunou (13 février), nous lisons : « J'étais venu pour m'entretenir avec vous des vues de Sa Majesté sur l'organisation à donner aux archives des départements. On doit se proposer pour but de mettre en ordre non-seulement la partie historique, mais encore la partie domaniale. Il faudra donc rétablir le triage des titres, supprimé par l'arrêté du 1er pluviôse an IX. Il faudra réunir dans quelques points principaux des archives secondaires correspondantes à celles de Paris (1). »

M. Daunou élabora sur ces bases un projet dont on a encore le manuscrit (2). Il y proposait, vraisemblablement d'après une indication de l'Empereur, la création de vingt-sept dépôts secondaires d'archives, formant autant de succursales des Archives de l'Empire, et placées dans les villes où étaient établies les cours impériales, et dont Napoléon avait fait également les chefs-lieux d'autant de circonscriptions universitaires. Dans ces dépôts secondaires

---

(1) Archives de l'Emp., Secrétariat.
(2) Taillandier, *Docum. biogr. sur Daunou*, p. 232 : « Il présentait en même temps des projets tendant à la réunion de plusieurs corps d'archives, conservés, soit à Paris, soit dans les départements, par différentes administrations. L'exécution de ce plan aurait fait de nos archives nationales le plus riche de tous les dépôts historiques. »

on aurait réuni les archives anciennes éparses dans les départements ; de ces archives, un triage général eût fait deux parts : les documents d'un intérêt local, et ceux d'un intérêt général, importants pour l'histoire, la politique, la diplomatique. Les premiers seraient restés aux archives secondaires, les autres eussent été le lot des Archives centrales et générales de l'Empire.

Le décret ne fut pas rendu ; les circonstances publiques, les grandes guerres qui occupaient alors toutes les pensées de l'Empereur et qui le retenaient continuellement au loin, ne lui permirent pas de donner à un dessein de cette nature son exécution. Mais le principe qu'il avait posé comme devant en former la base, et d'après lequel les Archives de l'Empire étaient, en un sens plus large encore que la Convention ne l'avait voulu pour les Archives nationales, un dépôt général auquel ressortissaient comme à leur centre et à leur chef-lieu toutes les archives particulières et locales, ce principe subsista.

En 1810 ou 1811, on transféra d'Arles aux Archives de l'Empire des papiers de l'ordre de Malte qui étaient déposés dans le palais épiscopal de cette ville.

En 1812, une circulaire du ministre de l'intérieur, renouvelant une circulaire antérieure et à peu près semblable de 1807, posait aux préfets une série de questions concernant la situation des archives départementales, et tendant surtout à faire connaître quels étaient dans ces archives les documents qui devraient en être distraits pour être transportés aux Archives générales.

20. Sous la Restauration, en 1817, M. de la Rue, qui avait succédé à M. Daunou, présentant au ministre de l'intérieur un tableau de la situation des Archives que celui-ci lui avait demandé, lui exposait que les prescriptions de la loi du 7 messidor an II et du décret du 6 mars 1808 pour la constitution d'archives générales et centrales étaient restées en partie sans exécution. Il proposait, en conséquence, de faire reprendre dans les départements l'opération du triage, comme Napoléon en avait eu l'intention, et, après qu'on aurait supprimé les papiers inutiles, rendu aux familles les titres qui leur appartiendraient et qu'elles réclameraient, et placé dans les archives départementales les documents nécessaires à l'administration locale, de faire déposer aux Archives générales du royaume les actes relatifs aux institutions, au domaine et à l'histoire.

Parmi les titres à transférer aux archives centrales, le Garde de ces archives comprenaît (1) ceux qui étaient relatifs à la fois à plusieurs départements ; et il fut décidé, dès lors, qu'il serait fait application de ce principe aux archives de la principauté de Montbéliard qui se trouvaient encore dans le château de ce nom. Une de ses propositions consistait à compléter le Trésor des chartes au moyen des copies de titres anciens relatifs à l'histoire de France que Bréquigny avait autrefois rapportées de Londres et qui avaient été déposées à la Bibliothèque du roi, « parce que, disait le Garde des Archives du royaume, les Archives générales n'avaient pas encore reçu leur organisation actuelle (2). » Et il réclamait de même, pour les joindre aux titres de familles existant déjà dans la section historique des Archives du royaume, ceux qui provenaient des Archives du département de la Seine, de son Bureau du domaine, du cabinet des Bénédictins de Saint-Martin-des-Champs, et qui avaient été portés, en 1793 et 1794, à la Bibliothèque du roi.

Le ministre (M. Lainé) approuva les vues qui lui étaient proposées ; et, après avoir informé le Garde général des Archives du

---

(1) Lettre au ministre de l'intérieur, 28 janvier 1817 Arch. de l'Emp., Secrétariat.

(2) M. Daunou, sans faire mention de ces copies, avait dit que le Trésor des Chartes devait être complété au moyen des titres français que l'on conservait à Londres.

royaume qu'il adressait en conséquence des instructions aux préfets pour qu'ils eussent à rendre un compte exact de l'état des Archives dans leurs départements respectifs, il ajoutait : « J'aurai soin de vous communiquer le résultat du travail qui aura été fait dans chaque département, pour vous mettre à même d'examiner s'il se trouve dans ces dépôts des titres qui seraient de nature à être réunis aux Archives du royaume. » Et, en effet, dans le cours de 1818, il lui transmettait les inventaires des archives départementales du Cantal, de la Haute-Loire, de la Loire-Inférieure, du Lot, du Pas-de-Calais. Sur ces inventaires, on devait relever la liste des titres et papiers qui paraîtraient de nature à être transférés aux Archives du royaume.

En 1829, le ministre de l'intérieur écrivait de nouveau à tous les préfets de rechercher et d'envoyer à Paris tous les titres, chartes et papiers qui, inutiles à l'administration locale, intéressaient l'État ou les familles, et qui, épars dans les départements, étaient exposés à y périr inaperçus.

En 1839, mettant à exécution une décision qui datait, comme on l'a vu, de 1817, on transféra aux Archives du royaume ce que renfermait de plus précieux le chartrier de l'ancienne principauté de Montbéliard. Il contenait près de 300,000 pièces offrant quelque intérêt. On en transporta aux Archives du royaume plus du tiers, abandonnant aux trois départements du Doubs, de la Haute-Saône et du Haut-Rhin les pièces seules qui parurent n'avoir pour l'histoire générale de la principauté et pour la diplomatique presque aucun intérêt. Dans le projet de répartition soumis au ministre de l'intérieur, et que celui-ci approuva, après avoir signalé en premier lieu comme devant être transférés à l'hôtel Soubise, tous les titres qui concernaient, soit la souveraineté des comtes de Montbéliard sur différentes parties du territoire, soit les rapports mutuels des différents membres de la hiérarchie féodale de cette principauté, le garde des archives ajoute : « Dans les autres matières, j'ai cru devoir établir une distinction entre les pièces qui ne concernent qu'une commune en particulier, et celles qui se rattachent à l'ensemble d'une seigneurie ou de toute autre circonscription qui est aujourd'hui détruite et qui ne correspond plus à aucun des intérêts actuels des localités. A cette dernière classe de pièces, dont je propose la réunion aux Archives du royaume, il conviendrait de joindre celles qui se rattachent à des établissements supprimés, tels que les abbayes, les prieurés, les cours et les justices impériales. » Enfin, des parties mêmes qu'on laissait aux archives du Doubs, de la Haute-Saône et du Haut-Rhin comme plus étroitement liées à leurs intérêts qu'à l'histoire générale de la principauté de Montbéliard, on retira encore au profit des Archives du royaume quelques pièces, à raison seulement de leur ancienneté ou de leur importance.

Il y avait alors à Mortain d'anciennes archives provenant de différents monastères, et surtout de l'importante abbaye de Savigny. La plus grande partie était en désordre dans un grenier ; les chartes les plus anciennes, néanmoins, triées et mises à part en lieu sûr, dans une salle de la mairie. Sur la demande du garde des Archives du royaume, et avec l'autorisation du ministre de l'intérieur, les titres les plus précieux, au nombre de plus de 1,500, furent transportés aux Archives du royaume. En même temps, l'administration des Archives du royaume proposait au ministre de faire subir un semblable triage aux archives départementales de Saint-Lô et de Caen. Si le Gouvernement surtout faisait pour les archives de Caen, dont la partie ancienne n'était pas en ordre, tous les frais d'inventaire et de classement, il pourrait, disait-on, « exercer avec une entière liberté le droit incontestable qu'il avait d'enrichir les Archives du royaume, en y transportant des documents dont il arrivait souvent qu'en province la valeur était méconnue et la conservation fort imparfaitement assurée. » Enfin, on proposait de retirer à la bibliothèque d'Avranches des cartulaires « provenant du couvent du Mont-Saint-Michel, et sur lesquels, par conséquent, l'État seul avait des droits (1). » Et le ministre, le 11 novembre 1839, accueillait ces propositions et donnait des nistructions pour qu'elles fussent mises à exécution le plus promptement possible.

21. Mais à cette époque même une autre pratique s'établissait, plus conforme à ce que demandait ce goût pour les études historiques en général, pour l'histoire et pour l'archéologie locales en particulier, que, depuis quelque temps, on voyait naître et se développer partout. En 1838 (10 mai), une loi avait imposé aux départements l'obligation de pourvoir aux dépenses de la garde et de la conservation de leurs archives. C'était leur en garantir désormais, sinon la propriété, du moins la possession et l'usage assurés.

En 1839, une circulaire ministérielle prescrivit la rédaction, par chacun des archivistes des départements, d'inventaires, dont un dou-

---

(1) Archiv. du Min. de l'Intér.

ble devait être placé aux Archives du royaume. « J'ai pensé, disait le ministre (M. Duchâtel), qu'il convenait de former ainsi dans notre grand dépôt national un vaste inventaire de toutes les sources où l'érudition pouvait puiser. J'espère que la science donnera son assentiment à cette idée qui, tout en offrant des ressources nouvelles pour les grands travaux entrepris dans la capitale, permet de laisser aux départements les pièces et documents se rapportant à l'histoire et à l'administration des localités comprises dans leur circonscription. »

C'est une règle qu'on peut considérer comme s'étant établie depuis lors, quoique aucune disposition législative ne l'ait encore confirmée, de ne distraire dorénavant des archives départementales aucune des pièces qu'elles renferment.

Il y a plus : on a cherché à compléter les fonds dont se composaient respectivement les différents dépôts d'archives des départements, en y ramenant par des échanges les documents que telles ou telles circonstances en avaient distraits. De tels échanges ont été pratiqués, soit dans tel ou tel département, entre les archives et la bibliothèque, soit entre les archives de départements différents ; on les a même étendus utilement à des archives étrangères. Peut-être devra-t-on chercher à réunir également aux corps d'archives dont se composent les parties anciennes des dépôts des départements, les pièces qui y font lacune et qui se trouvent aujourd'hui dans des dépôts d'archives ou dans des bibliothèques de Paris. Exceptons toutefois parmi ces pièces celles qui, selon les termes de la loi du 29 septembre 1791, concernent « le général du royaume, » et qu'il vaudrait mieux, à ce titre, laisser aux Archives de l'Empire ou y porter.

22. Mais, quoi qu'il en soit du régime des archives départementales et de la règle qui a prévalu de les laisser en possession de tout ce qu'elles renferment, les considérations qui ont donné naissance à cette règle, et qui se tirent de l'intérêt qu'il y a à encourager partout les études historiques, et à laisser les documents dans les localités où, en somme, ils peuvent être le plus utilement consultés, ces considérations ne s'appliquent évidemment en aucune manière aux dépôts littéraires de Paris. Elle subsiste donc dans toute sa teneur et dans toute sa force, à l'égard de ces dépôts, la législation qui a constitué un dépôt d'Archives générales et centrales, auxquelles doivent être réunis tous les documents épars dans d'autres établissements publics qui sont de nature à le compléter.

Un décret de l'Empereur Napoléon III, du 22 décembre 1855, a dit, article 2 :

« Sont déposés aux Archives de l'Empire tous les documents d'intérêt public dont la conservation est jugée utile, et qui ne sont plus nécessaires au service des départements ministériels ou des administrations qui en dépendent. »

Ce serait le complément naturel de ce décret qu'une disposition qui, remettant en vigueur le décret organique du 6 mars 1808, attribuerait aux Archives de l'Empire les chartes, lettres patentes, papiers d'Etat et d'administration que renferment les dépôts littéraires publics de Paris.

§ II

23. Pour apprécier maintenant les objections qu'on oppose à ce qu'une disposition de cette nature soit étendue au Cabinet des Titres et généalogies, il est nécessaire de se rendre compte aussi, avec quelque exactitude, de l'histoire et de la nature de ce dépôt.

Le Cabinet des Titres et généalogies fut constitué à la Bibliothèque du roi en 1715 ; ses origines datent de plus loin.

Au XV° siècle, la noblesse étant en grande

partie détruite (1) ou ruinée (2), et la nécessité, d'autre part, devenant de plus en plus pressante d'entretenir des armées toujours prêtes, le roi avait dû prendre sur lui la charge de pourvoir au principal de la guerre. De là la levée, au nom du roi, sur toute la roture, qui ne devait pas de service militaire, de l'impôt que les nobles, en temps de guerre, tiraient autrefois respectivement de leurs tenanciers (3), et qu'on appelait la *taille*. Depuis lors, on vit les roturiers de plus en plus, pour se soustraire à la taille, acheter la noblesse ou l'usurper.

L'usurpation portait préjudice et à la prérogative des nobles et aux intérêts du Trésor. De là de fréquentes poursuites pour la recherche des faux nobles, de la part, soit de la Cour des Aides, soit de commissions extraordinaires. De là aussi une série de mesures prescrites par le gouvernement pour faire dresser la liste authentique des véritables nobles.

Charles VIII, en 1487 ordonnait la confection d'un Registre général des noms et armes de la noblesse du royaume, et créait, pour en

---

(1) « La noblesse... savait mourir. » Aug. Thierry, *Tiers Et.*, préf., p. 12. Voyez plus haut.
(2) Voy. plus haut.
(3) Voy. Du Buat, *Orig. du gouv.*, l. VII, c. 6; t. I, p. 322-6.

surveiller la rédaction, un « maréchal d'armes des Français. »

Aux états généraux de 1614, la noblesse se plaignit amèrement qu'à la faveur des troubles et guerres civiles, les usurpations s'étaient multipliées, et demanda qu'on dressât « un registre fidèle des gentilshommes du royaume, du blason de leurs armes, et des honneurs et antiquités de leurs races. » On institua, en conséquence, l'année suivante, un Juge d'armes, avec plein pouvoir pour juger de la noblesse ; « Sa Majesté ordonnait aussi que toutes les recherches, poursuites et registres ne pussent être faites que de son avis et ordonnance. » Cette charge fut occupée pendant plus de cent ans par les d'Hozier.

En outre, il fallait faire preuve d'une noblesse ancienne pour entrer dans les ordres de chevalerie créés par Louis XI et par Henri III, dans la Maison militaire du roi, de la reine, des princes, et dans d'autres maisons qui en dépendaient, etc. Les Ordres du roi avaient, pour juger des preuves de noblesse qu'on produisait afin d'y être admis, un généalogiste en titre. Le roi, pour sa Maison, avait le sien ; les d'Hozier en remplirent aussi la charge.

Dans l'année qui précéda celle où Colbert, pour rétablir les revenus publics, fit entreprendre la recherche générale des aliénations et usurpations des domaines, dans l'année 1666, il faisait faire, dans le même dessein, la recherche générale des usurpations de noblesse, recherche qui, suspendue à cause des guerres, en 1674, fut reprise en 1696 et ne cessa entièrement qu'en 1727 (1).

Trois ans après (15 mars 1669), de même qu'on venait de décider que les recueils formés pour le recouvrement des titres du domaine seraient adressés à la Bibliothèque du roi, placée sous la main de son ministre, de même on ordonna que dans la Bibliothèque du roi seraient réunis les Catalogues des nobles.

En 1683, on décida que les jugements en confirmation de noblesse ou en condamnation pour usurpation seraient réunis, afin de servir à la confection du Catalogue général, entre les mains de Clairembault, généalogiste des Ordres du roi (2). Un arrêt du Conseil, en 1728, renouvelant la même disposition, renouvelait

---

(1) Chérin, *Abrégé chronol. d'édits*, etc., *concern. le fait de noblesse*, Disc. prélim., lj. — Ces recherches, en mettant à part et en opposition les deux classes des contribuables et des privilégiés, préparaient la Révolution.

(2) Voyez aussi des arrêts conformes au sujet du même Clairembault (Pierre), de son neveu et successeur (Nicolas), et de Chérin, successeur de celui-ci et le dernier généalogiste des Ordres du roi; 5 mai 1609, 11 mai 1728, 10 juin 1758, avril 1772. Archives de l'Empire E, 687, — 1039, — 2368, — 2482.

en même temps celle qui indiquait pour le dépôt du Catalogue, dès qu'il serait terminé, la Bibliothèque du roi. On devait ensuite envoyer aux différentes provinces les extraits de ce catalogue qui les concerneraient.

D'Hozier, cependant, demeurait chargé de l'Armorial général, qui devait, dit un arrêt de 1701, former « un dépôt public ; » et un arrêt de l'année suivante (9 septembre 1702) lui donne les titres de « juge général des armes et blasons et garde de l'Armorial de France. »

Les listes ou catalogues dressés par le généalogiste des Ordres, puis déposés dans la Bibliothèque, devaient servir à la confection, par le généalogiste du roi, de l'Armorial général qui en eût été le résumé officiel, et qui eût formé alors, avec les pièces à l'appui, un dépôt spécial.

Le lieu de ce dépôt, ce dut être, dans la Bibliothèque du roi, le Cabinet des Titres.

En 1711, Roger de Gaignières, gouverneur de la ville de Joinville et sous-gouverneur des enfants de France, qui avait formé, comme nous avons déjà eu occasion de le dire, et non peut-être sans les encouragements et l'aide du gouvernement (1), un immense recueil de do-

---

(1) Leprince, *Essai historique sur la Bibliothèque du roi*, p. 288. A propos du précieux portrait du roi Jean, qu'on voit encore aujourd'hui à la Bibliothèque,

cuments de toute nature, mais relatifs particulièrement à l'histoire de la noblesse, Gaignières offrit de céder son cabinet au roi. Le roi accepta son offre en l'indemnisant libéralement.

24. Après avoir mis à part, pour le dépôt des Affaires étrangères, des documents qui se rapportaient à ce département (1), on fit du reste, qui fut attribué à la Bibliothèque du roi, deux parts, dont l'une fut ajoutée au Cabinet des Manuscrits ; l'autre, composée des pièces généalogiques, forma le premier fonds d'une collection spéciale, qui devait être fort utile, soit au gouvernement, soit aux parties intéressées, pour les recherches de noblesse, que depuis l'année 1696, comme nous venons de le dire, on avait remises en activité. Presque aussitôt, Charles d'Hozier, quatrième juge d'armes et généalogiste de ce nom, offrit également au roi la riche collection de documents relatifs à la noblesse, amassée par ses devanciers et par

---

Leprince dit : « Charles V, par amour pour la mémoire du roi son père, avait placé ce portrait parmi les livres ; et, depuis, ce tableau est resté dans la Bibliothèque des rois ses successeurs ; cependant, M. de Gaignières l'avait obtenu de M. Colbert, dont le cachet est apposé derrière, pour le placer au nombre de ses raretés. »

(1) Piganiol, *Descr. de Paris*, p. 144.

lui-même. On la réunit à la partie généalogique des collections de Gaignières, et, le tout inventorié par Clairembault, on en forma définitivement, auprès du Cabinet des Manuscrits, le Cabinet des Titres et généalogies. Le régent en nomma garde Guiblet, généalogiste de la maison d'Orléans. En 1720, on en fit un département séparé. On y porta alors tout ce que renfermaient de documents qu'on pouvait considérer comme relatifs aux mêmes objets, les diverses collections du Cabinet des Manuscrits. On y joignit ensuite, successivement, divers recueils plus ou moins considérables, soit de titres, soit de mémoires et autres documents de généalogie, entre autres, peu de temps avant la Révolution, les pièces mises au rebut par la Chambre des Comptes, dont nous avons parlé au commencement de ce rapport, et enfin, en 1792, ce qui échappa au feu allumé sur la place Vendôme, des archives des Ordres du roi ou du Saint-Esprit, qu'on appelait aussi, du nom du successeur de Clairembault, qui en avait la garde, le cabinet Chérin.

En 1746, les recherches de noblesse avaient cessé depuis près de vingt ans. Le Cabinet de généalogies n'était plus aussi consulté, aussi utile qu'il l'avait été alors que ces recherches étaient en pleine activité. D'un autre côté, un autre Cabinet analogue s'était formé, qui le disputait en importance à celui de la Bibliothèque du roi, et à certains égards l'éclipsait : c'était celui que D. Pernot avait créé à Saint-Martin-des-Champs, par un travail de quatorze années, avec des pièces échappées à l'incendie qui avait dévoré en 1737 les archives de la Chambre des Comptes ; cabinet auquel le gouvernement avait donné une sorte de caractère public, puisqu'il payait au dépositaire des appointements annuels. On réunit alors les pièces généalogiques de la Bibliothèque aux autres manuscrits (1).

25. En 1760, une ordonnance royale intervint, statuant qu'il serait établi dans la ville de Paris un dépôt des armes et blasons, dans lequel seraient enregistrées les armes du roi, de la reine, des princes, et généralement de toutes les maisons, familles et individus, comme aussi des provinces et villes, terres et seigneuries, évêchés et abbayes ayant droits d'armoiries ; que les registres seraient dressés par le Juge d'armes qu'avaient institué les édits de 1615 et de 1701, avec appel de ses décisions au tribunal des maréchaux de France, juges nés de toutes causes de noblesse ; qu'enfin

---

(1) Le garde du Cabinet généalogique était encore, à cette époque, Guiblet, qui mourut en 1746, et ne fut remplacé qu'en 1763.

ces registres seraient déposés, à mesure qu'ils seraient faits et arrêtés, « dans la Bibliothèque du roi, à la suite des titres, chartes et généalogies qui y étaient conservés. » Probablement le motif déterminant de l'ordonnance avait été le revenu qu'on se promettait du droit attaché à l'enregistrement des armoiries. Quoi qu'il en soit, le dépôt des Titres généalogiques reprenait dès lors un caractère et un usage officiels. Au lieu de le confondre avec le Cabinet des Manuscrits, on conçut la pensée, si même on ne l'avait eue antérieurement, comme les termes de l'ordonnance paraissent l'indiquer, de réunir, au contraire, avec les titres généalogiques, tout ce que le Cabinet des Manuscrits renfermait de titres et chartes de tout temps et de tout genre. En 1763, après qu'on venait d'acquérir un recueil de titres et chartes de De la Cour, successeur de Guiblet dans l'emploi de généalogiste de la maison d'Orléans, le secrétaire d'État de la Maison du roi écrivait à l'abbé Bignon, bibliothécaire : « Vous voudrez bien à présent le charger en forme de la garde de ce recueil jusqu'à ce qu'il puisse être transporté à la Bibliothèque dans le lieu qui sera destiné pour le Dépôt des titres et des chartes. Vous jugerez sans doute à propos que cet arrangement se fasse le plus tôt possible (1). »

(1) Archives de l'Empire, *Maison du Roi*, E. 291.

La même année, De la Cour fut appelé à remplir dans la Bibliothèque la place qui, depuis Guiblet, était demeurée vacante. Et dans la correspondance officielle du secrétaire d'Etat de la Maison du roi pendant les années qui suivirent cette reconstitution du Cabinet des titres et cette nomination, on appelait le Cabinet des titres le Dépôt des Chartes, ou encore des Chartes et Titres de la Bibliothèque du roi, et son garde le Garde des Archives.

L'ordonnance de 1760, le projet qui la suivit de réunir aux pièces de généalogie l'ensemble des pièces d'archives de la Bibliothèque ne furent qu'imparfaitement exécutés. Mais, de cette ordonnance, de ce projet et du commencement d'exécution qu'ils reçurent, il ne résulte pas moins, comme de toute l'histoire des actes auxquels la constitution du Cabinet généalogique doit son origine ou qui la modifièrent, que dans ce dépôt on ne voyait point un simple amas de pièces plus ou moins importantes pour des intérêts privés seulement, ou pour l'histoire, mais bien un dépôt véritablement officiel, formant pour un des grands corps du royaume, dont le maintien était d'intérêt public, une sorte de Trésor de chartes.

Dès lors, quoi de plus conforme à l'histoire et à la destination du Cabinet de Généalogies, aujourd'hui que la Bibliothèque du roi a cessé d'être considérée comme un dépôt d'archives publiques, que d'unir ce Cabinet aux Archives générales de l'Empire?

26. On a dit, comme nous l'avons rapporté, que les pièces dont se compose le Cabinet des Titres ont appartenu primitivement à des individus, à des familles, et que, par conséquent, ce sont des pièces d'un caractère privé dont la place n'est pas en des archives publiques. Mais si, originairement, elles ont effectivement appartenu à des archives privées, elles en ont été tirées pour la plupart, afin de servir soit près de la Chambre des Comptes comme preuves de créances, soit près des Juges d'armes, de la Cour des Aides, du Parlement, etc., comme preuves de noblesse. Elles ont servi de pièces de procès par-devant des autorités constituées ; elles sont entrées ainsi comme éléments intégrants, en leurs dossiers (*scrinia memoriæ*); par là, de privées qu'elles étaient d'abord, elles sont devenues publiques; à ce titre, elles ont été placées régulièrement dans le dépôt public qu'on avait constitué à la Bibliothèque du roi ; à ce titre, elles le seront plus régulièrement encore dans les Archives de l'Empire.

Ajoutons que des titres de familles, si ces familles ont eu un rang dans l'État, tenu une place dans l'histoire du pays, deviennent par ces circonstances seules des monuments de l'histoire nationale, et, si les familles elles-mêmes ne les réclament pas ou ne sont pas trouvées fondées à les réclamer, de tels titres peuvent trouver place, à côté des actes publics proprement dits, dans un dépôt public d'archives.

Ajoutons enfin que, par les lois récentes qui interdisent l'usurpation des noms et celle des titres de noblesse, les titres pouvant servir à l'établissement des généalogies, à supposer même qu'ils eussent repris depuis la Révolution leur primitif caractère privé, sont redevenus aujourd'hui des monuments publics.

Pour les travaux des généalogistes, il faut avouer, comme nous l'avons fait en commençant, que ce ne sont pas, à proprement parler, et au premier chef, des pièces d'archives. Pourtant, un très-grand nombre des généalogies que renferme le Cabinet des Titres sont l'œuvre de Juges d'armes et de Généalogistes du roi ; elles sont le résumé des pièces de procès en matière de noblesse et d'armoiries sur lesquels ils avaient à se prononcer, et ne laissent pas, par conséquent, d'avoir jusqu'à un certain point un caractère et une valeur officiels. D'ailleurs, les généalogies se rattachent aux titres généalogiques à peu près comme se rattachent à toutes collections de pièces les inventaires et catalogues qui servent à s'y retrouver. Ici, plus encore qu'en aucun autre cas, il est naturel et régulier que l'accessoire soit réuni au principal. P. Dupuy, après avoir remis en ordre le Trésor des Chartes, ajouta à l'inventaire, comme un accessoire qui devait rendre l'usage des titres plus facile, un certain nombre de généalogies.

Quant à l'opinion qui a été exprimée, qu'en introduisant aux Archives des pièces fausses ou suspectes, on porterait atteinte au caractère de ce grand établissement, qui ne devrait rien contenir que d'authentique et de certainement vrai, nous n'en sommes plus aujourd'hui au temps où l'on pouvait soutenir, avec Dumoulin, que toute pièce faisait foi qui se trouvait en des archives publiques, et par ce fait seul qu'elle s'y trouvait. On ne sait que trop qu'il n'était guère de chartrier où il ne se fût glissé des pièces fausses, et que le Trésor même des Chartes n'en est pas exempt. Le directeur général des Archives, en signant l'expédition authentique d'un ancien titre qui lui est demandée, garantit, par sa signature, la conformité de la copie avec l'original, nullement la vérité de l'original même. Les pièces dont se compose le Cabinet des Titres ne feraient pas exception à cet égard. Ce Cabinet, d'ailleurs, s'il est transféré aux Archives, doit, à notre avis, y rester tel qu'il est (1), sans que, par conséquent, les diverses collections et pièces dont il se compose empruntent rien de l'autorité qui appartient à la plus grande partie des monuments que les Archives contiennent, et sans qu'elles puissent non plus la compromettre en rien.

L'appréhension a été exprimée encore, comme nous l'avons dit, que, des archives généalogiques étant placées aux Archives de l'Empire, l'administration ne se laissât ou ne parût se laisser entraîner quelquefois à des refus abusifs de communication. Il suffit, ce nous semble, de faire observer que si un tel inconvénient était à craindre dans l'état de nos institutions et de nos mœurs, rien n'empêcherait qu'il ne se produisît à la Bibliothèque tout aussi bien qu'aux Archives, les deux établissements ayant également à leur tête deux hauts fonctionnaires et étant également dans la main de l'Etat. Remarquons de plus que, comme nous avons eu occasion de le dire au commencement de ce rapport, il existe actuellement, dans les collections placées aux Archives, et qu'il est impossible d'en distraire, beaucoup plus de docu-

---

(1) Il faut excepter un certain nombre de compositions historiques et de portraits qui devraient en être détachés pour être réunis aux départements des manuscrits et des estampes.

ments et preuves généalogiques qu'il n'y en a à la Bibliothèque ; et enfin, et surtout, qu'il n'y a aucune raison de supposer qu'un garde ou directeur d'archives puisse jamais mettre sous une sorte de séquestre arbitraire et illégitime des documents généalogiques plutôt que tous autres, et, par exemple, plutôt que des documents judiciaires, plus importants encore, en une foule de cas, pour les intérêts ou pour l'honneur des familles.

IV

Il nous reste à apprécier un dernier ordre d'objections qu'on oppose à la mesure par laquelle les pièces d'archives que renferme la Bibliothèque impériale, y compris celles dont se compose le Cabinet généalogique, seraient transférées aux Archives de l'Empire ; ce sont celles que l'on tire d'inconvénients qui pourraient, dit-on, dans la pratique, balancer ou même surpasser de beaucoup les avantages qu'on se promet de cette mesure. Ces inconvénients sont, comme nous l'avons dit en commençant : en premier lieu celui qu'il y a toujours à séparer ce qui est connu depuis longtemps comme uni, à rompre ainsi les habitudes, les traditions, à rendre inutiles, en décomposant des ensembles, les répertoires qui les représentaient, et à mettre à néant, en grande partie, les moyens de recherches dont on disposait ; en second lieu, celui qu'il y aurait à transférer des documents, importants pour l'histoire, d'un dépôt où ils sont facilement et libéralement communiqués au public, dans un autre où ils lui deviendraient beaucoup moins accessibles.

1. Nous commencerons par reconnaître que, parmi les pièces d'archives que renferme la Bibliothèque, il y en a qui ne devraient pas en être distraites; ce sont celles qui font partie, soit de volumes reliés, composés principalement de pièces d'une nature différente, soit d'autres corps ou ensembles où elles ne forment qu'un accessoire, et qu'on décompléterait, en les en détachant, sans beaucoup d'utilité. Il devrait suffire à l'administration des archives, à l'égard des plus importantes de ces pièces, de copies conformes. Enumérer en détail les documents, renfermés dans le Cabinet des Manuscrits, qui doivent être considérés comme des pièces d'archives, distinguer en outre ceux qui, par exception, devraient demeurer à la Bibliothèque, énumérer de même, parmi les monuments que renferment les Archives, ceux qui devraient être attribués à la Bibliothèque, c'est un travail auquel nous n'avons pas mission de nous

livrer, mais dont vous jugeriez sans doute nécessaire, Monsieur le Ministre, de charger une commission spéciale. Si vous approuvez les principes que nous venons de vous proposer, cette commission aurait à préparer, en conséquence, un projet détaillé d'échanges entre les Archives et la Bibliothèque impériale, qui devrait ensuite être soumis également à votre approbation.

Maintenant, les pièces d'archives qui devraient être transférées de la Bibliothèque impériale aux Archives de l'Empire peuvent être distinguées, au point de vue de cette opération même, en deux classes : les unes formant des collections homogènes qu'on pourrait porter telles qu'elles sont, et sans aucune ou presque aucune distraction, du premier établissement dans le second ; les autres formant, au contraire, des parties de collections hétérogènes, c'est-à-dire de collections mélangées de pièces d'archives et de pièces de bibliothèque. Pour les recueils et séries de la première de ces deux classes, si on les déplace sans en changer l'ordre, il est évident que les inventaires qui en existent conserveront dans les Archives la même utilité qu'ils avaient dans la Bibliothèque. Quant aux ensembles qu'il faudrait décomposer en sorte que certaines parties en fussent laissées à la Bibliothèque, à titre de monuments littéraires, et certaines autres, à titre de pièces d'archives, attribuées aux Archives de l'Empire, il est, ce nous semble, indubitable qu'après que ce départ aurait été, avec votre approbation, indiqué sur les inventaires de la Bibliothèque, aucun démembrement effectif, aucun déplacement ne devrait avoir lieu avant que des inventaires détaillés des documents ou séries attribués aux Archives n'eussent été dressés, et qu'une concordance rigoureuse n'eût été instituée entre ces inventaires et les anciens catalogues, laquelle, en établissant pour chaque pièce, entre la place qu'elle occupait dans la Bibliothèque et celle qu'elle devrait aller prendre dans les Archives un fil de communication, donnerait le moyen, dans toute recherche, de passer facilement et sans erreur de l'ordre ancien à l'ordre nouveau. C'est, du reste, ce que l'on a fait dans le Cabinet même des Manuscrits, toutes les fois que d'anciens fonds ont été soumis à un arragement nouveau.

2. En outre, nous reconnaissons volontiers que si les pièces d'archives importantes pour l'histoire, qui seraient transférées d'un dépôt littéraire aux Archives de l'Empire, devenaient, dans ce dernier établissement, moins accessibles au public, ce serait pour la science

un préjudice considérable. Et aux craintes qui ont été exprimées à cet égard nous ne croyons pas qu'il suffise d'opposer que le régime des Archives est aujourd'hui beaucoup plus libéral qu'autrefois, qu'il y existe, depuis l'administration de M. Letronne, une salle du public, et que, de plus, aux termes du règlement actuellement en vigueur, qui date de 1856, toutes les demandes en communication de documents faites par des fonctionnaires publics, des membres ou des lauréats de l'Institut, des docteurs de l'une des facultés, des archivistes paléographes, ou des élèves de l'Ecole des Chartes, donnent lieu à la communication immédiate des documents demandés, ou à un refus expressément motivé.

C'est beaucoup ; selon nous, ce n'est pas encore assez. Au lieu de ces catégories de personnes privilégiées, si justement qu'elles paraissent l'être, avec l'éventualité indéfinie, si restreinte, aussi, qu'elle soit dans la pratique, d'un refus de communication, il serait, ce nous semble, préférable, à tous égards, de n'apporter à la communication des documents d'autres restrictions que celles qu'imposerait, d'après des règles aussi précises que la matière le comporte, la nature même de ces documents.

S'il y a, dans les Archives de l'Empire, des papiers qui, soit par raison d'État, soit par un ménagement nécessaire pour l'honneur des familles, ne doivent être communiqués qu'avec une certaine réserve, il en est d'autres, en nombre infiniment supérieur, qui peuvent être mis à la disposition de tout le monde sans exception; et au lieu de laisser cette distinction à faire dans chaque cas particulier au garde des Archives ou à ses subordonnés, mieux vaudrait, selon nous, en faire l'objet d'une règle générale. Où chercher cette règle? Dans la division si simple et si naturelle qui a été imposée en 1841 à toutes les archives départementales et qui y a distingué les *archives anciennes ou historiques* (1) et les *archives modernes*; division qui, de plus, est établie, à Paris même, dans le dépôt, à la fois si riche et si bien ordonné, du ministère de la Guerre.

A peu d'exceptions près, qui pourraient faire l'objet d'une réserve déterminée par un arrêté ministériel, comme l'avait proposé M. Daunou, il n'y a point de motifs pour que tout ce que les Archives de l'Empire renferment de documents anciens ne soit pas communiqué à tout venant avec une libéralité aussi complète que

---

(1) Voyez *Archives départementales*, etc.; *Recueil des lois et instr.*, etc., 1860, pp. 19, 33.

celle que l'on trouve aujourd'hui dans nos bibliothèques publiques. Peut-être même à la date de 1789, qui avait été fixée en 1841, comme celle qui devait marquer le commencement des Archives anciennes, y aurait-il lieu de substituer, aujourd'hui que vingt ans de plus se sont écoulés, soit l'année 1804, qui est celle du commencement de l'Empire, soit, du moins, l'année par laquelle s'est fermé le XVIIIe siècle, et qui est en même temps, elle aussi, le commencement d'une ère nouvelle celle du Consulat.

Dans les *Archives anciennes*, ouvertes sans réserve au public, se trouveraient comprises presque toutes les pièces d'archives qui auraient été transférées de la Bibliothèque impériale aux Archives de l'Empire. Il n'y aurait donc d'autres restrictions à la communication immédiate de ces pièces que celles, encore une fois, qui auraient été déterminées dans un tableau arrêté à l'avance et signé du ministre d'État.

Des quatre sections entre lesquelles les Archives de l'Empire ont été divisées par le décret du 22 décembre 1855 (1), il y en a une qui est appelée Historique et qui comprend

---

(1) 1º Section du secrétariat ; 2º section historique ; 3º section administrative ; 4º section législative et judiciaire.

seulement le Trésor des Chartes, avec un certain nombre de documents anciens, bulles, chartes, registres, livres de comptes, etc., mis à part à titre de monuments historiques par l'Agence et le Bureau de triage, ainsi que nous l'avons raconté; de plus, une partie des chartes et papiers des établissements religieux de Paris et des environs, et enfin des mélanges composés de papiers de quelques établissements d'instruction, de ceux de divers ordres militaires et de documents généalogiques. Mais tout ce que comprend de documents antérieurs à la Révolution la section Administrative, papiers provenant de la Chambre des Comptes, titres domaniaux d'origines diverses, remplissant près de 2,000 cartons, titres et papiers de même nature provenant des chartriers des établissements ecclésiastiques du département de la Seine et de quelques autres, archives des Conseils du roi et de celui de Lorraine, etc., tout cela évidemment n'appartient pas moins à l'histoire que tout ce dont se compose la section Historique. Evidemment il en est de même des pièces et registres provenant de la Chancellerie de France, du Grand Conseil, du Conseil Privé, des Commissions extraordinaires, du Parlement de Paris, du Châtelet, des Cours des Aides et des Monnaies, des Requêtes et de la Prévôté de l'Hôtel, du Bailliage du Palais, de la Connétablie et Maréchaussée de France, de l'Amirauté, de l'Officialité de Paris, etc., c'est-à-dire des diverses autorités judiciaires de l'ancienne monarchie; et il en est de même encore des actes et procès-verbaux des Assemblées nationales; en d'autres termes, de la presque totalité de la section Législative et judiciaire. Le mieux serait donc ce semble, de réunir sous une même main, avec ce qui compose dès aujourd'hui la section Historique, et avec les pièces qui seraient apportées de la Bibliothèque impériale, tout ce qui, dans les Archives, appartient également et au même titre à l'histoire du passé, et de constituer ainsi en un vaste ensemble ce qu'on pourrait appeler, par opposition aux *Archives modernes* et proprement usuelles, les *Archives anciennes et historiques* centrales de France. A ces archives historiques centrales appartiendrait naturellement la collection des inventaires de la partie ancienne des Archives départementales, qui est aujourd'hui dans les attributions du Secrétariat.

Les Archives anciennes auraient, encore une fois, leur régime propre, leurs règles spéciales de communication, règles dictées par l'esprit le plus large et le plus libéral.

3. A ce grand dépôt historique si utile à la

science et bientôt en possession de la faveur publique (1), on a lieu d'espérer que seraient réunies, dans un avenir prochain, en exécution des décrets de 1808 et de 1855, les parties, également relatives aux choses anciennes de la France, des archives de divers Ministères, où gisent presque inconnus la plupart des documents officiels de notre histoire militaire, maritime, coloniale, diplomatique, financière, etc., pendant les trois derniers siècles principalement, et où ils gisent non-seulement divisés, épars, mais pêle-mêle, en très-grande partie.

La charge de Secrétaire d'Etat et des commandements, après avoir été unique originairement, avait été partagée entre plusieurs secrétaires servant par quartiers, c'est-à-dire pendant une partie seulement de l'année. Il y eut d'abord trois quartiers; plus tard, quatre. Entre les quartiers étaient réparties les différentes provinces ; c'est ce que l'on appelait le *département* (répartition) des Secrétaires d'E-

---

(1) Leibnitz, qui publia le premier un grand recueil de titres, et dont Rymer ne fit que suivre l'exemple : « *Actorum publicorum tabulæ, pars historiæ certissima.*» Secousse : « Ceux qui travaillent sur les matières qui sont fondées sur des faits ne peuvent jamais être sûrs de ceux qu'ils trouvent dans les historiens même contemporains et dans les autres auteurs; ce n'est que dans les titres et dans les autres pièces originales qu'ils peuvent puiser des connaissances exactes et approfondies. »

tat. Ce département changea donc d'abord, nécessairement, lorsque le nombre des quartiers fut porté de trois à quatre. En outre, depuis qu'il y en eut toujours quatre, la répartition des provinces entre les quartiers ne fut pas toujours la même. Chacun des secrétaires d'Etat eut d'abord, avec le rapport des *cahiers* pour les provinces de son quartier, les affaires, soit étrangères, soit de guerre ou de marine, qui s'y rapportaient. De là l'addition à la liste des provinces attribuées à chaque secrétaire d'Etat, des Etats auxquels ces provinces confinaient : tel avait la Normandie, la Bretagne et l'Angleterre ; tel autre le Languedoc, la Guyenne, l'Espagne et l'Italie, etc. Dès le XVIe siècle, mais dans le XVIIe siècle principalement, on commença à réunir en un même ministère ou service les affaires de même nature, Guerre, Marine, Affaires étrangères, Maison du roi, et on attribua à chacun des Secrétaires d'Etat un de ces services. L'un eut avec ses provinces la Guerre, un autre les Affaires étrangères, etc. Mais la division des ministères ne fut pas toujours la même. Avant Colbert, la marine du Ponant et celle du Levant formaient deux services, attribués à deux secrétaires d'Etat différents ; Colbert les réunit, et de même ses successeurs. De plus, des ministères entièrement différents furent quelquefois réunis en une même main, comme la Maison du roi et la Marine dans celle de Colbert, puis de Seignelay et de Pontchartrain, etc. Enfin, les mêmes ministères ne furent pas toujours joints avec les mêmes provinces. Pour ne citer que quelques exemples, le Dauphiné fut joint, de 1699 à juin 1709, aux Affaires étrangères ; de juin 1709 à 1716, à la Guerre ; de 1719 à 1723 et de 1724 à 1725, aux Affaires étrangères ; de 1726 à 1789, à la Guerre. Les Trois-Evêchés se trouvaient de 1699 à 1715 avec la Guerre ; de 1719 à 1723 avec la Marine ; de 1724 à 1725 avec les Affaires étrangères, de 1726 à 1789 avec la Guerre. La Normandie était jointe de 1726 à 1747 avec les Affaires étrangères ; de 1750 à 1763 avec la Maison du roi ; de 1781 à 1787 avec les Affaires étrangères, etc. De ces variations, il est résulté que les papiers relatifs aux différentes provinces et aux différents services ont été successivement divisés ou réunis fort diversement, et que ce qui en subsiste dans les différents dépôts publics, administratifs ou littéraires, s'y trouve réparti de la façon la plus propre à dérouter les recherches ou du moins à entraîner pour ceux qui s'y livrent une grande perte de temps. Eût-on en main l'état exact, qui n'existe pas encore, des papiers d'Etat et d'administration de l'ancienne France, avec l'indication précise des différents dépôts où ils sont dispersés, néanmoins, tant que cette dispersion subsistera, il faudra, pour suivre l'histoire d'une même province dans les trois derniers siècles, s'adresser successivement aux Archives de la Guerre, à celles de la Marine, des Affaires étrangères, à la Bibliothèque impériale, souvent revenir plusieurs fois sur ses pas, employer dans ce va-et-vient un temps considérable. Il en sera de même pour suivre l'histoire d'un même ministère. Citons encore quelques exemples : les papiers de la guerre se trouvent, pour le ministère de Sublet de Noyers, sous Richelieu, en très-grande partie au dépôt du ministère de la Guerre ; pour le ministère de Le Tellier, son successeur, à la Bibliothèque impériale ; pour le ministère de Louvois, fils et successeur de Le Tellier, au dépôt de la Guerre. Les papiers du ministère de la Marine sous un même ministre, sous Colbert, sont partagés entre les Archives de la Marine et la Bibliothèque impériale ; ceux de la Surintendance des bâtiments sont pour la plus grande partie aux Archives de l'Empire, avec ceux de la Maison du roi, à laquelle la Surintendance fut à la fin réunie ; mais il y en a à la Bibliothèque impériale ; et pour le temps de Sublet de Noyers qui fut ministre de la Guerre et Surintendant des bâtiments tout ensemble, c'est au dépôt de la Guerre que ces papiers se trouvent, en sorte que c'est dans ce dernier dépôt qu'il faut aller chercher les documents officiels concernant les origines administratives de l'Imprimerie royale, du Jardin des Plantes, etc. (1).

Les Archives du ministère des Affaires étrangères renferment quantité de documents appartenant uniquement à l'administration et à l'histoire intérieures, et d'un autre côté, il n'est guère de dépôt public qui ne contienne des recueils importants de correspondances et pièces diplomatiques ; il y en a aux Archives de l'Empire, il y en a beaucoup plus à la Bibliothèque impériale, sans parler même de tout ce qu'en renferment les grands fonds de Brienne, de Béthune, de Dupuy, de Colbert, etc.; il y en a aussi dans d'autres bibliothèques publiques. — S'attache-t-on à un ministre en particulier, à Colbert, par exemple? on trouve pareillement les papiers qu'il avait réunis, correspondance active, correspondance passive, documents administratifs de tout genre, non point divisés par ensembles à peu près homogènes, mais dispersés comme au hasard entre la Bibliothèque impériale, qui en possède la meilleure partie, les Archives de l'Empire, celles de la Marine, et peut-être d'autres dé-

---

(1) V. Caillet, l'*Administration en France sous Richelieu*, préf., p. xxij.

pôts encore. — Par ces exemples, on voit assez, ce nous semble, ce que gagneraient le public et la science à ce que, conformément aux décrets qui régissent la matière, on réunît en un même dépôt tant de parties non-seulement disséminées, mais encore entremêlées et confondues, d'un grand tout, et que l'on reconstituât ainsi le corps aussi complet que possible des monuments authentiques de notre histoire et de celle de notre Gouvernement. Remarquons encore qu'alors seulement on pourra se rendre un compte exact de ce qui manque des membres de ce grand corps, et entreprendre de rechercher ce qui en subsiste dispersé dans les collections publiques ou particulières, soit de notre pays, soit des pays étrangers, et de remplir autant que possible par des acquisitions, par des échanges, ou au besoin par de simples copies, les lacunes de nos Archives nationales (1).

4. Il nous reste, Monsieur le Ministre, un point encore à examiner, une proposition à vous soumettre :

On se plaint quelquefois qu'aux Archives de l'Empire, alors même que l'on fait partie des personnes auxquelles, d'après le règlement ac-

_____
(1) C'est ce que l'on fait en ce moment même, en Angleterre, pour le *State papers' office*; à Florence, pour l'*Archivio centrale*, etc.

tuel, les documents qu'elles demandent doivent être communiqués immédiatement, souvent, néanmoins, on ne les obtient qu'après des délais plus ou moins longs, entraînant une perte plus ou moins grande de temps. A ces délais on compare la promptitude avec laquelle on obtient, dit-on, ce qu'on demande dans le Cabinet des Manuscrits de la Bibliothèque impériale. La principale raison de cette différence dans le service des deux établissements, c'est, dit-on encore, que, dans le premier, les moyens de recherche sont insuffisants, tandis qu'ils sont suffisants dans le second. Et on en tire argument contre la pensée de transférer aux Archives les pièces, afférentes d'ailleurs à ce dépôt, que renferme la Bibliothèque impériale. — Pour réduire aux termes de la vérité et de la justice le parallèle qu'on institue ainsi, en ce qui concerne le service des recherches, entre les deux dépôts, il faut remarquer d'abord que, dans le vaste ensemble du Cabinet des Manuscrits, il y avait, tout récemment encore, beaucoup de collections dans lesquelles les recherches étaient fort difficiles, sinon même impossibles, et que, si une grande partie en a été mise en ordre, il en reste néanmoins, et de fort importantes, qu'il n'a pas jusqu'à présent été possible d'inventorier ni même de classer; ensuite, que, si considérable que soit le nombre des pièces que contient le Cabinet des Manuscrits, les Archives de l'Empire en contiennent un nombre bien plus grand encore, et que, par conséquent, il n'est pas surprenant que les recherches y soient souvent plus longues. Ces réserves faites, il faut avouer peut-être que les plaintes qu'on élève ne sont pas entièrement dépourvues de fondement. Mais il faut avouer aussi que l'état de choses auxquel elles se rapportent a été, dans ces derniers temps, singulièrement amendé, et, de plus, le moment est venu, ce semble, et une occasion favorable se présente, en complétant ce grand établissement des Archives, et en l'ouvrant plus libéralement que jamais au public, de le mettre aussi, en ce qui touche les moyens de recherche et de communication, dans l'état que l'intérêt public demande.

Une partie des collections (ou *fonds*) que les Archives renferment y sont arrivées dans le même ordre selon lequel elles étaient disposées, et accompagnées des inventaires qui en avaient été dressés autrefois. D'autres arrivèrent décomposées par l'opération du triage, ou subirent depuis, dans les Archives mêmes, et par l'effet d'opérations semblables, une semblable décomposition. Pour ces collections, les inventaires qui les accompagnaient et dont un certain nombre étaient rédigés avec beaucoup de soin et d'exactitude, ont perdu une grande partie de leur utilité. C'eût été pis encore si les membres de l'Agence et du Bureau de triage eussent obéi aveuglément aux ordres qui leur étaient donnés de se borner à partager les titres entre les catégories établies par la loi. Heureusement, comme nous l'avons dit, malgré les ordres réitérés qui les pressaient de hâter leur travail, ils prirent le soin d'ajouter sur une partie des inventaires, à l'indication de chaque atricle, celui de la place nouvelle qu'ils lui assignaient.

Les inventaires sur lesquels ce travail n'avait pu être fait devinrent dès lors à peu près sans usage. Tel fut celui des archives de Saint-Denis, dressé en vingt-quatre vol. in-folio, par D. Poirier, et qui était un modèle du genre. Ajoutons que, libre d'opérer comme elle l'entendait pour le Trésor des Chartes, l'Agence eut soin de le rétablir dans l'ordre qu'indiquaient les inventaires de Dupuy.

5. L'archiviste de la république chargé de surveiller et de diriger l'opération du triage avait plus qu'aucun autre blâmé des travaux qui faisaient, disait-il, traîner en longueur l'opération principale. Plus tard, chargé de réunir, auprès des archives nouvelles, les sections annexes qualifiées domaniale et judiciaire,

ainsi que les monuments historiques, il traçait, pour la mise en ordre de ce vaste ensemble, le plan suivant : Premièrement, reviser les anciens inventaires, en y donnant aux articles conservés des numéros indicatifs de l'ordre même où ils s'y suivent (1 au premier, 2 au second, etc.); deuxièmement, après avoir transcrit tous les articles de ces inventaires à la suite les uns des autres, chacun avec son numéro, sur autant de cartes mobiles, ranger ces cartes par ordre de matières, et en former ainsi ce que l'on nomme un catalogue méthodique ou systématique; troisièmement, ce catalogue ainsi formé, et chacun des articles affecté d'un deuxième numéro indiquant le rang qu'il y occupe, reporter ces numéros, représentatifs de l'ordre méthodique, auprès de ceux de l'inventaire primitif.—De la sorte eût été établie la correspondance ou concordance entre l'ordre ancien et l'ordre nouveau, au moyen de laquelle, dans toute recherche, on aurait été conduit en un instant de l'un à l'autre. Et c'est alors seulement que, changeant l'ordre ancien, on y eût substitué d'après le catalogue méthodique, par une opération à la fois sûre et rapide, l'ordre nouveau. Si, de plus, après avoir fait de chaque carte, représentative d'un article, des copies en nombre égal à celui des noms de lieux, de personnes ou de choses que cet article eût contenu, on eût rangé toutes ces copies en différentes séries, par ordre alphabétique ; si, enfin, sur chacune d'elles on eût reporté la cote primitive que portait sur l'inventaire l'article qu'elle représentait, alors, de quelque manière qu'une pièce eût été demandée, soit par le numéro qui la désignait dans l'inventaire primitif, soit par l'un des noms de choses ou de personnes qu'elle eût contenu, on l'aurait trouvée à l'instant même.

Camus put commencer à peine l'exécution de son plan. Daunou lui succéda. Bientôt, de par le décret de mars 1808, qui semblait devoir sortir sans délai son plein et entier effet, il lui fallait pourvoir au placement immédiat, dans l'hôtel Soubise, de tous les dépôts d'archives de Paris, auxquels allaient être ajoutées les archives des capitales des provinces conquises. Il crut devoir, après avoir tracé un « Plan systématique » de classement, y soumettre immédiatement les choses mêmes. Par un renversement de la marche que Camus avait tracée, on commença par l'arrangement méthodique des objets, on ajourna les répertoires. Aux divisions du Plan systématique furent soumis aussitôt, et sans qu'on établît au préalable le tableau de correspondance de l'ordre ancien et de l'ordre nouveau, les fonds mêmes que l'opération du triage n'avait pas encore atteints.

Par suite, tandis que pour les parties du dépôt dont il n'existait pas d'inventaires ou d'inventaires suffisants, il fallait différer à peu près tout travail de ce genre jusqu'à ce que la longue et difficile opération du classement méthodique des objets fût terminée, les fonds pour lesquels on avait jusqu'alors possédé de bons répertoires tombaient à peu près dans la condition des premiers. De là, dans une grande partie des Archives de l'Empire, la difficulté des recherches.

Néanmoins, dans le temps même que les efforts de l'administration des Archives et du personnel dont elle disposait étaient presque entièrement appliqués au classement des pièces, on ne laissait pas, dans une certaine mesure, de poursuivre le travail, commencé par l'Agence et le Bureau du triage, de la confection d'inventaires et de catalogues nouveaux. C'était l'occupation principale du Bureau (depuis, section) historique, où les membres du Bureau de triage avaient pour la plupart trouvé place. Depuis, le même travail a été étendu aux autres sections. L'administration actuelle, en particulier, lui a imprimé une forte impulsion. Déjà on possède un grand nombre d'inventaires sommaires et plusieurs détaillés qui, sur beaucoup de points, permettent, ces derniers du moins, de satisfaire aisément aux demandes de communications ou de renseignements. Il y a plus : quelques inventaires importants sont préparés pour être publiés et déjà sous presse ; par exemple, celui des registres du Parlement, et celui d'une série importante de la section historique, comprenant les diplômes et lettres des rois de France. Ajoutons un inventaire descriptif des sceaux, et surtout les Layettes du Trésor des Chartes, publication qui comprendra tous les textes importants et l'analyse des autres.

Remarquons, en outre, que, pour une grande partie des collections de pièces d'archives qui devraient être portées de la Bibliothèque impériale aux Archives, il existe des catalogues suffisants. On a depuis longtemps des tables plus ou moins détaillées des recueils de Colbert, de Brienne, etc., et les chartes anciennes ont été analysées et inventoriées pour la plupart, dans ces dernières années, par M. Léopold Delisle, avec la savante exactitude qui est le caractère de tous ses travaux.

Si, conformément à l'exemple qui a été donné par l'Agence des titres pour le Trésor des Chartes, conformément à ce qui a été fait pour les archives départementales en vertu de la circulaire de 1841 qui, en distinguant les archives anciennes des modernes, a prescrit de classer les premières par fonds (1); si, aux Archives de l'Empire, on rétablissait les anciens fonds dans leur ordre primitif, d'après les inventaires qui en subsistent, ces inventaires retrouveraient leur usage, et la recherche des pièces appartenant aux fonds qu'ils décrivent redeviendrait facile.

6. Toutefois, et cette opération même étant faite, en supposant que les inconvénients qu'elle entraînerait aujourd'hui n'en surpassassent point les avantages, il resterait à ajouter aux inventaires des fonds reconstitués des tables alphabétiques, dont ils ne sont pas tous pourvus; il resterait à faire de toutes les autres

---

(1) « Rassembler les différents documents par *fonds*, c'est-à-dire former collection de tous les titres qui proviennent d'un corps, d'un établissement, d'une famille, ou d'un individu. — Ce mode de classement consiste à réunir tous les titres qui étaient la propriété d'un même établissement, d'un même corps ou d'une même famille ; les actes qui y ont seulement rapport ne doivent pas être confondus avec le fonds de cet établissement, de ce corps, de cette famille. — Un projet de lettre ne peut faire partie du même fonds que la lettre elle-même ; car un projet de lettre appartient à celui qui l'écrit : la lettre, au contraire, est la propriété de la personne à qui elle a été adressée, etc. » On sait que cette circulaire est en grande partie l'ouvrage de M. de Wailly, alors chef de section aux Archives de l'Empire.

parties des Archives qui ne sont pas encore inventoriées, et des inventaires et des tables. Il resterait enfin à fondre toutes les tables en des catalogues généraux, répondant à tous les points de vue différents desquels une pièce d'archives peut être envisagée, c'est-à-dire représentant tous les éléments qu'elle renferme, et au nom desquels on peut la demander. Or, si l'on songe au nombre immense de pièces dont il faudrait, afin de satisfaire promptement à toutes les demandes, rédiger des inventaires détaillés et des tables ou catalogues par ordre de matières, de noms de lieux, de noms de personnes, etc., pour les imprimer enfin et les publier, on est obligé de reconnaître que ce n'est qu'au prix d'un temps très-considérable que l'administration des Archives, réduite aux moyens dont elle dispose actuellement, pourrait arriver à un pareil résultat.

Mais, dès lors aussi, en considérant que les Archives de l'Empire, dépôt non-seulement des documents les plus précieux pour la science, mais de titres innombrables, soit du domaine public, soit des familles et de la propriété privée, ne sont pas un établissement moins utile, moins digne d'intérêt que la Bibliothèque impériale, on est conduit, comme nous le sommes, à former le vœu qu'il soit mis à la disposition de l'administration des Archives, comme on l'a fait il y a quelques années pour la Bibliothèque, et spécialement pour son département des livres imprimés, les ressources extraordinaires au moyen desquelles les catalogues pourraient être promptement complétés et publiés. Peu de dépenses seraient, ce nous semble, mieux justifiées que celle qui fournirait les moyens, en faisant pénétrer la lumière dans toutes les parties de ce grand trésor national, d'y découvrir et de mettre à l'entière disposition du public comme de l'administration toutes les richesses qui y sont accumulées.

En vous soumettant ce vœu en faveur des Archives de l'Empire, nous vous demanderons, Monsieur le Ministre, la permission de vous en soumettre un semblable en faveur du Cabinet des Manuscrits de la Bibliothèque impériale, afin que les catalogues des différentes parties de ce Cabinet qui ont été entrepris et en partie exécutés par les savants éminents auxquels elles sont confiées, soient également l'objet de mesures qui donnent le moyen de les livrer à l'impression comme les catalogues des livres imprimés, dans un court délai, et de les mettre ainsi entre les mains du public, qui les attend avec une juste impatience.

En résumé :

La minorité de la commission a été d'avis :
Premièrement, en ce qui concerne les chartes et diplômes conservés dans la Bibliothèque Impériale, c'est-à-dire les plus anciennes de ses pièces d'archives, que ces documents, provenant en général d'établissements situés en dehors du département de la Seine, n'étaient point de ceux que les archives de l'Empire doivent contenir et que, s'ils étaient retirés de la Bibliothèque, ce serait plutôt aux Archives des départements qu'on devrait les attribuer; que, ne formant pas dans la Bibliothèque un fonds séparé, mais étant mêlés avec plusieurs collections du département des Manuscrits, ils ne pourraient en être distraits sans difficulté et sans dommage, et particulièrement sans que les nombreux ouvrages d'érudition où ils se trouvent cités, avec l'indication de la place qu'ils occupent dans ces collections, perdissent une partie de leur utilité ; qu'en outre, ces documents seraient moins utiles dans les Archives qu'ils ne le sont dans la Bibliothè-

que impériale, parce que la communication des pièces au public est sujette à plus de restrictions et que les moyens de recherche laissent plus à désirer dans le premier de ces deux établissements que dans le second ;

Deuxièmement, en ce qui concerne le Cabinet des Titres généalogiques : qu'un grand nombre des documents dont il se compose, étant sorti d'archives de familles, et une partie en étant d'ailleurs dépourvue d'authenticité, ces documents ne seraient pas non plus de ceux que les archives publiques doivent renfermer, et qu'enfin le Cabinet des Titres ne pourrait, sans perdre de son utilité, être distrait et éloigné du département des manuscrits de la Bibliothèque impériale.

Par ces motifs, il a paru à la minorité que l'échange proposé entre les archives de l'Empire et la Bibliothèque impériale devrait être renfermé dans les limites indiquées par l'administration de ce dernier établissement.

La majorité a considéré que les archives publiques sont établies pour recueillir et conserver, dès qu'ils ne sont plus nécessaires au service administratif habituel, les papiers publics et d'Etat de toute nature; que telle a été autrefois la destination du Trésor des Chartes, lettres et priviléges des rois de France, archives centrales de notre ancien gouvernement, et que telle est aujourd'hui, d'après les lois et décrets qui régissent la matière, la destination des Archives de l'Empire ; elle a considéré que si les chartes, diplômes et autres papiers publics appartenant aux anciennes archives ont été en grande partie dispersés, principalement depuis la fin du XVIe siècle, par les différentes causes que nous avons indiquées, néanmoins, aujourd'hui que ces causes ont cessé d'être, il convient, dans l'intérêt surtout des études historiques, de réunir au Trésor des Chartes, compris dans les Archives de l'Empire, les membres qui en ont été séparés, et de compléter ainsi autant que possible le grand corps des archives centrales de l'ancienne France, ainsi que les autres corps d'archives anciennes que renferment les Archives de l'Empire. Il lui a paru, en outre, que, par le motif seul de l'avantage qu'il y a pour le public, à ce que les monuments d'un même genre soient rapprochés les uns des autres, les chartes mêmes qui proviennent de divers chartriers particuliers et qui n'ont jamais dû appartenir aux anciennes archives publiques, ne sont pas aussi bien placées dans la Bibliothèque impériale qu'elles le seraient dans les Archives de l'Empire, auprès de tant d'autres pièces qui sont à tous autres égards de la même nature.

Il lui a paru néanmoins qu'un certain nombre des pièces d'archives que possède le département des manuscrits de la Bibliothèque s'y trouvant mêlé à des monuments proprement littéraires dont on ne saurait les séparer sans dommages plus ou moins graves, une partie de ces pièces devrait, par cette raison, rester à la Bibliothèque, sauf par l'administration des Archives à en faire prendre des copies ; elle a pensé aussi que le transport de documents de l'un des deux dépôts dans l'autre entraînerait beaucoup d'inconvénients s'il n'était rédigé, au préalable, des inventaires qui servissent à conduire sûrement, dans toutes les recherches que l'on pourrait avoir à faire ultérieurement, pour chaque recueil ou document, de l'ancien dépôt au nouveau, mais qu'au moyen de ces inventaires les inconvénients dont il s'agit n'auraient point lieu ; elle a pensé, enfin, que rien ne paraît s'opposer à ce que les documents relatifs à l'ancienne France soient, sauf quelques réserves qui pourraient être déterminées à l'avance, communiqués au public avec une entière libéralité dans un dépôt d'archives aussi bien que dans une bibliothèque ;

En conséquence, la commission estime, à la majorité, qu'il y a lieu : premièrement, de transférer des Archives à la Bibliothèque impériale les documents littéraires et scientifiques, ou pièces de bibliothèques, que possède le premier de ces deux établissements ; deuxièmement, de transférer de la Bibliothèque impériale aux Archives de l'Empire les papiers publics, chartes, diplômes et pièces diverses d'archives qu'elle renferme (sans toutefois qu'on détruise, dans l'un ni dans l'autre cas, l'unité des volumes dont les collections sont formées). La commission estime, d'ailleurs, qu'elle n'a point mission de déterminer en détail les documents auxquels devraient s'appliquer ces mesures, ainsi que ceux qui devraient en être exceptés, et qu'en conséquence, c'est à des commissaires spéciaux que ce travail devrait être confié. La commission estime encore que, ce travail effectué, la translation des documents d'un établissement dans l'autre devrait être précédée de la confection des inventaires et répertoires nécessaires pour établir le rapport de l'ordre de choses ancien à l'ordre nouveau, et rendre facile le passage, dans toute recherche ultérieure, du premier de ces deux ordres au second ; elle estime, enfin, qu'il y aurait lieu, appliquant aux Archives de l'Empire la division à laquelle ont été soumises les archives départementales, d'y distinguer des archives modernes les *Archives anciennes* ou *historiques*, ouvertes au public avec la plus grande libéralité.

Quant au Cabinet des Titres généalogiques, la majorité de la commission a considéré que si une grande partie des pièces qui le composent ont appartenu à des archives de familles, ce sont néanmoins, en général, des actes d'origine publique; que ce Cabinet avait été constitué autrefois comme un dépôt d'archives spéciales pour la noblesse et les familles notables, afin de servir surtout à des recherches qui avaient un caractère public et officiel, et qu'aujourd'hui encore les intérêts auxquels ces recherches avaient rapport sont garantis par l'autorité publique; que les documents dont le Cabinet des Titres est composé sont généralement semblables par leurs principaux caractères à ceux que renferment et doivent renfermer les Archives de l'Empire; que, d'ailleurs, les inconvénients qu'il y aurait à éloigner le Cabinet des Titres du département des manuscrits de la Bibliothèque impériale n'auraient point lieu, si l'on transportait aux Archives de l'Empire les collections de pièces d'archives que possède ce département; par ces motifs, principalement, la majorité de la commission est d'avis qu'il y a lieu de transférer de la Bibliothèque impériale aux Archives de l'Empire le Cabinet des Titres.

A ces propositions, la commission joint le vœu que des mesures soient prises, soit pour le prompt achèvement des catalogues détaillés des diverses collections des Archives de l'Empire, qui y rendront facile le service des recherches et des communications, soit, surtout en ce qui touche les Archives anciennes et historiques, pour la publication des plus importants de ces catalogues ; et à ce vœu elle croit pouvoir en joindre encore un semblable, dans l'intérêt de l'histoire et de la littérature, pour l'achèvement et la publication des catalogues du département des manuscrits de la Bibliothèque impériale.

Ce 17 février 1862.

FÉLIX RAVAISSON, *rapporteur* (1).

---

(1) La commission était composée de :
MM. le maréchal Vaillant, *président*,
    Boulatignier,
    Comte de Champagny,
    De Guilhermy,
    Latour Dumoulin,
    De Longpérier,
    De Parieu,
    Ravaisson (Félix),
    De Saulcy,
    Taillandier,
    Thierry (Amédée),
    Baron Dard, *secrétaire*.

APPENDICE

PIÈCES JUSTIFICATIVES.

I

Union de l'office de trésorier et garde des chartes, titres, papiers et registres de la couronne à l'office du procureur général.

Henry, par la grace de Dieu, roy de France et de Poloigne, à tous présens et à venir salut :
Considérant que maistre Jean-Jacques de Mesme par nous pourveu de l'office de trésorier et garde de noz chartres, tittres, pappiers et registres de ceste couronne, par la résignation d'icelluy faicte en sa faveur par Mᵉ Louis Fromaget, s'est, avant que y avoit esté receu, volontairement demis dudit office en noz mains par son procureur suffisamment fondé de lectres de procuration pour en disposer et pourveoir telle personne que bon nous sembleroit, et attendu que telle charge et garde de noz tittres et pappiers est plus séante et à propos à notre procureur général que à aulcun aultre pour estre le vray agent et deffenseur des droictz du domaine et patrimoine de nostre dicte couronne, et que sans iceulx tittres et pappiers il ne peult avoir l'entière lumière et congnoissance ny faire telles recherches et poursuictes des dictz droitz que

son dict estat de nostre procureur général le requiert.

A ces causes et aultres bonnes, justes et raisonnables considérations à ce nous mouvant, à pláin confiant de la loyaulté, prudhomye, fidélité, expérience, debvoir et dilligence de nostre amé et féal conseiller en nostre conseil d'estat et privé et procureur général maistre Jehan de la Guesle, à icelluy avons donné et octroyé, donnons et octroyons, par ces présentes, le dict office de trésorier et garde de nos dictes chartres, tittres, pappiers et registres de nostre dicte couronne, vaccant par la dicte démission ou résignation du dict de Mesme, et icelluy office pour le bien, commodité et utilité de noz affaires et service, joinct, uny et incorporé, et de nostre certaine science, grace spéciale, pleine puissance et auctorité royale joignons, unissons et incorporons par ces présentes, à tousjours, inséparablement, à l'office de nostre dict procureur général que tient à présent le dict de La Guesle pour par luy, maistre Jacques de La Guesle, son filz, qui est ja receu et a presté le serment en nostre cour de Parlement au dict estat de nostre procureur général, à la survivance de son dict père et leurs successeurs après au dict office de nostre dict procureur général, l'exercice doresnavant conjoinctement et inséparablement et en joyr et user avec honneurs, auctoritez, prérogatives, prééminences, franchises, libertez, gages de cinq cens livres tournoys par an, droitz, profitz, revenuz et esmolumens accoutumez, et au dict office de trésorier et garde de nos dictz chartres et tittres appartenans mesme se pouvoir dire nommer et qualiffier notaires et secrétaires de nous et de la maison et couronne de France, et en ce faisant aussi joyr et user de touz telz et semblables privilleges, franchises, libertez et immunitez dont ont accoustumé joyr et user les notaires et secretaires de nous et de la maison et couronne de France, aux charges toutes foys plus à plain portées par les lettres de chartres sur ce expédiées tant par feu de bonne mémoire le roy Charles V, l'an 1379, que feu nostre très honoré seigneur et père le roy Henry l'an 1547, cy attachées soubz le contrescel de nostre chancellerie avec la sus dicte procuration.

Sy donnons en mandement, etc.

Donné à Paris au moys de janvier l'an de grace 1582 et de nostre règne le huictiesme.

Registré ouy le procureur général du roy pour jouir par luy et ses successeurs de l'effect et contenu en icelles, à Paris en Parlement le 5e jour de mars l'an 1582.

II

Arrêt du conseil du 9 juillet 1697.

Veu par le roy étant en son conseil la requête présentée à Sa Majesté par son procureur général en la Chambre des Comptes de Paris, contenant que de tout temps le garde du Trésor des Chartes a esté receu et a prêté serment à ladite Chambre, comme officier dépendant d'icelle; que cependant le s^r de la Briffe, procureur général au Parlement de Paris, pourveu de ladite charge de garde du Trésor des Chartes conjointement avec celle de procureur général, auroit jusqu'à présent négligé de s'y faire recevoir, ce qui oblige le suppliant de représenter que dez l'année 1333, le garde du Trésor des Chartes a esté dépendant de ladite Chambre des Comptes, y a fait serment et s'est chargé envers elle des clefs et des titres étant audit Trésor lorsqu'il y a eu mutation d'officier; et quand il plut au roy Henry 3e d'unir ledit office de garde de son Trésor des chartes à celuy de procureur général, ce fut à condition, ainsy que le portent les lettres, que le procureur général prêteroit serment et seroit receu à la Chambre, à cause de ladite charge de garde du Trésor des Chartes, ce qui fut exécuté par le s^r de la Guesle alors procureur général, par le s^r de la Guesle, son fils, par le s^r de Bellievre, ses successeurs en ladite charge; qu'à la vérité les s^{rs} Molé, Meliand, Fouquet et de Harlay père et fils ne se sont point fait recevoir à la Chambre audit office de garde des chartes, mais qu'elle a fait ce qui a dependu d'elle pour les y obliger, ayant souvent mis leurs gages en souffrance aux comptes des payeurs, en sorte que le s^r de Harlay, cy-devant procureur général et à présent premier président audit Parlement, connoissant ce deffaut de serment en ladite charge, auroit esté obligé d'avoir recours à Sa Majesté et d'obtenir d'elle des lettres patentes le 11e février 1696 pour la levée des souffrances mises sur les comptes du payeur des gages de garde du Trésor des Chartes ez années mil six cent soixante dix et mil six cent soixante douze; d'ailleurs ce serment est nécessaire pour la seureté des titres qui sont remis audit Trésor des Chartes, soit de l'ordre de Sa Majesté, soit par ordonnance de la Chambre; et si le procureur général vouloit s'en dispenser, sous prétexte de la dignité de sa charge, les titres et papiers apartenans à Sa Majesté concernant ses domaines et ses principales affaires se trouveroient en sa possession, sans qu'arrivant son décez on pût en demander aucun compte à ses héritiers, d'où il pourroit arriver des abus, quelque bien intentionnez que fussent ceux qui sont honorez de la charge de procureur général; pour lesquelles raisons et motifs, requéroit ledit procureur général de la

Chambre des Comptes qu'il plût à Sa Majesté ordonner que le procureur général de son Parlement, en qualité de garde du Trésor des Chartes, sera tenu de se faire recevoir et prêter serment à la Chambre des Comptes, et que les titres qui seront délivrés pour estre mis au Trésor des Chartes seront premièrement envoyez à la Chambre des Comptes pour en faire mention sommaire sur les registres et estre ensuite remis audit procureur général qui s'en chargera; la requeste dudit s^r de la Briffe, contenant qu'il y a eu des gardes du Trésor des Chartes plus de deux cens ans avant que la Chambre des Comptes en eût pris connoissance, et que si elle s'en est meslée depuis, ce n'a esté qu'à l'occasion des troubles du temps de Charles 6e; que l'union de la charge de garde du Trésor des Chartes à celle de procureur général ayant esté trouvée nécessaire pour le service des roys et pour le bien public, elle fut inséparablement unie par lettres du mois de janvier 1582; qu'à la vérité le s^r de la Guesle prêta serment à ladite chambre à cause de ladite charge de garde du Trésor des Chartes; mais que ce fut à l'occasion de l'enregistrement des lettres d'union que la Chambre auroit en ce temps-là refusé, les troubles rendant alors ces sortes d'enregistrements difficiles; mais depuis ce temps aucun de ceux qui ont esté honorez de la charge de procureur général n'ont prêté serment à la Chambre, car celuy qu'on prétend avoir esté fait par le s^r de Bellievre est très-incertain, et s'il paroist avoir esté fait, ce ne peut estre qu'un simple veu que le greffier de la chambre aura mis sur ses lettres de provisions sans que ledit sr de Bellievre ait connu le préjudice qu'une telle prétention feroit à sa charge; en effet ledit procureur général n'est tenu de rendre compte des chartes qu'à Sa Majesté seule et ne reçoit d'autres ordres que ceux qui luy viennent directement de sa part; et on ne trouvera point, comme l'avancent les officiers de la Chambre, que le sr de la Guesle se soit chargé envers elle d'aucuns titres, ayant seulement donné au greffier de la chambre ses recepissez de ceux qui luy ont esté remis pour servir de décharge audit greffier, ce que le suppliant est dans la résolution de faire en toutes les occasions qui s'en présenteront; car, à l'égard des titres qui luy sont envoyez de la part de Sa Majesté, il en donne son receu au secrétaire d'Etat chargé de les luy remettre; enfin il a trouvé entre les mains du sr de Harlay, son prédécesseur, des inventaires en bonne forme des titres qui sont dans le Trésor des Chartes, lesquels titres il luy a remis en bon ordre; il taschera de les conserver avec la même fidélité; quant aux souffrances mises sur les comptes des payeurs des gages du Trésorier des chartes, elles n'ont point empesché ceux qui ont été pourveus de la charge de procureur général de les toucher, et il espère que Sa Majesté, en faisant cesser le trouble qui luy est fait par ses officiers de la Chambre des Comptes, donnera ses ordres en sorte que pareilles souffrances n'y soient mises à l'avenir : à ces causes requéroit qu'il plût à Sa Majesté le maintenir ainsy que ses prédécesseurs en ladite charge de procureur général et garde du Trésor des Chartes y joint, sans estre tenu de prêter serment à ladite Chambre, ny se charger envers elle d'aucuns titres sous quelque prétexte que ce soit, avec deffense à ladite Chambre de mettre à l'avenir aucune souffrance sur ses gages pour raison de ce;

Veu lesdites requestes, provisions de Jean de Brenne de l'office de garde des chartes du 5 septembre 1333, l'acte de serment fait à ladite Chambre par Pierre Turpain du 11 septembre 1364; extrait des registres de la Chambre par lequel il paroist que par ordre du roy elle a chargé Jean de Montagu de la garde du Trésor des Chartes pendant la maladie de Girard de Montagu, son père, du 27 octobre 1391; provisions dudit Jean de Montagu et son serment fait à ladite Chambre à cause de ladite charge du 24 novembre 1391; acte de serment fait par Etienne Mauregart pour ladite charge, du 10 juillet 1411; autre acte de serment de Jacques Louet, du 6 juillet 1498; lettre du roy à la Chambre des Comptes portant ordre de faire grossoyer l'inventaire des titres du Trésor des Chartes, du 5 juillet 1500, et commission de ladite chambre à Arnaud Desclaux pour y travailler, du 27 avril 1503; commission du roy à la Chambre des Comptes pour faire recherche des titres du domaine et autres qui étoient dispersez et les faire porter au Trésor des Chartes; provisions de ladite charge de garde du Trésor des Chartes en faveur de Jean Budé avec la prestation de serment à la Chambre, du 8 novembre 1524; extrait du registre de ladite

Chambre, par lequel il paroist que François Budé y est venu dire qu'il avoit ordre du roy de remettre au procureur général les titres mentionnez audit ordre, du 7 janvier 1533; provisions de ladite charge pour Sébastien Le Rouillé avec l'acte de remise par luy faite à la Chambre des clefs dudit Trésor des Chartes, du onzième septembre 1538; lettre du roy à la Chambre pour faire donner au sieur de la Chambre copie du titre y mentionné, du 14 may 1539; acte de serment fait à la Chambre par Christophle de Thou, président au Parlement pour ladite charge de garde du Trésor des Chartes, du vingt-deuxième aoust 1560; provisions de ladite charge pour Jean de Thou, du vingt-un octobre 1563; recepissé dudit s^r de Thou de certaines lettres concernant une rente acquittée par le roy à luy envoyées par la Chambre, du vingt-huitième aoust 1570; provisions de ladite charge en faveur de Hugues Fromaget, du vingt-quatrième janvier mil cinq cent soixante-quatorze; lettres patentes portant union de ladite charge de garde du Trésor des Chartes à celle de procureur général en faveur de Jean de la Guesle avec la prestation de serment dudit s^r de la Guesle à la Chambre des Comptes, du mois de janvier 1582; pareille prestation de serment de Jacques de la Guesle, son fils, du seizième mars 1582; recepissé mis par ledit s^r de la Guesle sur le registre de la Chambre des Comptes des titres à luy remis concernant un échange fait entre le roy François premier et le s^r de Marsault, du 14e may 1599; provisions de procureur général au Parlement avec l'office de trésorier des chartes y joint pour le sr de Bellievre et la prestation de serment par luy fait tant au Parlement qu'à la Chambre des Comptes, du 6e janvier 1612; ordonnance de la Chambre portant que les acquits concernant l'acquisition de la terre d'Antibes seront remis au Trésor des Chartes, du quatorze mars 1613; autre ordonnance pour faire délivrer au sr de Marsault un extrait des registres et des recepissez du Trésor des Chartes de certains titres concernant un don à luy fait; provisions de procureur général et trésorier des chartes pour les srs Molé, Meliand, Fouquet, de Harlay père et fils et de la Briffe, des 27 aoust 1621, treize novembre 1641, vingt-neufvième novembre 1650, huitième aoust 1661, seizième may 1667 et vingtième septembre 1689; extrait des comptes des payeurs des gages du trésorier des chartes, par

Sa Majesté que ledit procureur général donnera comme par le passé ses recepissez au greffier de ladite Chambre des titres qui seront remis audit Trésor de l'ordonnance d'icelle, et qu'à l'égard de ceux qui y seront envoyez par Sa Majesté, ledit procureur général en fournira seulement un inventaire signé de luy au greffe de ladite Chambre pour y servir en tant que de besoin. Veut Sa Majesté que les souffrances mises sur les gages du garde du Trésor des Chartes, faute dudit serment, soient incessamment levées; à l'effet de quoy toutes lettres nécessaires seront expédiées.

Signé Boucherat; et plus bas : Veu (avec paraphe).

En tête et en marge est écrit : A Versailles, le neuvième juillet mil six cent quatre-vingt-dix-sept.

III

Inventaire des layettes, coffres, sacs et registres, qui sont au Trésor des Chartes du roy, à la Sainte-Chapelle.

Les titres commencent depuis le roy Philippes Auguste et continuent jusques au règne du roy Charles IX, du temps de M. le Chancelier de l'Hospital. Et depuis l'an 1566 il y en a bien peu.

La pluspart de ces titres, pour ce qui est des layettes, coffres et sacs, ont été inventoriés depuis quelques années selon l'ordre des temps, de sorte que ce qui est de plus remarquable, et qui concerne l'interest du roy et du public, y est mis au long. A quoy l'on a adjousté une table alphabétique pour trouver le tout plus promptement.

Reste de travailler aux Registres, qui ne sont de moindre conséquence, et où sont insérés les priviléges des provinces et villes du royaume comme aussi ceux des compagnies et communautez de France et des pays estrangers, les statuts des mestiers, les érections des seigneuries en titre de pairies, duchez, marquisats, comtés, baronnies et chastellenies, les partages et transactions entre les principaux seigneurs du royaume, les fondations des églises, hospitaux et colléges, les priviléges des universités, les créations des parlements et autres cours de justice et de finances, les fondations des principaux officiers du royaume, les droits qui leur sont attribués et plusieurs autres titres et chartes dont la cognoissance est nécessaire,

Pour faire qu'au futur l'on apporte à ce Trésor des Chartes les titres concernant le domaine du roy et les traités et contrats de conséquence avec ses subjets ou avec les princes et estats estrangers, c'est qu'il soit déclaré par édit vérifié au Parlement :

Que tous conseillers d'Estat, maistres des requêtes, présidens et conseillers des cours souveraines et autres, qui seront commis et députés de par le roy pour ce qui concerne les limites et confins du royaume et les droicts de souveraineté, féodalité et autres appartenant à nos rois, seront tenus faire insérer dans leurs commissions, qu'ils délivreront dedans trois mois au plus tard, du jour de leur retour à Paris, et s'ils sont absents, dedans six mois, les originaux des traictés et contrats auxquels ils seront intervenus et semblablement leurs procès-verbaux ès mains du garde du Trésor des Chartes de Sa Majesté, duquel ils recevront recepissé pour leur descharge.

Ce qui sera aussi observé par les ambassadeurs et agens, qui seront obligez de delivrer dans le mesme temps les registres de leurs ambassades et les negociations ausquelles ils auront esté employez, a faute de quoy eux et leurs héritiers en pourront estre recherchez ; et si aucune chose leur est deüe de reste par le roy pour leurs commissions et ambassades, ils n'en seront payés qu'ils ne fassent apparoir au trésorier de l'épargne de leur diligence à délivrer les titres et papiers que dessus. Et la clause et condition de la dicte delivrance sera apposée aussi ès ordonnances pour leurs payemens.

Et quant aux secrétaires d'Estat, ils mectront pareillement ès mains du garde du Trésor, au plus tard dedans l'an, les contrats de mariage des roys et de leurs enfans, frères et sœurs, comme encore les testaments, les concessions d'apanages, les lettres des princes estrangers et des républiques à nos rois pour les affaires publiques, et tous autres actes qu'il importe d'être conservez et lesquels auront été passez par-devant lesdits secrétaires.

Par ce moyen, ceux qui seront commis doresnavant pour telles affaires, en seront mieux instruicts, et aux conferences avec les deputez des princes et estats estrangers, ou lorsqu'il sera question de traicter avec les subjets du roy, les droicts de Sa Majesté se conserveront avec plus d'advantage que cy devant quand les titres ont esté perdus ou esgarez, au grand dommage du royaume. Il y est bien autrement pourvu par les roys et princes voisins, qui sont très-soigneux de conserver et faire mectre dans leurs trésors des chartes ce qui touche le bien public de leurs Estats. Ce qui est cause que leurs députez, lorsque nous avons quelque différend avec eux, ne demeurent muets et sans response, ainsi que font les nostres. Et entre les grands princes de l'Europe, Philippe II, roi d'Espagne, surnommé *le Prudent*, y a mis l'ordre au Trésor des Chartes de Simancas, ainsi qu'il s'en suit.

(Cinq cents de Colbert n° 246.)

IV

Du Trésor des Chartes de Simancas, en Espagne.

Louys Cabrera, en l'histoire de Philippes II, roy d'Espagne, liv. 7, chap. 9.

Le roy réforme et reduict en meilleur ordre le Trésor des Chartres de la forteresse de Simancas, pour y conserver les titres et papiers.

Le roy Dom Philippes, considérant de quelle importance estoyent les titres et papiers, par le moyen desquels il gouvernoit le monde du lieu de sa demeure et résidence royale, se proposa de réduire en ordre et faire mettre en bonne garde les anciens titres espars et dispersez en plusieurs lieux du royaume de Castille, qui estoyent en danger de se perdre et pourrir, comme il est advenu à plusieurs que l'on recherche aujourd'huy pour le service et bien de la couronne et des subjets du roy.

En ceste année, mille cinq cent soixante-six, le roy commanda à Diego de Ayala, qui avoit esté commis, depuis l'an mille cinq cents quarante-sept, de Gonçalo Perez, secrétaire d'Estat, qu'il eust à veoir en la forteresse de Simancas les titres qui s'y trouveroient, et qu'il luy donnast advis du nombre et de la qualité, et en quel ordre et comment ils estoyent conservez, à ce qu'ils le peussent garder le plus convenablement et mieux qu'il seroit possible, et que la congnoissance qui s'en estoit perdue jusqu'alors, à cause de la confusion et du désordre où ils estoyent, et pour avoir perdu grand nombre d'iceux, qui sont d'importance au domaine du roy et à ses subjets, fust restituée et remise au jour, pour avoir le moyen de les trouver quand l'on en auroit besoin ; recommandant audict Ayala de mectre en bon ordre ce grand nombre de papiers qu'il trouveroit confus et sans ordre, aux galetas de la forteresse, sans distinction des matières ny des temps, pour avoir la conduicte de ce trésor soubs le titre de garde du Trésor des Chartres, et luy donna instruction pour bien disposer ces titres, avec un entretenement de cent mille maravedis, à prendre sur l'Estat de la maison du roy. Et, depuis encore, il ordonna trente-sept mille maravedis pour le commis qui l'ayderoit en ceste charge. Ledit Ayala amassa, par son industrie, beaucoup de titres et papiers de divers endroits, et en découvrit un grand nombre à Vailladolid, dans une cuve, où les communes les avoyent caché en l'an mille cinq cents dix-neuf. Ce sont ceux qui sont de plus grande importance pour le domaine du roy et des particuliers. Il leur donna le nom et le titre de papiers de la cuve, à celle fin que ceux qui les manieront et serviront audict Trésor des Chartes sçachent de quel lieu ceux-cy sont tirés. Le nombre des titres croissant avec le temps, le roy commanda de faire des salles de nouveau, esquelles ils se peussent conserver, avec l'ordre et disposition admirable qui y est aujourd'huy ; et, à cet effet, il envoya le devis et forme des dictes salles à son grand architecte Jean de Herrera. Au lieu le plus seur se gardent les titres de la conqueste du royaume de Grenade et des Indes, les droicts aux royaumes de Naples, Navarre et Portugal, au vicariat de Sierre et en la monarchie de Sicile, l'establissement de la saincte inquisition, les testaments des rois, les traictez de paix avec les rois de France et avec les rois Mores, et aussi les traitez avec la maison d'Auctriche, les contracts de mariages des rois catoliques, les bulles des grandes maistrises des ordres militaires, les lettres et papiers pour les affaires d'Estat, depuis le roy Ferdinand V, qui donna lumière et congnoissance des dicts affaires. Ils les conservent tous dans des armoires de bois fichées dans la muraille.

En l'an mille cinq cents soixante et treize, pour davantage illustrer son Trésor des Chartes, qui se trouvoit accreu de la sorte, il donna le titre de son secrétaire audict Diego de Ayala, garde du dict trésor, avec les gages ordinaires de cent mille maravedis, de manière qu'il eust d'entretenement, en tout, deux cents mille maravedis, en y comprenant l'assignation que dessus sur l'estat de la maison du roy. Et luy fut donné le titre de secrétaire, à ce que les extraicts et copies par lui signées fussent d'autant plus autorisées. Il désigna aussi les droicts et récompenses qui se pourroient prendre pour cercher et tirer les titres, avec les gages pour le commis du dict garde du trésor, qui copieroit les titres pour plus grande intelligence et pour les pouvoir mieux lire et conserver, et à ce que les originaux ne tombent indiferemment entre les mains des uns et des autres. Il exempta par ses lettres royaux le dict trésor des chancelleries et cours souveraines pour la justice en Espagne, et commanda que les papiers ne fussent cerchez ny delivrez aux parties, que seulement de l'ordonnance des officiers de la chambre.

En l'an mille cinq cents quatre vingts et douze, il visita lui-même en personne son trésor, et y apporta beaucoup de papiers. Entre autres, dans un coffret bien garny estoient les pièces dont il s'étoit servi au procez pour retirer et enfermer le prince Dom Charles, et aussi la visite et reformation qu'il feit lui-même de son conseil royal de Castille. Il améliora par de nouvelles ordonnances la disposition et l'ordre des titres, et y establit un plus grand nombre de copistes avec commandement de bastir d'autres salles, en l'une desquelles l'on moit les papiers des comptes et receptes, ceux des gages et entretenement des officiers et les actes de foy et hommage; en une autre les visites et corrections des juges, les procès de conséquence, les commissions, distributions et departemens des tailles, impôts, et autres charges; ensemble aucuns titres des notables antiquitez et choses memorables des Indes. En une autre, les relations d'importance et les lettres des Rois et princes, comme encores ce qui concerne la Flandre depuis sa rebellion.

(Cinq cents de Colbert n° 216.)

V

Mémoire sur l'utilité d'archives publiques centrales, présenté au roi, en 1711, par M. d'Aguesseau, alors procureur général du Parlement de Paris, et en cette qualité garde du Trésor des Chartes.

La conservation des titres et des chartes de la Couronne était autrefois regardée comme une chose si importante, que nos rois voulaient, pour ainsi dire, les avoir toujours sous les yeux; ils les faisaient porter avec eux, non-seulement dans leurs voyages ordinaires, mais même dans leurs expéditions militaires, et ce fut ce qui donna lieu à la perte de la plus grande partie de ces titres, sous le règne de Philippe-Auguste.

Ce prince étant tombé malheureusement dans une embuscade que les Anglais lui avaient dressée dans un lieu nommé Belfaye, entre Blois et Fretteval, il y perdit son équipage, son sceau royal et tous les titres de la Couronne que l'on portait à sa suite.

On eut beaucoup de peine à réparer cette perte par de longues et pénibles recherches; elle fut néanmoins utile à la Couronne, par les précautions qu'elle fit prendre au roi Philippe-Auguste, pour en prévenir de semblables. On tient communément que ce fut cette malheureuse aventure qui lui inspira la résolution de donner aux titres de la Couronne jusqu'alors ambulants, si l'on peut parler ainsi, une demeure fixe et certaine, dans le palais de nos rois à Paris.

On créa presque dans le même temps la charge de garde du Trésor des Chartes qui, après avoir été exercée par une longue suite d'officiers, a enfin été réunie à celle de procureur général en l'année 1582, dans la personne de M. de la Guesle.

On ne peut donner une plus juste idée de la nature des titres qui sont conservés dans ce Trésor, ou qui doivent y être déposés, qu'en disant que ce sont tous ceux qui intéressent ou la souveraineté, ou la maison, ou la personne, ou le domaine et les autres droits du roi.

Ainsi les traités d'alliance ou de paix, les ordonnances, édits et déclarations, les bulles des papes obtenues par nos rois, les contrats de mariage des rois, des enfants de France et des princes du sang, les donations, les testaments, les échanges et autres espèces d'acquisitions, les arrêts rendus sur les affaires domaniales, les hommages et les autres actes semblables qui tendent à établir la propriété et les autres droits du roi, sont le véritable objet de ce dépôt public, le seul qui soit établi dans ce royaume pour être les archives perpétuelles de la monarchie.

On avait autrefois une grande attention à remettre dans ce dépôt tous les actes qui étaient de nature à y êtré conservés ; mais dans le siècle dernier, on a commencé à se relâcher d'une exactitude si nécessaire, en sorte qu'on aurait plus de peine à présent à y trouver des actes de ce dernier siècle, qui est à peine expiré, qu'à y trouver des monuments des siècles beaucoup plus éloignés.

La cause la plus spécieuse qu'on puisse imaginer de ce changement est l'état dans lequel la charge de garde du Trésor des Chartes a été, depuis qu'elle a été réunie à celle de procureur général, jusqu'à l'arrêt que le roi rendit en faveur de feu M. de la Briffe, procureur général en l'année 1697, contre les prétentions de la Chambre des Comptes.

Anciennement le trésorier des chartes prêtait serment à cette Chambre ; mais sa fonction ayant été réunie à celle de procureur général, pour ne composer qu'un seul corps d'office avec cette charge, ceux qui en ont été revêtus n'ont pas cru qu'il fût de leur dignité ni même de l'ordre public de prêter un serment particulier à la Chambre outre celui qu'ils avaient prêté au Parlement, dans lequel ils ont soutenu que le serment de la charge de garde du Trésor des Chartes était confondu.

La Chambre des Comptes a prétendu, au contraire, que la réunion de ces deux charges dans la personne du même officier s'était faite sans confusion, qu'il fallait qu'elle connût un officier avec lequel elle était obligée d'avoir des relations, et qu'elle ne pouvait le connaître que lorsqu'il se serait fait recevoir dans cette compagnie.

Cette contestation, qui a duré près d'un siècle, a été enfin terminée par le roi. Sa Majesté a dispensé le procureur général de prêter serment à la Chambre des Comptes en qualité de garde du Trésor des Chartes, et a ordonné qu'il y ferait seulement enregistrer ses provisions, et c'est ce qui a été exécuté par celui qui a l'honneur de remplir à présent la place de procureur général et de garde du Trésor des Chartes.

Pendant la durée de ce différend, il n'y avait point d'officier, pour ainsi dire, qui fût dans une possession paisible et reconnue de cet office, et il est à présumer que c'est ce qui a fait qu'on a d'abord différé et ensuite oublié de faire remettre au Trésor des Chartes tous les titres qui devaient y être portés.

Mais, comme cette raison cesse entièrement aujourd'hui, le procureur général se croit indispensablement obligé d'avoir l'honneur de représenter au roi pour la décharge de son ministère, et il ose dire même, pour l'avantage de la Couronne, qu'il est d'une extrême importance de rétablir l'ancien usage qui n'a pas été tellement oublié, que, malgré les prétentions de la Chambre des Comptes, on n'ait fait remettre au Trésor des Chartes les originaux des actes passés pour le mariage de Madame Henriette-Marie de France avec Charles Ier, roi d'Angleterre, les bulles du pape Alexandre VII contre le jansénisme et plusieurs autres actes moins importants.

Mais si l'on n'a pas toujours observé exactement l'ancien usage dans ces derniers temps, on en a senti plus d'une fois les inconvénients.

On sait combien on eut de peine, il y a environ soixante ans, à trouver le contrat de mariage du roi Louis XIII, et ce ne fut que par hasard, et après bien des recherches inutiles, qu'on le trouva chez un épicier.

Le roi fut sur le point de souffrir, il y a quelques années, un préjudice considérable par la mauvaise interprétation qu'on voulait donner contre Sa Majesté à un article du traité de Marsal. On soutenait pour le roi, et avec raison, qu'il y avait une faute d'impression dans les exemplaires imprimés de ce traité. On voulut avoir recours à l'original : on ne le trouva ni chez MM. les secrétaires d'Etat, ni au Trésor des Chartes, et si l'on n'avait eu le bonheur d'en recevoir un imprimé fait en Lorraine, dans le temps même de ce traité, la justice de la cause du roi aurait succombé par une faute d'impression que la perte de l'original aurait rendue irréparable.

Sa Majesté sait que, depuis très-peu de temps, ayant voulu voir l'inventaire des meubles de la reine mère, il n'a pas été possible de le retrouver, au lieu que s'il avait été déposé au Trésor des Chartes, le roi l'aurait eu d'un moment à l'autre, au premier ordre qu'il en aurait donné.

Quelques soins, quelques précautions que l'on prenne pour l'ordre, l'arrangement et la conservation des dépôts particuliers, rien ne peut jamais égaler la sûreté d'un dépôt public, perpétuel, immobile, et c'est ce qui fait qu'il n'y a point de royaume bien réglé où il n'y ait des archives publiques, où l'on conserve avec une attention scrupuleuse tous les titres qui concernent le droit public intérieur et extérieur de la monarchie.

La seule difficulté qu'on puisse opposer à un ordre si utile, regarde les traités de paix et quelques autres actes semblables qu'il est important et nécessaire à MM. les secrétaires d'Etat d'avoir toujours sous leurs mains, parce qu'ils sont obligés d'en faire un usage continuel; mais on ne se sert ordinairement que de copies imprimées ou manuscrites pour l'usage courant; quand même on aurait les originaux entre les mains, on préférerait les copies pour cet usage, à cause des accidents qui pourraient arriver, si on en usait autrement; et d'ailleurs s'il survenait quelque occasion où il fut nécessaire d'avoir recours aux originaux, rien ne serait plus facile que de les tirer du Trésor des Chartes et de les envoyer d'une heure à l'autre à celui de MM. les secrétaires d'Etat qui aurait besoin de les voir pour le service du roi.

A la vérité, il y a des traités secrets qu'il ne conviendrait point de remettre dans des archives publiques, jusqu'à ce que le temps de les laisser paraître sans aucun inconvénient soit arrivé; mais c'est un cas singulier, dont il semble qu'on ne puisse tirer aucune conséquence générale par rapport aux traités qui sont connus de tout le monde, qui s'impriment librement, et dont il n'y a rien, par conséquent, qui puisse empêcher le dépôt dans les archives du Trésor des Chartes.

Aussi l'a-t-on toujours pratiqué de cette manière; sans cela il y aurait un grand nombre d'anciens traités qui auraient péri par l'injure des temps ; et quoique l'on n'ait plus suivi cet usage avec la même exactitude depuis un certain temps, on a néanmoins déposé au Trésor des Chartes le traité des Pyrénées, et il serait difficile de concevoir pourquoi les autres traités qui ne peuvent être plus importants que celui-là ne seraient pas aussi déposés dans le même Trésor.

A l'égard de tous les autres titres, comme les originaux des édits et déclarations du roi, les originaux des bulles des papes demandés par Sa Majesté, les originaux ou du moins des expéditions en forme des contrats de mariage reçus par MM. les secrétaires d'Etat, les testaments, les inventaires, les partages, les ventes, échanges, donations et autres actes qui concernent le domaine du roi, on ne voit aucune difficulté qui ne puisse en empêcher le dépôt au Trésor des Chartes, et on voit, au contraire, beaucoup d'inconvénients à en user d'une autre manière.

C'est ce que le procureur général du roi a cru devoir lui représenter sur ce sujet, pour le bien du service de Sa Majesté, et pour la décharge du ministère qu'il a l'honneur d'exercer. Il doit peut-être même se reprocher de ne l'avoir pas fait plus tôt, mais craignant de mêler mal à propos cette affaire aux soins plus pressants et plus importants qui occupent Sa Majesté, il croyait ne devoir en parler que dans des temps plus tranquilles, et il serait encore demeuré dans le silence, sans la recherche inutile qu'il a faite par l'ordre du roi dans le Trésor des Chartes pour y trouver l'inventaire des meubles de la reine mère. Cette recherche lui ayant donné occasion de rendre compte à Sa Majesté de l'état où est ce Trésor, elle a trouvé bon qu'il eût l'honneur de lui en présenter un mémoire plus étendu, pour recevoir ensuite les ordres qu'il plaira au roi de donner sur ce sujet, et dans lesquels le procureur général trouvera toujours sa décharge, quelque règle qu'il plaise à Sa Majesté d'y apporter. Il la supplie seulement, en finissant ce mémoire, d'observer que ce que l'on croit devoir lui proposer a déjà été réglé par arrêt rendu par le roi Louis XIII, le 23 septembre 1628, qui porte que les originaux des traités, actes de paix, alliances et négociations, de quelque nature que ce soit, concernant son état et affaires passées avec les princes, seigneuries et communautés et les particuliers, tant dedans que dehors le royaume, seront portés au Trésor des Chartes, et ajoutés à l'inventaire d'iceluy.

VI

Mémoire sur les dépôts de chartes, titres, registres, documents et autres papiers qui existaient dans le département de la Seine, et sur leur état à l'époque du 1er janvier 1789, sur les révolutions qu'ils ont éprouvées et sur leur état au 1er nivôse de l'an VI (par Camus).

(En tête de ce mémoire non terminé est la note suivante : « Après m'être occupé beaucoup de ce travail au commencement de l'an 6, j'ai été obligé de le suspendre pour vaquer à d'autres travaux plus urgents. Je m'y suis remis en prairial an 7, et j'y ai fait alors plusieurs corrections et additions; mais j'ai vu que je ne pouvais pas le terminer dans la situation incertaine où sont les dépendances des Archives, jusqu'à ce que le Corps législatif ait pris un parti sur le message du mois de pluviôse an 7. J'ai vu, d'ailleurs, que le plan que j'ai suivi n'est pas bon, parce qu'en divisant, comme je l'ai fait, mon discours en trois époques, je suis obligé, toutes les fois que je parle d'un établissement, de rappeler ce que j'en ai dit, quelquefois d'annoncer ce que j'en dirai; de là des répétitions et des longueurs. D'un autre côté, le lecteur ne saisissant pas assez promptement ce qu'il a intérêt de savoir et qui se réduit à deux points : quel dépôt existait? qu'est-il devenu? s'ennuie des détails qu'on lui donne et qui ne vont pas directement à la solution de ce qu'il se propose de savoir. C'est donc un ouvrage à refondre, et voici le plan sur lequel il devra être fait :

Notions générales (sans aucun détail particulier) sur les dépôts existants avant la Révolution, sur leur administration, sur les changements arrivés pendant la Révolution, soit par l'effet de troubles et d'entreprises, soit par des dispositions législatives et administratives. — Ensuite, autant d'articles particuliers que de dépôts dont on aura à parler, et, relativement à chacun de ces dépôts, le titre sous lequel il était connu ; — le lieu où il était établi ; — le gardien à qui il était confié ; — les pièces qu'il renfermait ; — ce qui lui est arrivé pendant la Révolution ; — où il est actuellement ; — à la garde de qui ; — ce qu'il contient de plus ou de moins »).

Je ne me livrerai à aucune discussion préliminaire pour établir combien la conservation des manuscrits importe à l'histoire des peuples et aux intérêts des citoyens ; c'est une vérité trop généralement reconnue par quiconque a seulement étudié les premiers principes des sciences politiques et civiles, et ce n'est point ici le lieu de proposer les éléments de ces sciences aux personnes qui n'en ont acquis aucune idée.

Je ne me livrerai pas non plus aux recherches curieuses qui feraient connaître les moyens que l'on a pris dans les divers âges et chez les peuples divers pour conserver intacts les monuments écrits, les avantages que l'on a puisés dans ces dépôts précieux, les dommages et les pertes que leur dilapidation ou leur destruction ont entraînés. Les détails que le mémoire que j'entreprends exige sont trop nombreux et trop étendus pour me permettre aucune excursion au delà des limites dans lesquelles il est strictement possible de le concentrer. Mon mémoire n'aura donc d'autre introduction que l'exposition des objets que j'ai en vue et du plan que je me propose de suivre.

Avant la Révolution, il existait en France un très-grand nombre de dépôts, soit publics, soit particuliers, de monuments écrits. Peu de personnes pouvaient s'assurer de connaître l'existence de tous, et il en était moins encore qui fussent exactement instruites, soit de ce que chacun de ces dépôts contenait, soit de la manière d'y faire des recherches utiles. Les changements opérés pendant la Révolution sont capables de dérouter absolument les personnes qui étaient alors le plus au fait de ces dépôts, et de rendre fausses presque toutes les indications que donneraient des écrits ou des traditions antérieurs à la Révolution.

Mon but est de remettre sur la voie les personnes qui connaissaient l'ancienne disposition des dépôts, et de leur faire connaître, à eux et aux personnes qui s'adonneront à cette partie des sciences, la disposition des dépôts actuels, les objets qu'on peut y chercher, la manière de les y trouver. Mon plan est, dans une première section, de décrire l'état des choses qui existait en 1789; dans une seconde, d'analyser les lois et de rappeler sommairement les faits qui ont opéré des changements pendant l'intervalle de 1789 à l'an 6; dans une troisième section, d'exposer la situation présente des choses.

Je parlerai seulement des dépôts établis dans le département de la Seine; quoiqu'ils soient, sans contredit, les plus intéressants à connaître, ce ne sont pas les seuls qui méritassent mon attention; mais j'aime mieux ne rien promettre que de manquer à ce que j'aurais témérairement promis; et j'avoue que je ne suis pas assez instruit de ce qui concerne les dépôts des autres départements pour annoncer à cet égard le même travail que j'ai pu faire sur les dépôts du département de la Seine. On trouvera seulement, à la fin de mon mémoire, un court appendice où je recueillerai quelques notes, mais en fort petit nombre, sur les dépôts des autres départements.

SECTION PREMIÈRE.

Des dépôts de monuments écrits qui existaient dans le département de la Seine, et de leur état au 1er janvier 1789.

Les dépôts et les titres dont je vais parler peuvent être distribués en différentes classes :
Titres publics, c'est-à-dire concernant le

général de la nation, existant dans des dépôts publics ;

Titres appartenant à des corps, communautés et sociétés existant dans des dépôts dont les uns étaient librement accessibles au public, et les autres ne s'ouvraient qu'à la volonté des dépositaires ;

Titres qui intéressaient les familles et les particuliers, déposés, soit dans des lieux publics, soit entre les mains d'officiers publics ;

Titres recueillis par des personnes privées dont ils étaient une propriété. Ces titres intéressaient ou le public et la nation, ou seulement des familles particulières et des individus.

Je vais suivre dans l'indication des dépôts cette distribution, mais seulement autant qu'il sera possible. Cette réserve est nécessaire, parce que plusieurs dépôts étaient mixtes, si l'on peut s'exprimer ainsi, et participaient à plusieurs des classes que je viens de distinguer.

1° *Trésor des Chartes*. Dépôt formé par les rois pour la conservation des titres du domaine de la Couronne, des actes importants relatifs aux affaires publiques ; traités de paix et d'alliance, contrats de mariage, testaments et autres actes émanés des princes ou relatifs à leurs personnes.

Ce dépôt, connu de tous les savants, a été regardé avec raison comme extrêmement intéressant pour l'étude de l'histoire, des mœurs et de l'ancienne langue française. L'histoire de sa formation, des travaux qui s'y sont faits, des personnes qui l'ont administré, se lit dans les écrits que je vais indiquer : un article du traité touchant les Droits du roi, par Dupuy, et qui a pour titre : *Du Trésor des Chartres du roy, et de la charge de trésorier et garde dudit trésor, et de ceux qui l'ont exercée, et des inventaires qui en ont été faits.* C'est le dernier article du traité de Dupuy. — *Notice d'un registre de Philippe Auguste, conservé dans la bibliothèque du roi, accompagnée de quelques observations historiques sur les archives du Palais qu'on a nommées, depuis, le Trésor des Chartes*, par l'abbé Sallier, imprimée dans l'histoire de l'Académie des inscriptions et belles-lettres, t. XVI, page 63. — *Mémoire historique sur le Trésor des Chartes et sur son état actuel*, par M. Bonamy, lu à l'Académie des inscriptions et belles-lettres, le 27 juin 1758, imprimé dans ses Mémoires, t. XXX, page 697 ; enfin l'article *Trésor des Chartes*, rédigé par Boucher d'Argis, dans l'Encyclopédie.

Voici quelques observations à ajouter à ce que ces auteurs ont écrit; elles sont relatives, les unes à des faits qu'ils ont omis, les autres à des faits dont il leur était impossible de rendre compte parce qu'ils sont postérieurs à l'époque à laquelle ils ont écrit.

Le surintendant des finances et procureur

Trésor fut régi comme précédemment par le seul procureur général. Indépendamment de l'édit de 1658 qui forme la preuve d'une partie de ces faits, plusieurs écrivains en ont rendu compte (1).

Pour assurer la conservation des titres renfermés dans le Trésor des Chartes, et pour en faciliter l'usage, il était indispensable d'en dresser des inventaires et des répertoires. J'indiquerai ailleurs ceux qui se trouvent actuellement au Trésor; mais il en est plusieurs qui, n'ayant pas été faits pour le Trésor, n'y sont jamais entrés. La plupart sont ou des copies ou des extraits du grand inventaire de Dupuy et de Godefroy. Les nouveaux éditeurs de la Bibliothèque de la France ont donné des notices de quelques-uns; il en existe de semblables dans plusieurs bibliothèques particulières. Il y avait dans la bibliothèque du ministre Bertin 150 volumes in-folio, dont 130 étaient extraits ou copies de pièces du Trésor des Chartes; 18 volumes, inventaires du Trésor; 2 tables et mémoires particuliers (voir un catalogue de vente distribué chez Lami, en l'an V.) Le fonds de ce catalogue est celui de la bibliothèque de Bertin. — Dans la bibliothèque de Brunville, plusieurs extraits et tables. Voy. le catalogue imprimé en 1701.

L'établissement commencé par Daguesseau lorsqu'il était procureur général, augmenté par Guillaume-François Joly de Fleury, son successeur, et dont Bonamy a rendu compte

---

(1) Voyez, entre autres, *Dictionnaire historique de la ville de Paris*, par Hurtault et Magni, au mot *Sainte-Chapelle*, t. II, p. 251.

(tome XXX des Mém. de l'Acad., p. 726), de commissaires chargés d'examiner et d'extraire les registres du Trésor, a subsisté jusqu'à la Révolution. Un arrêt du conseil du 2 mars 1776 avait donné une nouvelle consistance à cet établissement; il avait déterminé l'objet du travail des commissaires, et prescrit leurs obligations. A cette époque, ils étaient au nombre de cinq; on en nomma trois nouveaux : savoir, Gaillard, Gautier de Sibert et Dacier, tous de l'Académie des belles-lettres. Ils devaient travailler conjointement avec deux des anciens commissaires. Quant aux trois autres, l'arrêt ne parle en aucune manière de leur obligation de travailler, et il porte qu'en cas de vacance leurs places ne seront pas remplies. En 1789, Villevault, l'un des anciens commissaires, fut remplacé par Richard de Valanbrun: Coqueley de Chaussepierre était le second des anciens commissaires. Ainsi les commissaires existant en 1789, en activité de travail, étaient Coqueley de Chaussepierre, Richard-Valanbrun, Gauthier-Sibert, Gaillard et Dacier. (V. le mémoire de Bonamy, t. XXX des mémoires de l'Académie, p. 726.) Le résultat de leurs travaux n'avait point été déposé au Trésor. Ils en avaient remis au moins une partie au procureur général.

Lors de la cassation du Parlement de Paris opérée par le chancelier Maupeou, en 1771, oly de Fleury fut contraint à remettre les clefs du Trésor des Chartes entre les mains de..... Joly de Fleury, procureur général près le nouveau tribunal. Il m'a été assuré par le citoyen Desienne, l'un des secrétaires de.....

Joly de Fleury, procureur général, que certaines personnes avaient abusé de la faculté de pénétrer dans le Trésor pour en distraire des objets précieux, tels, entre autres, que des sceaux d'or et d'argent. Il n'y eut aucun procès-verbal dressé, soit lorsque les clefs sortirent des mains de ..... Joly de Fleury, soit lorsqu'elles y rentrèrent.

Ce n'est pas, au reste, seulement au désastre de 1771 qu'on doit attribuer quelque désordre dans le Trésor des Chartes. Un des commissaires au Trésor (le citoyen Dacier) m'a assuré qu'à différentes époques et plus d'une fois des personnes puissantes en intrigue ou en crédit étaient parvenues à faire entrer subrepticement au Trésor des pièces fausses. Elles en demandaient ensuite solennellement des expéditions, dont on n'osait contester l'authenticité, à cause du respect dû au dépôt dont ces pièces sortaient. Dans d'autres occasions, on avait également su faire sortir du Trésor des pièces qui auraient contrarié des prétentions qu'on avait intérêt de soutenir : les inventaires constatent le *défi it* de ces pièces, mais sans pouvoir le réparer. A l'égard des pièces insérées adroitement dans le Trésor, le silence des inventaires était un témoin contre leur authenticité ; mais on affaiblissait le poids du témoignage en alléguant et en exagérant l'imperfection des inventaires.

Il y avait donc des pièces fausses dans le Trésor des Chartes. Le même commissaire que j'ai nommé m'a cité un exemple. Chérin le père avait conçu des suspicions contre certains titres tirés de sacs du Trésor des Chartes. On fit faire l'examen de ces sacs par Foncemagne et quelques autres savants. Ils reconnurent plus de cinquante pièces fausses.

Après la reconstruction d'une partie du Palais-de-Justice à la suite de l'incendie du 10 au 11 janvier 1776, les chartes furent déplacées du local qu'elles occupaient dans le corps de bâtiment de la sacristie de la Sainte-Chapelle, au-dessus de la pièce qui servait de sacristie. On avait construit dans les nouveaux bâtiments, à gauche des salles des requêtes du Palais, au premier étage, deux salles l'une au-dessus de l'autre, dont les planchers inférieur, supérieur et intermédiaire étaient voûtés en pierre. Les murailles intérieures étaient revêtues d'armoires construites avec toute la propreté et la solidité possibles pour la conservation des chartes qui y ont été transportées en 1783. Je tiens du même secrétaire du procureur général que j'ai déjà nommé (Desienne) que, lors du transport, on eut une extrême attention à conserver la même distribution qui était dans l'ancien dépôt. Le nouveau dépôt étant composé, comme l'ancien, de deux chambres l'une sur l'autre, on plaça dans l'étage supérieur du nouveau ce qui était dans l'étage supérieur de l'ancien. Le même ordre fut gardé pour le rangement dans les armoires. Il avait été dressé une description sommaire ou procès-verbal du transport, et le cahier qui la contenait avait été laissé dans le Trésor, mais on ne l'y a point retrouvé. Je joindrai à ce mémoire un plan du local du Trésor des Chartes tel qu'il existait après 1783.

Quant à la distribution des chartes, registres, etc., voici quelle elle était. Les layettes et sacs contenant les pièces relatives aux douze gouvernements qui partageaient la France étaient dans les armoires de la pièce inférieure. Les layettes et sacs contenant les *miscellanea*, dans des armoires pratiquées sous un grand bureau placé au milieu de la salle. Les registres étaient au-dessus des armoires. Le bureau et les tablettes, ménagées dans les embrasures des croisées, étaient couverts des inventaires, de cartons et de coffres dont la plupart contenaient ou des objets auxquels on n'avait assigné aucun ordre particulier, ou des pièces qui, ayant été tirées soit des registres, soit des layettes, n'y avaient pas été replacées. On voyait même quelques-unes de ces pièces déposées dans une espèce de serre-papier, sans être enfermées dans des cartons. Les armoires de la chambre supérieure contenaient une grande quantité de sacs renfermant des pièces dont l'examen, le triage ni l'inventaire n'avaient jamais été faits. Une portion considérable de cette masse était composée des papiers apportés du château de Mercurol en Auvergne par les ordres de Louis XIII.

Les pertes successivement éprouvées par le Trésor des Chartes à diverses époques avaient déterminé à établir l'ordre le plus rigoureux, non-seulement quant au déplacement des pièces, mais même quant à leur communication. Le procureur général avait seul les clefs du trésor : aucune pièce n'était communiquée ni expédiée que sur un ordre spécial du roi. Lors de ces communications, le procureur général confiait momentanément les clefs à un de ses secrétaires. Les grandes occupations de sa charge ne lui permettaient pas de se transporter au dépôt pour le visiter, y faire établir et conserver l'ordre. De là l'interversion des registres et des layettes, le défaut de connaissance exacte du dépôt, qui n'était fréquenté ni par le public ni par le magistrat à la garde duquel il était confié; de là le déplacement d'une multitude de pièces qui, une fois accumulées hors du lieu qui leur appartenait, ne peuvent plus y être rétablies que par un travail long et pénible.

Quant aux inventaires du Trésor, indépendamment de ceux qui existaient dans le Trésor même, il y en avait dans diverses bibliothèques soit des copies, soit des extraits. On peut voir les indications données sur ce sujet dans la *Bibliothèque historique de la France*, édition de De Fontette, n° 29,487 — 29,497, t. III, p. 23.

2° *Dépôts du Parlement*. — Le principal des dépôts du Parlement est celui qui contenait les registres de ses délibérations, les minutes et les expéditions de ses arrêts. Les registres les plus anciens de ce dépôt sont connus sous le nom d'*Olim*. Les premiers datent de 1255. Il n'y avait alors qu'un registre unique pour inscrire tous les actes du Parlement. Dans la suite, les registres ont été distribués en plusieurs classes, dont les plus intéressants pour l'histoire sont ceux des délibérations du Conseil secret ou de l'intérieur de la compagnie, et ceux des ordonnances. On transcrivait dans ces derniers toutes les lois enregistrées au Parlement. De presque tous ces actes, il y avait minutes en papier et expéditions en parchemin. La transcription des registres en parchemin était arriérée, en 1789, d'environ quinze années.

L'immense collection des registres du Parlement était placée, avant 1776, sous le comble de la grande salle du Palais. Les minutes étaient dans une tour dont la hauteur n'était divisée par aucun plancher, mais toute revêtue intérieurement de rayons auxquels on atteignait avec de longues échelles. La reconstruction faite après l'incendie arrivé dans la nuit du 10 au 11 janvier 1776 donna occasion de mettre les locaux qui pouvaient servir aux dépôts dans un bel ordre. La partie la plus remarquable est une longue salle de 70 mètres de long, partagée sur sa longueur en trois berceaux voûtés en briques. L'architecte a trouvé le véritable genre qui convenait et aux places dont il pouvait disposer et aux actes qui devaient y être conservés. On était accoutumé depuis longtemps à tenir un grand ordre dans ces dépôts, journellement ouverts au public et aux magistrats. L'augmentation et la disposition favorable du local ont ajouté à la facilité d'y maintenir l'ordre et de le perfectionner. Voici l'état et la distribution des dépôts du parlement en 1789.

Ils se divisaient d'abord en quatre grandes parties : dépôts civils, dépôts criminels, dépôts des requêtes du palais, dépôts de la chancellerie. Les dépôts criminels se subdivisaient en grand criminel et en petit criminel ; les dépôts civils en conseil commun, conseil secret, plaidoiries et jugés. Dans les dépôts civils et les dépôts criminels, on doit distinguer minutes et registres.

Il y avait, outre les dépôts qui viennent

d'être désignés, des greffes de dépôts, de présentations, d'affirmations, de défauts. Les greffes des dépôts contenaient les productions faites par les parties dans leurs procès ; les objets qui, soit pour l'instruction des procédures tant civiles que criminelles, ou pour toute autre cause, étaient apportés au Parlement. Les pièces et effets contenus dans ces dépôts n'étaient pas, en général, de nature à intéresser l'ordre public. Les productions restaient souvent au greffe après les procès jugés, parce qu'on aimait mieux les y laisser que de payer les épices des arrêts, qu'il aurait fallu acquitter pour les retirer. Elles étaient, partie dans les greffes, partie dans un vaste grenier au-dessus de la grand'chambre. Quant aux greffes de présentation et autres semblables, les actes qui y étaient conservés tenant uniquement à la procédure, ne méritent pas de nous occuper.

Les dépôts civils occupaient trois emplacements : une tour appelée la tour civile ; une galerie de deux étages au-dessus de la galerie dite *des Prisonniers* ; la galerie de 70 mètres de long, formée de trois berceaux de voûte sur toute la largeur et la longueur de la grande salle du Palais.

Dans la galerie de deux étages, étaient au premier étage : les minutes des arrêts dits *Conseil commun*, c'est-à-dire arrêts sur *requêtes*, sur *appointements à maître*, sur *instance* (la première liasse était de 1553, la dernière de 1784) ; au deuxième étage, à droite : les minutes des arrêts d'audience ou sur plaidoiries (la première liasse de 1584, la dernière de 1784) ; à gauche, les minutes des arrêts, dits *jugés*, c'est-à-dire rendus sur rapports dans les différentes chambres des enquêtes (la première liasse de 1547, la dernière de décembre 1784).

Dans un cabinet, à l'extrémité de ce dépôt, les minutes des ordonnances, etc., enregistrées au parlement depuis 1664 jusques et compris 1784 (minutes, c'est-à-dire copies certifiées par les parties qui obtenaient les lettres patentes, ou imprimés servant de minute) ; enfin *Conseil secret*, c'est-à-dire les minutes des procès-verbaux des assemblées de chambres depuis septembre 1636 jusqu'en octobre 1784.

La galerie au-dessus de la grande salle contenait les registres, c'est-à-dire des volumes in-folio en parchemin, dont les uns sont les seuls originaux que l'on possède d'actes du parlement, les autres sont la transcription des minutes dont j'ai parlé précédemment. Chacune des parties de ces registres que je vais décrire était rangée par ordre chronologique.

Le premier berceau contenait 3,296 volumes d'arrêts dits *Conseil commun* : le premier arrêt du 12 novembre 1364, le dernier du 27 octobre 1774, plus les registres des Grands jours, ou séances tenues hors Paris.

Le deuxième berceau contenait quatre volumes dits *Olim*, le premier commençant en 1255 et le deuxième finissant en 1318 ; 242 volumes d'ordonnances enregistrées commençant en 1337 et finissant en mars 1785 ; 217 volumes de Conseil secret, commençant au 12 novembre 1636, finissant en mars 1786 ; 1476 volumes de *jugés*, commençant en 1319 et finissant au mois de septembre 1719 (1).

Le troisième bureau contenait 3,478 registres dont 257 sont intitulés *matinées* ; 3,221, *plaidoiries* ; 122, *après-diners*. Le plus ancien de ces registres commence au 12 novembre 1395, le plus moderne finit au mois de février 1773.

Dans le tiroir d'une des tables étaient 14 minutes d'inventaires faits après le décès de princes et princesses du sang.

Dans la suite de ce grand nombre de volumes, il en manquait environ 72 qui, d'après les renseignements que l'on a pris, devaient être sortis du dépôt plus de quarante ans avant l'époque de 1789.

Dépôts criminels. — Le dépôt du Grand criminel était placé au deuxième étage au-dessus de la chambre dite de *Saint-Louis*. Il contenait tous les registres de la Tournelle criminelle depuis 1515 jusqu'en 1790 ; les minutes d'instructions criminelles depuis à peu près la même époque, les grosses des procès jugés depuis trente années. Une quantité considérable de procès jugés avant 1760 étaient déposés sans ordre dans la tour dite *de la Question*.

Le dépôt du Petit criminel était au 3e étage au-dessus de la Chambre de Saint-Louis et contenait toutes les minutes d'arrêts rendus par la Tournelle depuis 1517 jusqu'en 1784, les sacs des procédures de petit criminel depuis 1775 jusqu'en 1785, différents répertoires

---

(1) Voyez sur le nombre et la composition des registres qui contiennent les ordonnances ce que remarque Blanchard.

et tables d'arrêts; les procédures criminelles instruites par les Conseils supérieurs depuis 1771 jusqu'en 1774.

Le dépôt des requêtes du palais était au-dessus de la Chambre des requêtes. Il contenait les minutes des sentences rendues par cette chambre, registres d'audience, registres de saisies réelles et autres; mais de toutes ces parties, seulement ce qui avait échappé à l'incendie de 1776. Il n'y avait point d'ordre dans ce dépôt.

Le dépôt de la Chancellerie du Palais, placé dans une des salles du couvent des Grands-Augustins, contenait les minutes des lettres de chancellerie, telles que lettres d'émancipation, de récision, etc.

Indépendamment des dépôts établis au Parlement et des registres dont je viens de parler, il avait été établi depuis un certain nombre d'années une autre espèce de Registre que l'on pourrait appeler *historique*, tenu par des commissaires des chambres des enquêtes et gardé par la première chambre. Il était signé par les présidents et membres de cette chambre. On y fixait la mémoire des événements publics auxquels le Parlement était intéressé et celle de la part qu'il y avait prise par ses délibérations.

Plusieurs grandes bibliothèques possédaient des extraits et des tables des registres du Parlement. (Voy. les indications de la Bibliothèque historique de la France, n° 32,236 à 33,304, tome III, p. 255.) Entre les différentes tables, il y en avait deux plus particulièrement estimées, celle qui avait été rédigée par M. Le

Nain et celle qui l'avait été par le président de Mesnières (1).

Les pairs de France avaient au Louvre un dépôt particulier confié aux soins d'un secrétaire général et garde des archives de la Pairie. Il consistait en une bibliothèque composée de livres relatifs à l'histoire générale de France et à l'histoire particulière des familles, registres, cartons, notes et mémoires sur diverses matières relatives aux droits et prétentions des pairs, les titres de quelques rentes dont les pairs jouissaient en commun, montant à environ 1,400 fr., et les comptes annuels de l'emploi tant des arrérages de ces rentes que des autres revenus de la Pairie, qui consistaient dans une contribution annuelle sur chaque pairie pour subvenir aux dépenses communes. Ce dépôt était entre les mains d'Antoine-Louis Delaulne, avocat, nommé secrétaire général et garde des archives de la Pairie en l'année 1772 (2).

3º *Dépôts de la Chambre des Comptes.* — La juridiction de la Chambre des Comptes avait deux objets : la conservation des mouvances de la couronne, et l'emploi des deniers publics. Les registres et titres contenus dans les dépôts de cette chambre se partageaient entre les deux objets. Ils renfermaient des

---

(1) Les principaux recueils qui composaient la bibliothèque de ce magistrat ont passé successivement à Nouveau de Chenevières, conseiller au Parlement, et à Bertin, ministre.

(2) Déclaration de Delaulne entre les mains de l'agent national près le département de Paris du 4 thermidor an 2.

actes de foi et hommage, des aveux et dénombrements et des terriers fort anciens ; tous les comptes de la dépense publique. Les registres de cette chambre portaient le nom particulier de *Mémoriaux*. Ses dépôts avaient essuyé deux grands incendies : l'un en..., dont Pasquier fait mention dans ses *Recherches*; l'autre, arrivé le 27 octobre 1737. Celui-ci consuma trois greffes, deux dépôts des auditeurs, la Chambre du Conseil, celle des procureurs (1).

On peut distribuer en trois classes principales les registres et titres déposés à la Chambre des Comptes :

1re Classe. *Mémoriaux* Ce sont des volumes du même genre que ceux que l'on nomme Registres au Parlement. Ils contiennent les ordonnances enregistrées, les arrêts et autres actes de la chambre.

2° Classe. *Les actes de foi et hommage, aveux et dénombrements, terriers.* On les consultait fréquemment dans le temps du régime féodal, pour établir la consistance des terres et les droits qui en dépendaient.

3° Classe. *Comptes rendus à la Chambre, vus et apurés par elle.* Les volumes de ces comptes étaient en très-grande quantité. Leur nombre s'étant excessivement accru, il n'avait plus été possible de les laisser dans les dépôts de la chambre; on avait loué un emplacement aux Cordeliers pour les y loger.

Il y avait dans les bibliothèques des mêmes

---

(1) *Dictionnaire de la ville de Paris*, par Hurtault, — V. Chambre des Comptes.

personnes que j'ai précédemment indiquées des tables et des extraits des registres de la Chambre des Comptes. Je trouve 26 volumes in-folio de ce genre dans la bibliothèque de Lamoignon, 20 volumes dans celle de Bertin.

Les dépôts de la Chambre des Comptes étaient conservés avec beaucoup de soin. Il n'était donné de communications et d'expéditions des actes et registres que sur un arrêté de la chambre.

Un des membres les plus laborieux de cette chambre, Clément de Boissi, conseiller maître, avait rédigé, dans les dernières années qui ont précédé la Révolution, des tables et des répertoires considérables, d'un usage plus étendu et plus facile que ne l'étaient quelques anciens registres du même genre. Plusieurs extraits des registres se trouvaient dans des bibliothèques indiquées dans la Bibliothèque historique de la France, n° 33,825 à 33,846, tome III, page 291.

Louis XV, ayant acquis la vicomté de Turenne en 1741, avait fait déposer à la Chambre des Comptes les titres trouvés dans les archives de cette seigneurie, mais sans en avoir fait faire alors, au moins à ce qu'il paraît, de triage; de manière que, avec quelques titres utiles, cette masse de papiers contenait une infinité de pièces qui n'étaient d'aucun service.

La Chambre des Comptes de Blois ayant été supprimée par un édit du mois de juillet 1775, ses archives avaient été transportées à la Chambre des Comptes de Paris. Ce dépôt était précieux à raison de la puissance des seigneurs qui avaient possédé successivement le comté de Blois. Il avait été enrichi, dans ce siècle, par l'évêque de Blois, Caumartin, qui y avait remis des manuscrits intéressants sur l'histoire de France; mais en 1711 une inondation de la Loire avait endommagé le dépôt; l'humidité qui en avait été la suite avait rendu plusieurs titres illisibles.

4° *Dépôts de la Cour des Aides.* — L'établissement de cette cour ne datant que de la fin du XIV° siècle, ses dépôts ne renfermaient pas des titres aussi anciens que ceux du Parlement et de la Chambre des Comptes.

Indépendamment des registres des ordonnances et des actes de la cour, on y déposait les états des officiers de la maison royale et des maisons des princes, parce que la Cour des Aides était juge de leurs priviléges.

Il résulte d'un arrêté de cette cour en date du 9 août 1627, qu'à cette époque « les registres étaient fort incomplets à cause de la perte et des dérangements occasionnés par les malheurs des troubles, par les translations de la cour, par la mort des greffiers, et à cause de l'incendie du palais, arrivé en 1618 (1). » Celui qui eut lieu du 10 au 11 janvier 1776 fit un bien plus grand ravage dans les registres de cette cour. On sauva les anciens registres des plaidoiries et quelques autres en petit nombre; mais le reste des papiers du greffe fut consumé par les flammes (2).

---

(1) Préambule mis à la tête des registres rétablis.
(2) Voyez Mémoires pour servir à l'histoire de la Cour des Aides, depuis son origine jusqu'à sa suppression, p. 351.

Pour réparer cette perte, une première déclaration du roi, datée du 11 mars 1776, enjoignit à tous ceux qui jouissaient de droits et priviléges enregistrés à la Cour des Aides de les y rapporter, afin qu'ils y fussent transcrits dans de nouveaux registres. Une seconde déclaration du même jour (1) autorisa les officiers de la Cour des Aides à rechercher les procès-verbaux et arrêtés qui étaient contenus dans les registres des délibérations de la cour, et à en faire des copies en forme de nouvelles expéditions, lesquelles seraient remises au greffe au rang des minutes et à leur date. Le roi fit acheter, à cette même époque, et donna à la Cour des Aides (2) 25 volumes d'un recueil contenant des copies et extraits des registres de la Cour des Aides, lequel est mentionné dans la Bibliothèque historique de la France, n° 33,894, comme ayant appartenu à M. Bernard, et était, à l'époque où le roi en fit l'acquisition, entre les mains de M. Bertin, ministre.

La Cour des Aides nomma plusieurs commissaires pour vaquer au rétablissement de ses registres. Le président Charpentier de Boisgibault et le conseiller Chrestien de Lihas, entre autres, s'y livrèrent avec une ardeur infatigable. Ils firent transcrire avec les plus grandes précautions, et dans un ordre convenable, tout ce qu'ils purent retrouver des anciens monuments de la cour. Les détails et les résultats de leurs travaux sont exposés en tête

---

(1) Voyez Mémoires pour servir à l'histoire, etc., p. 352.
(2) Préambule à la tête des registres rétablis.

d'un premier registre qui contient des ordonnances du XIV° siècle. On fit même un double des parties les plus importantes de ces transcriptions pour le déposer à la bibliothèque particulière de la troisième chambre de la Cour des Aides, qui devint peu après la bibliothèque commune de cette cour.

5° *Dépôts du Châtelet et des autres tribunaux.* — Tous les tribunaux (j'entends parler ici même de ceux qui portaient le nom de Cour, comme la Cour des monnaies, ou le nom de Bureau et de Chambre, comme le Bureau du domaine), avaient leurs greffes et leurs archives particulières. Je n'entre point dans des détails à leur égard. Il faudrait répéter pour tous à peu près les mêmes expressions, et dire que ces dépôts contenaient les actes du tribunal, les lois qui leur étaient adressées, quelques monuments particuliers aux matières dont la connaissance spéciale leur était attribuée. Plusieurs ordonnances avaient fait des dispositions pour assurer le dépôt aux greffes des actes émanés des tribunaux et des juges (1).

Dans le nombre considérable de ces tribunaux, je distinguerai seulement le Châtelet. A raison de l'ancienneté de cette juridiction, ses dépôts renfermaient quelques monuments anciens. C'était là où l'on conservait les actes relatifs à l'état civil des citoyens, registres de naissances, de mariages et de morts. On y possédait aussi les statuts des communautés

---

(1) Voyez les ordonnances citées, ainsi que les arrêtés qui en ont assuré l'exécution, dans la Collection de Jurisprudence, édition de Camus et Bayard. (V. *Greffe et Greffiers*).

d'arts et métiers, ainsi que ce qui concernait leur administration (1).

Il est à remarquer à l'égard du Bureau des finances et Chambre du domaine que c'était là qu'on déposait les papiers envoyés des provinces à Paris par les voitures publiques, lorsqu'il s'était écoulé un certain nombre d'années sans que personne les réclamât.

Le Grand Conseil avait son dépôt et ses registres au Louvre, dans le lieu où il tenait ses séances, à l'époque de 1789. Lambert, un de ses membres les plus distingués dans ces derniers temps, avait fait pour son usage un extrait des registres du Grand Conseil, qui comprenait... volumes in-4°. Il était, en 1789, entre les mains de son fils, alors contrôleur général.

Les papiers de la Prévôté de l'Hôtel, tribunal dépendant du Grand Conseil, étaient dans les salles du Louvre, près le jardin de l'infante, où le tribunal s'assemblait. On les trouva dans un très-mauvais ordre lorsqu'ils furent visités après la suppression du tribunal.

6° *Dépôt des actes émanés du gouvernement.* — Les actes du gouvernement sont de deux classes différentes. Les uns tiennent aux opérations judiciaires, les autres aux opérations administratives.

---

(1) Dans le catalogue du procureur du roi de Flandres de Brunville, imprimé en 1791, on trouve (p. 15 des manuscrits) l'indication de plusieurs registres du Châtelet avec cette note, que plusieurs volumes de la collection indiquée manquent au greffe du Châtelet, et que la collection des registres du Châtelet est plus rare que celle des registres du Parlement.

Dans la première classe étaient les dépôts du Conseil des parties et des Commissions extraordinaires.

Le dépôt des minutes du Conseil privé, confié à la garde de... Laurent, était, depuis plusieurs années, établi à Sainte-Croix-de-la-Bretonnerie. Il remontait à l'année 1598. Le service du Conseil privé était fait par quatre greffiers, qui conservaient entre leurs mains, pendant leur vie, les minutes des décisions rendues pendant les mois de leur exercice. A leur mort, ou en cas de démission, ces minutes étaient remises au dépôt. Le dépôt était bien tenu. On y avait commencé un répertoire qui contenait déjà 19 volumes in-f°.

Le dépôt des greffes des Commissions extraordinaires du Conseil était au Louvre entre les mains de.....

Le dépôt du Conseil des dépêches et des Bureaux des ministres était confié à... Lemaire. Il avait été d'abord aux Grands-Augustins; depuis il avait été transporté aux Petits-Pères.

Le premier dépôt de la seconde classe était celui du Conseil d'Etat. Il renfermait les actes les plus importants relatifs à l'administration intérieure du royaume. Il avait été établi au Louvre sous la surveillance de deux gardes par un édit d'avril 1716. Le préambule de l'édit expose l'ancien état des dépôts des Conseils, ordonne que « toutes les anciennes minutes des comptes, arrêts, résultats et autres expéditions des conseils du roi seront remis entre les mains des deux secrétaires du Conseil des finances, établis par déclaration du 15 septembre précédent; qu'il sera destiné pour la conservation de ces minutes un logement dans le Louvre, où les secrétaires les feront remettre par ordre. » Les comptes, arrêts, résultats et autres expéditions du Conseil devaient, à l'avenir, être également remis dans le dépôt trois mois après le décès, démission ou résignation des secrétaires ordinaires de quartier et des greffiers des Commissions extraordinaires.

Un arrêt du Conseil du 6 juin 1716 ordonna que les papiers seraient transportés au Louvre. Cet arrêt fut exécuté, et le dépôt fut fixé au Louvre.

Treize salles ou chambres remplies de papiers composaient ce dépôt. Elles contenaient :

Des arrêtés du conseil sur des affaires de toute nature, depuis la fin du règne de Henri III jusqu'à l'an 1782;

Les actes concernant les biens des religionnaires fugitifs;

Des déclarations des engagistes et usufruitiers des domaines; rôles des taxes imposées sur eux;

Titres concernant les biens des maladreries et hôpitaux;

Etats des domaines et bois;

Actes émanés de diverses commissions, entre autres de la Commission des francs-fiefs, de la chambre de l'Arsenal et de la chambre Ardente;

Les déclarations faites par les possesseurs des biens ecclésiastiques aliénés depuis 1556;

Plusieurs pièces relatives à la confection des terriers du domaine, entre autres 200 volumes et plus contenant la réformation du domaine de Bretagne.

Ce dépôt était, en 1789, entre les mains de Coqueley de Chaussepierre et Boyetet des Bordes ; Cheyré était leur commis. Il n'était nullement en ordre en 1789 ; une quantité de papiers inutiles l'encombraient ; il n'y avait ni répertoire ni inventaire.

Le dépôt des titres de la Lorraine était une dépendance ou plutôt un démembrement de ce dépôt. Il avait été établi par un arrêt du Conseil du 22 septembre 1766, portant que les minutes, registres et papiers qui étaient dans les greffes du conseil de Lorraine et qui n'avaient pas pu être répartis dans des dépôts déjà établis, seraient remis entre les mains du sieur Cochin, qui en était établi gardien et dépositaire, et qui s'en chargerait sur inventaire. Le même arrêt avait ordonné que ces minutes seraient déposées au Louvre dans un logement convenable. Mais cette disposition n'ayant pas pu avoir d'exécution pour le moment, le dépôt fut établi dans la maison du sieur Cochin, rue Hautefeuille, et il y était encore en 1789, gardé par le fils du premier dépositaire. Les plus anciens titres de ce dépôt remontaient à l'année 1580.

Les actes relatifs à l'administration autres que ceux déposés au Louvre, à la garde des sieurs................ restaient à la garde des secrétaires d'État, et les uns demeuraient dans l'hôtel même des secrétaires d'État : par exemple, le dépôt des papiers relatifs aux affaires étrangères, tels que traités, négociations, etc. Le directeur du dépôt était Semonin. On pouvait regarder comme un appendice de ce dépôt, une collection des lois étrangères sur le commerce et des tarifs qui ont lieu chez les diverses nations de l'Europe pour les droits d'entrée et de sortie. Les autres étaient hors de ces hôtels, mais sous la surveillance et la dépendance du secrétaire d'État.

Le dépôt du secrétaire d'État de la maison du roi était au Louvre, confié à la garde du citoyen Leschevin.

Celui du secrétaire d'État de la Guerre, à l'hôtel de la guerre à Versailles, sous la direction du lieutenant général de Vault et de Saint-Hilaire, premier commis.

Le dépôt du secrétaire d'État de la Maison du roi était composé de deux parties. L'une, qui contenait les minutes des provinces du département, était sous la garde de Lemaire, aux Grands-Augustins. L'autre, concernant la Maison du roi et quelques autres objets qui vont être indiqués, était au Louvre, à la garde de Leschevin de Précourt (1).

La première division du dépôt de Leschevin avait pour objet la Maison du roi proprement dite ; la seconde, l'administration de la ville de Paris et les généralités de Soissons, Orléans, Poitiers, Limoges, la Rochelle, qui étaient des dépendances du ministère chargé de la Maison du roi.

D'après un travail fait en 1784 et 1785, sous le ministère de Breteuil, pour établir l'ordre dans le dépôt, les principales matières auxquelles les pièces conservées avaient rapport, étaient : les Académies, le clergé, les chasses, les colléges, les universités, les juifs, la mendicité,

---

(1) Où étaient les registres des secrétaires d'État que le bureau du triage a examinés ?

les calamités publiques, les médailles, les officiers municipaux, les protestants, les spectacles, le cérémonial de la Cour, les officiers et les offices de la Cour, les tribunaux, la police de Paris, les maisons de force, les lettres de cachet.

Il s'y trouvait aussi quelques pièces concernant le Trésor des Chartes (vraisemblablement des demandes et des ordres relatifs à des communications de pièces), des contrats de mariage, des testaments des rois et des princes, le plus grand nombre non en originaux, mais seulement en expéditions.

Le total du dépôt était déclaré former environ 3,000 cartons et huit à neuf cent registres, y compris 40 volumes d'arrêts du Conseil de 1717 à 1789.

Dans ce nombre de papiers, une multitude était parfaitement inutile, tels que des états de la Chambre et de la bouche du roi et des princes ; des actes qui ne concernaient que l'intérêt particulier et passager des officiers de la maison. Les parties qui présentaient quelque intérêt comme capables de fournir quelques anecdotes à l'histoire de la cour et de la ville, étaient les rapports de la police, les ordres arbitraires, les papiers relatifs aux maisons de force, les décisions concernant les grâces, dont les objets et les motifs présentent souvent des détails curieux ; les comptes de toutes les dépenses du garde-meuble de la Couronne et des diverses parties de la dépense du roi et de sa maison ; les actes administratifs relatifs tant au clergé qu'aux provinces qui étaient dans les attributions du secrétaire d'État ayant le département de la Maison du roi.

Le classement des papiers renfermés dans le dépôt était très-imparfait et il n'en existait aucun répertoire. Pour suppléer à ce défaut d'ordre, on était dans l'usage de confier la garde du dépôt à des personnes qui, ayant travaillé pendant longtemps dans les bureaux du secrétaire d'Etat de la Maison du roi, devinaient à peu près ce qui devait être dans le dépôt et le lieu où pouvaient se trouver les pièces que l'on cherchait. Cet usage s'opposait, d'un autre côté, aux travaux qui auraient été nécessaires pour établir l'ordre. Un vieillard, qui regardait la place qu'on lui avait accordée comme une récompense et une retraite, était peu tenté d'entreprendre des travaux longs et fastidieux. Ainsi Augustin Leschevin, employé dès 1747 dans les bureaux du contrôle de la Maison du roi, retiré en 1786 avec une pension de 2,400 fr., avait obtenu en 1788 la garde du dépôt, en échange de sa pension de retraite; il était encore dépositaire en 1789. Son prédécesseur avait proposé quelques moyens pour dresser des répertoires et perfectionner le classement. On lui avait accordé deux commis pour l'aider dans ce travail qui, cependant, n'était point du tout avancé en 1789, particulièrement à raison de ce que les deux commis avaient été forcés de suspendre leur travail pendant plus d'un an, pour se livrer à la vérification (c'est le terme que Leschevin a employé dans ses mémoires) de l'ouvrage de quinze expéditionnaires et plus, que la Cour des Aides avait obtenu la permission d'envoyer dans le dépôt pour tirer des copies, tant des édits par elle enregistrés que des états de la Maison du roi et des princes, et remplacer ainsi les minutes qu'elle avait perdues dans l'incendie du Palais. Tout le travail fait consistait dans une division générale des masses, et la rédaction des bulletins des décisions du roi, à classer par ordre alphabétique pour en composer un répertoire.

Les archives de la Grande Chancellerie étaient dans le couvent des Célestins.

Les principaux objets qu'elles contenaient étaient une suite de règlements fort anciens sur les fonctions des officiers de la chancellerie; des expéditions de lois qui n'étaient enregistrées qu'à l'audience du sceau; une collection complète des minutes des provisions d'offices depuis 1675 jusqu'en 1790; la suite des comptes rendus par les trésoriers de la compagnie des Secrétaires du roi relativement aux emprunts qu'elle avait faits pour le compte du gouvernement. Ces pièces étaient sous la garde du sieur Beaumont, archiviste des secrétaires du roi.

On pouvait regarder comme des dépôts dépendant de la Grande Chancellerie : celui des Grands-Audienciers, situé au couvent des Petits-Pères; il comprenait les transcriptions de lois, de provisions et de lettres enregistrées en l'audience du sceau; ces registres commençaient en 1535; celui des Rôles, qui comprenait les registres où étaient transcrits les états de tous les offices, les oppositions faites au sceau de leurs provisions, et l'enregistrement de ces mêmes provisions; les registres, depuis 1697 jusqu'en 1780, étaient déposés aux Cordeliers. Les registres postérieurs étaient dans les bureaux des gardes-rôles. Le troisième dépôt était celui des Conservateurs des hypothèques sur les rentes. Il renfermait les registres relatifs aux oppositions faites au sceau des lettres de ratification pour la vente des rentes sur l'Etat. — Il y avait encore un quatrième dépôt dépendant de la Chancellerie, celui des Grands-Audienciers, formé des registres contenant les expéditions tant des provisions que des lois enregistrées à l'audience du sceau. Ces registres, commençant à 1535, formaient soixante-quatre volumes ; ils étaient déposés au couvent des Petits-Pères.

Ces dépôts, conservés hors de l'hôtel du chancelier de France, n'empêchaient pas qu'il n'y eût encore dans cet hôtel deux dépôts considérables. L'un appartenait à la Chancellerie proprement dite ; il était relatif à toutes les affaires qui se traitaient par le chancelier ou le garde des sceaux. L'autre était relatif aux affaires de la librairie, dont on sait que le chancelier ou le garde des sceaux avait la surintendance. Ce dernier dépôt rappelle celui de la chambre syndicale de Paris, où se conservaient aussi beaucoup de rapports et de décisions sur cette partie.

Les papiers relatifs aux finances étaient conservés, les uns au Contrôle général, les autres au Trésor royal.

On conservait au Contrôle général, dans le bureau du citoyen de Villiers du Terrage, les minutes des édits, déclarations et lettres patentes rendues en finances depuis 1715 ; au Bureau des dépêches, les minutes des décisions du roi sur les mémoires qui lui étaient présentés en matière de finance pour obtenir ce que l'on appelait grâces, pensions, gratifications, etc. Celles de ces minutes dont l'objet n'exigeait pas qu'on l'ensevelît absolument dans le secret étaient transcrites dans des volumes reliés intitulés : *Décisions du roi* et *Mémoires du roi*. Les premières expéditions qui s'y trouvaient dataient de 1730. J'ai vu une copie de ces mêmes décisions : elle était moins ample quant au nombre des années, ne commençant qu'en 1767 ; elle l'était davantage quant aux objets contenus; la première copie ne contenant que les décisions du roi, la deuxième copie comprenant, outre les décisions du roi, les décisions ministérielles.

On conservait au Trésor royal les pièces qui avaient un rapport plus spécial à l'administration journalière, tels que des états et des comptes. J'y ai vu à cette époque de grands volumes écrits à la main qu'on appelait les *Livres du roi*. C'étaient des registres contenant, pour chaque mois, un état de la dépense faite dans le mois précédent, et un état de la dépense à faire dans le mois où l'on entrait. Ils remontaient au règne de Louis XIV. J'en ai vu plusieurs apostillés et signés de sa main. Ceux du règne de Louis XV étaient arrêtés quelquefois de la main du roi, quelquefois de la main d'un ministre, mais ils étaient toujours signés par le roi. A l'époque de la mort de Louis XV, ils étaient arriérés de quatre ans. Dans la suite, on avait absolument cessé de les tenir. Une des choses remarquables dans la partie de ces livres qui comprenait les dernières années du XVIIe siècle, était la beauté singulière de l'écriture. Elle était de la main du célèbre Jarri.

Il y avait encore un autre dépôt de papiers relatifs à l'administration du domaine qui était établi aux Petits-Pères. Mais depuis 1784 on avait négligé d'y porter de nouveaux papiers ; ils étaient demeurés dans les bureaux de Cyalis de Lavaud, premier commis des domaines.

Un nouveau dépôt avait été formé, en exécution d'un arrêt du Conseil du 31 octobre 1759, pour contenir le recueil des lois propres à éclairer les différents objets de l'administration publique ; il était sous la direction du ministre des finances, et sous la garde de Moreau, depuis historiographe de France. Bertin, ministre de....., fut un des principaux protecteurs de cet établissement. Moreau l'en appelle même le créateur dans un écrit dont je parlerai un peu plus loin.

En 1768, Louis XV donna des ordres pour former également un dépôt d'histoire et de droit public, qui, « renfermant les doubles des inventaires de toutes les archives royales... et des copies de tous les monuments que le roi faisait rechercher et recueillir dans les chartriers des églises et des particuliers, pût fournir aux savants tous les moyens qui leur manquent d'ajouter à leurs connaissances, et procurer les matériaux d'une collection plus précieuse et plus utile pour la France que ne l'est celle de Rymer pour l'Angleterre. »

Par un arrêt du conseil du 3 mars 1781, ces deux dépôts de législation et d'histoire furent réunis et placés sous la direction du chancelier ou garde des sceaux de France pour former un seul cabinet qui, sous le nom de *Bibliothèque et dépôt de législation, histoire et droit public*, serait et demeurerait à perpétuité attaché à la chancellerie de France. Moreau fut conservé dans la garde de cette bibliothèque et dépôt, et chargé de la correspondance qu'exigeaient leur entretien, leur accroissement et tous les travaux littéraires dont le cabinet devait se trouver le centre. La partie relative à la législation avait été transportée dans un local particulier de la Bibliothèque alors Royale. La partie relative à l'histoire et aux chartes fut déposée dans une maison, place Vendôme, où le garde était lui-même logé. Dans la suite, le dépôt de législation fut transféré dans la même maison.

L'arrêt du Conseil du 3 mars 1781 contient plusieurs dispositions sur les moyens à employer pour accroître le dépôt et le rendre utile.

Moreau a publié deux écrits qui font connaître plus particulièrement les vues que l'on avait en formant ce dépôt, les objets qu'il comprenait, ceux qu'il devait comprendre, et les avantages qu'on se flattait d'en retirer. Le premier écrit a été publié en 1782 sous le titre de : *Plan des travaux littéraires ordonnés par Sa Majesté pour la recherche, la collection et l'emploi des monuments de l'histoire et du droit public de la monarchie française* (80 pp. et 22 d'Appendice in-8º); le deuxième, en 1788, sous le titre de : *Progrès des travaux littéraires ordonnés par Sa Majesté relatifs à la législation, à l'histoire et au droit public de la monarchie française*. Le plan général était, comme on l'a déjà vu, de publier une collection d'actes qui fût pour la France ce que celle de Rymer est pour l'Angleterre et qui la surpassât même pour la richesse et l'exactitude. Le Rymer français devait contenir, dans l'ordre chronologique, la suite de tous les diplômes et de toutes les chartes, soit des rois, soit des princes, soit des grands, qui, dans tous les siècles de la monarchie, avaient eu part au gouvernement des différentes provinces du royaume. On devait y joindre les bulles et brefs des papes, les lettres anecdotes de tous les seigneurs laïques et ecclésiastiques. On se proposait en même temps de donner, par suite du catalogue, dont Bréquigny a publié les premiers volumes, des chartes déjà imprimées, de donner un catalogue de toutes celles qui n'ont pas encore vu le jour, avec l'indication du lieu où chaque titre original se trouve ; et en 1782 on avait déjà 7,000 notices faites.

Pour remplir ces vues on employait nombre de correspondants, choisis la plupart dans les congrégations religieuses de Saint-Maur et de Saint-Vannes. Il leur était recommandé : 1° de faire connaître tous les chartriers et dépôts de l'arrondissement dans lequel ils étaient chargés de faire des recherches ; 2° de faire le dépouillement successif de tous ces chartriers ; de dresser des notices des chartes et autres pièces intéressantes qui se trouveraient dans les chartriers appartenant au roi, mais de transcrire en entier celles qui se trouveraient dans les archives appartenant aux églises, monastères, communautés et particuliers. On faisait aussi dépouiller les cartulaires qui étaient en grand nombre dans la Bibliothèque du roi, et on faisait copier de ces cartulaires toutes les pièces qui avaient quelque rapport à l'histoire et au droit public de France.

Dès 1782 on annonçait que le cabinet se trouvait possesseur d'environ 30,000 copies de monuments anciens dont la plus grande partie avait été inconnue à nos historiographes ; en 1787 on parlait de plus de 2,000 pièces ajoutées depuis 1786, dont plusieurs remontaient aux VII° et VIII° siècles.

Il résulte de ce qui vient d'être dit que le dépôt de Moreau ne contenait point de titres originaux, mais seulement des copies ou des extraits (1) ; que l'on employait des moyens efficaces pour connaître tous les monuments écrits qui existaient dans les dépôts de titres, et que l'on travaillait, par des notices, des inventaires et des répertoires, à les rendre utiles. C'était l'ensemble de la réunion et les répertoires qui faisaient la seule importance du dépôt. On donnait aux savants la facilité de connaître les originaux et la possibilité d'y recourir ; sans doute ils n'auraient pas consenti à prendre de simples copies ou des extraits pour base de leurs travaux. On ne

---

(1) Voici ce qu'il contenait, selon le rapport de Le Brun sur l'état des dépenses de 1789, p 95 : « Des collections d'édits, de déclarations, d'arrêts, des registres de quelques tribunaux, des monuments de l'administration de Colbert, une partie de la bibliothèque de M. de Sainte Palaye, des copies de chartes, de bulles, etc, relatives à notre histoire, tirées de celle du Vatican et des chartriers des monastères. »

doit pas se dissimuler, d'ailleurs, que les principes bien connus du garde du dépôt inspiraient de la méfiance relativement aux travaux qui s'exécutaient sous sa direction. Il était diffamé, même dans l'ancien régime, comme un défenseur trop adroit du despotisme et un vil flatteur des despotes.

Il y a dans les comptes rendus par Moreau, sur le travail dont il était chargé, quelques faits particuliers qu'il ne faut pas laisser perdre.

Le ministre Bertin avait fait faire, à ses frais, une très-belle copie du plus complet des registres de Philippe-Auguste, qui se trouve à la Bibliothèque du roi ; on y avait joint, par supplément, toutes les pièces que les autres pouvaient contenir et qui ne se trouvaient pas dans celui qui avait été choisi pour la base du travail. (Voyez Plan des travaux, p. 46 et 47.) Ce volume ne paraît pas désigné dans le catalogue des manuscrits de Bertin dont je parlerai.

Denis-François Secousse, connu par ses travaux sur les lois et sur l'histoire de la France, étant mort le 15 mars 1754, sa bibliothèque fut vendue en détail. Sainte-Palaye en avait acheté une partie précieuse qu'il réunit à une foule d'extraits, de mémoires, d'inventaires et de manuscrits de toute espèce dont il était déjà en possession. Le dépôt de Sainte-Palaye a été cédé au roi et a fait partie de celui de Moreau. On a fait avec Paulmi des échanges d'anciennes poésies pour lesquelles il a donné des objets plus convenables au cabinet Moreau. (Voyez Plan des travaux, p. 50 et suivantes.)

Le Glossaire français, commencé par Sainte-Palaye, était continué, en 1782, par Mouchet, sous la direction de Bréquigny. (Voyez Plan des travaux, p. 75.) Il n'était pas fort avancé en 1789. (Voyez Rapport de Le Brun sur les dépenses, p. 97.) J'aurai l'occasion de parler de cet ouvrage important en rendant compte de l'état actuel des dépôts.

Feudrix de Bréquigny avait été envoyé à Londres, en 1764, pour rechercher dans les dépôts de cette ville, l'Echiquier, la Bibliothèque britannique, la Tour, les actes et notes qui pouvaient intéresser l'histoire de France, particulièrement celle des provinces qui ont été pendant quelque temps sous la domination des Anglais. Il y fit une moisson très-abondante, ainsi qu'on peut le voir dans le mémoire qu'il lut publiquement à la rentrée de l'Académie des belles-lettres, séance de la Saint-Martin, 1766. (Voyez Mémoires de l'Académie, t. XXXVII, p. 528.) Son cabinet contenait environ 40 cartons, remplis par les copies qu'il avait faites dans les dépôts de Londres (1).

Bréquigny étant mort le ..., les copies qu'il avait fait tirer des originaux renfermés à la Tour de Londres ont été remises à la Bibliothèque nationale. Elles sont contenues dans 44 cartons. La remise et le dépôt ont été constatés par un procès-verbal inscrit sur le registre du Conservatoire de la Bibliothèque, à la date du 29 vendémiaire an V.

---

(1) Voyez Lettre de Bréquigny à l'agent national du district près le département de Paris, en date du 5 thermidor an 2.

Il ne faut pas oublier de compter au nombre des dépôts publics qui renferment des titres, des chartes et autres monuments écrits, la Bibliothèque aujourd'hui Nationale, alors Royale. Parmi les manuscrits nombreux qui y sont rassemblés, il y a beaucoup de registres, cartulaires et portefeuilles qui renferment des titres, les uns originaux, les autres transcrits ou extraits. Cette grande collection est le résultat de plusieurs collections particulières, fruit des recherches et des travaux d'hommes savants et laborieux, ou de riches amateurs de notre histoire. De ce genre sont les collections de Dupuy, de Brienne, de Colbert, etc. Je me dispense d'entrer dans les détails, parce qu'on les trouve exposés dans l'Essai historique sur la Bibliothèque du roi, imprimé en 1782, p. 155 et suivantes. Je me borne à deux observations :

1° Il est peu de cabinets connus pour contenir des actes importants à l'histoire et à l'administration de la France qui, soit vers la fin du siècle dernier, soit dans le cours de celui-ci, jusqu'à l'époque de la Révolution, n'aient passé à la Bibliothèque alors Royale. Si les premiers propriétaires de ces cabinets étaient trop attachés aux fruits de leurs travaux pour les aliéner de leur vivant, leurs héritiers, après eux, plus curieux d'argent que de papiers, s'empressaient de les offrir au Gouvernement. Quelquefois le Gouvernement a forcé la vente, à son profit, pour empêcher que des titres importants ne sortissent de France : mais quelquefois aussi, des intrigants ont fait une affaire de spéculation de rassembler de vieux parchemins pour les vendre au roi. Le crédit donnait à ces paperasses une valeur qu'elles n'avaient pas.

2° Les collections rassemblées dans la Bibliothèque nationale sont, en quelque manière, le supplément de toutes les archives et chartriers. Les pièces les plus importantes qui se trouvent à la Bibliothèque nationale sont des registres ou des actes qui, étant sortis par des événements quelconques des dépôts auxquels ils appartenaient, ont été recueillis par des hommes curieux et actifs. Peut-être aurait-il été convenable de les rétablir dans les dépôts auxquels ils appartenaient. Peut-être une partie a-t-elle été mieux conservée à la Bibliothèque qu'elle ne l'aurait été ailleurs. Quoi qu'il en soit, il faut être averti que les lacunes qui se trouvent dans beaucoup de dépôts peuvent souvent être réparées en fouillant dans les collections de la Bibliothèque nationale.

Tous ces dépôts, confiés à des gardes particuliers, étaient, dans la réalité, des démembrements du *Trésor des Chartes*; les actes que l'on y renfermait étaient, au moins quant aux plus importants, des actes de la même nature que ceux qui étaient portés anciennement au Trésor des Chartes. Mais les ministres avaient trouvé plus commode de les conserver sous leurs mains.

C'est ainsi que les établissements formés avec le plus grand soin et une haute sagesse pour la conservation des actes publics sont exposés à perdre leur utilité et quelquefois même leur existence. On diffère d'y porter les actes tant que l'on croit en avoir besoin, parce qu'après leur entrée dans le dépôt il devient plus difficile de les avoir à sa disposition. Les personnes employées en sous-ordre pour les garder ne sont nullement empressées de les remettre, par la crainte de voir leur place supprimée si leur dépôt cessait, par le déplacement des papiers, d'avoir une apparence d'intérêt. Peu à peu, le dépôt prend une consistance, et ce qui n'était qu'une garde momentanée de titres récents pour la suite des affaires, devient un établissement fixe au préjudice du dépôt légal que l'on oublie. Les précautions prises pour assurer la conservation des actes publics deviennent alors illusoires ; elles s'appliquent à des dépôts qu'on laisse vides, et les lieux où les actes existent réellement ne sont point sous la garantie et la sauvegarde du législateur qui, n'ayant pas connu leur formation, ne leur a donné aucune loi.

Voilà ce que j'avais à dire sur la 1re classe des dépôts : Dépôts publics renfermant des titres publics.

Je passe à une seconde classe :

Dépôts de monuments écrits dont une partie, au moins, étaient de nature à intéresser le public, mais qui appartenaient à des corps, communautés, et sociétés.

Eckard remarque, dans son *Introduction à la diplomatique*, que dans les grandes villes il y avait trois dépôts de titres, *tabularia* : celui de l'évêque, celui du comte et celui de la commune (1).

Les suites de ces établissements primitifs se sont aperçues jusque dans les temps qui ont immédiatement précédé la Révolution. Tous les dépôts dont j'ai rendu compte jusqu'à ce moment peuvent être regardés comme dépendant du prince qui exerçait la souveraineté; ceux dont je vais parler dépendaient des ecclésiastiques. La 3e classe pourra être regardée comme les dépôts des titres de la commune, *universitatis*.

Le chapitre de l'Eglise de Paris avait son trésor ou chartrier qui dut être, dans les premiers temps, celui de l'évêque. Après la séparation des manses, le chartrier dut être divisé, mais les archives du chapitre paraissent avoir été conservées avec une attention plus soutenue que celles de l'archevêché, et elles contenaient des titres plus anciens. Il y régnait le plus grand ordre. Les titres étaient en grand nombre, la plupart relatifs à la consistance et aux droits des terres et seigneuries possédées par l'Eglise de Paris. Les papiers relatifs à la censive de l'archevêché, des terriers, des plans topographiques levés et dessinés avec le plus grand soin, remplissaient pareillement la majeure partie du chartrier de l'Archevêché.

Les grands monastères de Paris, Saint-Germain-des-Prés, Saint-Martin-des-Champs, Saint-Victor, etc., avaient entretenu leurs an-

---

(1) Sect. 1, chap. 1, § 19. Je rends par le mot *commune* l'expression *universitas* employée par Eckard.

ciens dépôts. Il n'est pas nécessaire d'observer qu'il devait se trouver une différence entre l'importance et la conservation des titres, selon que les maisons étaient plus anciennes, plus considérables, et avaient été la retraite de personnes plus ou moins adonnées aux sciences.

Au prieuré de Saint-Martin, il y avait une collection particulière de titres, commencés vers 1738 par D. Pernot, continuée par DD. Clamoux, Martin, Henriot et Praval. Elle était formée de titres recueillis de toutes parts, et singulièrement de pièces propres à établir des généalogies.

Les chartriers des maisons de filles ne présentaient pas un aussi bel ordre. Ceux de Saint-Antoine, de Panthemont et de Montmartre sont, à peu près, les seuls qui méritent d'être nommés.

L'abbaye de Saint-Denis étant dans le département de la Seine, c'est le lieu d'en faire mention. Il (sic) avait été mis en ordre depuis peu d'années par D. Poirier et D... Tout y était bien étiqueté et bien classé : l'entrée en était fermée par une porte de fer.

Les titres conservés avec le plus de précaution étaient ceux de l'Université de Paris. Les principaux étaient renfermés dans une forte armoire de chêne, environnée de plusieurs barres de fer et garnie de cinq serrures dont les clefs étaient déposées entre les mains du recteur de l'université et du procureur de chacune des Quatre-Nations de cette compagnie. Un coffre fermé avec les mêmes précautions renfermait d'autres titres. Il existait d'ailleurs plusieurs liasses et plusieurs layettes de papiers. Tous ces objets étaient déposés au collége Louis-le-Grand, rue Saint-Jacques. Il paraît qu'on ouvrait rarement cette armoire, et il devait effectivement être peu nécessaire d'y fouiller, depuis que Duboulay avait fait imprimer en... dans son Histoire de l'Université la plupart des anciens titres de cet établissement.

On prétend que Duboulay, qui écrivit dans le siècle dernier l'histoire de l'Université, emporta pour cet objet beaucoup de titres qui n'avaient jamais été rétablis dans les archives, et Crevier (1) reproche à l'Université de n'avoir jamais pris le soin convenable de ce dépôt. Cependant il existait un inventaire en 6 vol in-folio qui paraît avoir été dressé sous le rectorat de Piat et qui finit en 1740.

Les Nations, au nombre de quatre, et sous la dénomination desquelles les membres de l'Université étaient classés, avaient leurs archives particulières. Les lettres patentes de 1763 en ordonnèrent le transport au collége de Louis-le-Grand, et l'exécution eut lieu de la part des nations de France et d'Allemagne. Quant aux archives de la nation de Picardie et de la nation de Normandie, les premières étaient demeurées dans une maison qui lui appartenait rue du Fouarre, les autres au collége d'Harcourt. La faculté de théologie avait ses archives déposées dans une maison rue des Noyers, la faculté de droit, aux écoles de droit, place Sainte-Geneviève ; la faculté de médecine les avait dans deux maisons qui lui

---

(1) *Histoire de l'Université.*

appartenaient, l'une rue Saint-Jean-de-Beauvais, l'autre rue de la Bûcherie.

Quant aux titres particuliers des petits colléges de Paris, ils avaient été transportés au collége de Louis-le-Grand lors de la réunion des bourses de ces colléges en 17... Ils avaient été mis dans un bel ordre par le citoyen Reboul, archiviste de ce collége.

Des archives ecclésiastiques, établies à Paris dans un temps plus moderne, étaient celles du clergé de France. Le dépôt était au couvent des Grands-Augustins. On avait commencé à le former en ..... On s'attachait à y recueillir spécialement ce qui concernait l'administration temporelle du clergé de France relativement aux dons gratuits qu'il accordait au roi ; mais on ne négligeait pas non plus d'autres objets qui pouvaient intéresser le clergé en corps, même sous le rapport du spirituel. L'usage du clergé étant de faire imprimer les procès-verbaux de ses assemblées et les rapports qui y étaient faits par ses agents, le tout avec les pièces justificatives, on était moins fréquemment dans le cas de compulser ses archives. Elles étaient confiées en 1789 à la garde de ..... Duchesne.

Les archives du Temple étaient particulières aux commanderies qui formaient, pour ainsi dire, le patrimoine du grand prieuré de France (1) et qui, au nombre de 52, étaient réparties dans la France, la Flandre autrichienne et la Hollande. La partie la plus con-

---

(1) Voyez compte rendu par le Bureau du triage des titres, le 12 ventôse an 5.

sidérable des titres des commanderies était rangée dans des layettes; il restait plusieurs objets à mettre dans le même ordre. D'anciens comptes rendus ou par les commandeurs aux commissaires du grand maître, ou par les employés de l'ordre, formaient une masse considérable de papiers.

De toutes les archives ou chartriers dont je viens de parler, aucun n'était ouvert au public de manière à ce que toute personne pût à son gré faire des recherches. Elles (sic) étaient regardées comme la propriété des corps qu'elles intéressaient, et il fallait avoir leur assentiment pour les consulter.

Au nombre des archives qui représentent les anciens dépôts dans lesquels les habitants des communes conservaient leurs titres, je mettrai d'abord :

Les archives de l'Hôtel-de-Ville ou de la commune de Paris. Elles contenaient les procès-verbaux des actes émanés des chefs de la commune, les récits de quelques événements dans lesquels la commune avait joué un rôle, et une masse énorme des comptes de l'administration des revenus municipaux.

Le prévôt des marchands et les échevins qui composaient ce que l'on nommait le bureau de la ville avaient en cette qualité l'exercice d'une juridiction.

Il y avait à l'Hôtel-de-Ville un greffe semblable à celui des autres juridictions dont j'ai précédemment parlé.

Je regarde comme des titres appartenant aux citoyens ceux qui concernaient les établissements que l'on nommait alors œuvres et fabriques, administrations laïcales et purement temporelles. Leurs chartriers ne contenaient guère que des actes relatifs au temporel de la paroisse, à la recette et à la dépense de ses deniers communs. De pareils chartriers ne peuvent fournir à l'histoire que quelques traits particuliers et quelques dates exactes.

Les chartriers des communautés d'arts et métiers étaient dans le même genre ; l'intérêt des pièces que l'on y recueillait se trouvait circonscrit dans les affaires particulières de ces corporations ; leurs droits, leurs priviléges, les contestations occasionnées par les prétentions respectives et opposées des communautés.

Tous les chartriers étaient regardés comme la propriété des corps qui les avaient formés ; le public n'avait pas le droit d'y être admis pour y faire des recherches à sa volonté.

J'ai annoncé, dans la Division générale des dépôts de titres, que quelques-uns établis, soit dans des lieux publics, soit entre les mains d'officiers publics, renfermaient des titres qui intéressaient ou les particuliers ou les familles.

Les actes qui constataient l'état des citoyens étaient inscrits sur des registres que l'on déposait, chaque année, au greffe du Châtelet : j'ai déjà eu occasion de le dire; mais ces registres se fermaient chaque jour dans les paroisses, où, en vertu de la déclaration du 9 avril 1736, les curés rédigeaient, soit par eux-mêmes, soit par leurs vicaires, les actes de la naissance, du mariage et de la mort des citoyens.

Les actes de profession religieuse étaient inscrits sur des registres tenus à cet effet dans les maisons religieuses.

L'édit de novembre 1787 avait établi d'autres formes pour constater la naissance, le mariage et le décès des personnes qui ne faisaient point profession de la religion catholique. C'était le premier officier de la justice soit royale, soit seigneuriale, dans le ressort duquel une des parties était domiciliée, qui recevait les déclarations de mariage des non catholiques. Le même juge recevait les déclarations de naissance et celles des décès qui avaient lieu dans son territoire. L'édit laissait la faculté de s'adresser, pour ces différents objets, aux curés; mais ceux-ci ne remplissaient alors que les fonctions de ministres de la loi, sans exercice de fonctions de ministres du culte, si ce n'est quant à l'administration du baptême.

Lorsque l'on réfléchit sur l'importance de tenir des registres exacts de l'état des personnes, l'évidence des motifs qui l'établit, évidence telle qu'il est peut-être sans exemple que jamais la nécessité de ces actes ait été révoquée en doute, et enfin sur la facilité de rédiger de pareils actes, on a peine à concevoir les contraventions graves et fréquentes qu'éprouvaient les lois rendues sur cette matière. Ce sont néanmoins des faits attestés par l'expérience et par la multitude des décisions qui sont intervenues, soit pour forcer l'exécution de la loi, soit pour réparer les fautes que l'insouciance et la paresse rendaient extrêmement fréquentes.

Les officiers qui, sans avoir des greffes proprement dits, conservaient, en vertu de l'autorité publique, des titres intéressants pour les particuliers et pour les familles, étaient les notaires et les commissaires.

Les premiers conservaient parmi leurs minutes un plus grand nombre d'actes, et de plus importants, parce que l'on passait chez les notaires des actes dont la nature était de pouvoir se rapporter à toutes les circonstances de la vie.

Les actes conservés par les commissaires n'étaient, en général, que des appositions de scellés, des liquidations et des partages ; mais il se trouvait aussi parmi les minutes quelques procès-verbaux d'opérations de police ; et ce qui pouvait encore fournir des anecdotes plus piquantes, c'étaient les procès-verbaux d'exécution des actes arbitraires de l'autorité, des enlèvements, des interrogatoires subis par les détenus dans la Bastille et les autres maisons de force. La Bastille elle-même avait, dans ce genre, un dépôt important, celui où étaient renfermés, sous le plus grand secret, les registres des détenus, les actes de leur détention et de leur liberté, leurs interrogatoires, etc. (1).

Le registre le plus important était une suite de cahiers in-folio dont le nombre augmentait chaque jour. Les feuilles étaient distribuées en sept colonnes contenant le nom des prisonniers, le jour de leur arrivée à la Bastille, le nom du secrétaire d'Etat qui avait expédié l'ordre de reclusion, la date de la sortie des pri-

---

(1) Remarques historiques et anecdotes sur le château de la Bastille, par Lemaistre, 1774, p. 31 et 32.

sonniers, le nom du secrétaire d'État qui avait signé l'ordre d'élargissement, les causes de la détention du prisonnier, des observations et des remarques sur la vie et la conduite du prisonnier. Dans les archives, on recueillait tous les ordres adressés au gouverneur de la Bastille, toutes les lettres des ministres de la police.

La correspondance de la compagnie des Fermiers généraux avec les employés dans les provinces était immense. Il faut y joindre les pièces de la comptabilité qui n'étaient pas moins nombreuses. On conservait à l'hôtel des Fermes les papiers qui avaient rapport à l'exploitation en général, et à celle des derniers baux en particulier. Les papiers plus anciens étaient transportés dans des salles dépendantes du couvent des Jacobins, rue Saint-Honoré, et ce dépôt était appelé Archives de la Ferme générale. Après une révolution de plusieurs baux, les papiers étaient vendus et remplacés par ceux qui arrivaient de l'hôtel des Fermes. Tel était l'état des choses lorsqu'un arrêt du conseil du 9 janvier 1780 divisa la Ferme générale en trois compagnies : ferme générale, régie générale et administration des domaines. Chacune eut, à compter de cette époque, ses archives séparées.

Il reste à parler des dépôts formés par des particuliers : les uns étaient destinés à contenir des lois et des règlements ; les autres, des actes de divers genres, et plus particulièrement ceux qui étaient relatifs à l'état et à la personne des citoyens.

Dans la première classe étaient :

1° Le dépôt connu sous le nom de Prault, formé originairement par un libraire de ce nom, accru et augmenté par ses enfants. Il était composé de deux parties : la première était un recueil de lois, arrêts, règlements sur toutes sortes de matières. La pièce la plus ancienne en date était de l'an 954 ; le nombre des pièces excédait 150,000. Chaque pièce était unique et servait depuis plus de trois cents ans de matrice pour la réimpression à mesure que les copies s'épuisaient. La deuxième partie consistait dans une quantité plus ou moins considérable d'exemplaires doubles de ces pièces, que l'on vendait au public.

Pour faciliter les recherches, on avait établi un double ordre : l'ordre chronologique et l'ordre des matières. L'ordre des matières présentait 62 divisions principales ; 16 vol. in-4° de tables manuscrites servaient de répertoires. On calculait que les liasses devaient occuper une surface de 112 toises 4 pieds carrés. En 1789, le dépôt était établi dans la maison dite *de la Trésorerie*, cour du Palais-de-Justice.

Le propriétaire était Louis-François Prault.

2° Le dépôt de Saint-Genis, auditeur de la Chambre des Comptes. Ce magistrat extrêmement laborieux avait d'abord rassemblé les lois qui se rapportaient à l'exercice de sa magistrature, et successivement il avait étendu ses vues et recueilli sur toutes sortes de matières une multitude de lois éparses. Il avait fait ensuite l'acquisition d'une collection de même genre commencée par.... Gillet, procureur au Parlement, et continuée par son fils... Gillet, avocat au Parlement.

Dans la collection formée par le procureur et l'avocat Gillet, les pièces étaient les unes entières, les autres indiquées d'après les livres où il est facile de les trouver. Le tout était rangé par ordre chronologique. La collection remontait aux époques antérieures à la monarchie française, au temps où on ne parlait encore que de la Gaule. Elle composait 330 vol. in-4° reliés.

Saint-Genis réunit cette collection à sa collection particulière, et il augmenta l'une et l'autre. Le tout composait 500 volumes in-4° reliés, plus 100 cartons ou environ, en forme de volumes in-folio, contenant une table alphabétique des matières et une table chronologique, mais seulement depuis le règne de Louis XIV. La table alphabétique formait 85 ou 86 volumes ; le surplus appartenait à la table chronologique. Le propriétaire avait joint à sa collection, et pour en être comme une dépendance, un nombre assez considérable de recueils particuliers de livres de jurisprudence peu usuels dans lesquels se trouvaient les pièces indiquées au recueil et aux tables alphabétiques.

Un autre auditeur des comptes..... du Tremblay, avait dressé des répertoires de lois, particulièrement de celles qui étaient relatives aux finances. Ces répertoires étaient formés selon l'ordre des matières.

Parmi les dépôts de titres spécialement relatifs à l'état des personnes, un des plus considérables et des plus connus était celui de

Chérin (1), commencé par le généalogiste d'Hozier.

L'un et l'autre avaient recueilli dans leur cabinet tout ce qui avait pu leur tomber sous la main d'actes concernant les familles et les personnes. Leur objet principal était de recueillir des renseignements sur ce qui constatait la noblesse ou la roture des individus. Mais au milieu de ces actes, il s'en trouvait plusieurs qui, soit par eux-mêmes, soit par quelques détails qu'ils renfermaient, intéressaient la diplomatie et l'histoire. Par exemple, il s'y trouvait une multitude de lettres dans lesquelles le ministre de la police, d'Argenson, rendait compte au chancelier de Pontchartrain et prenait ses ordres sur des événements dont quelques-uns sont propres à piquer la curiosité. Ce dépôt était aux Grands-Augustins, dans des salles louées par l'Ordre du Saint-Esprit.

Les divers Ordres de chevalerie avaient chacun leurs archives. Celles de l'Ordre de Saint-Louis étaient à l'hôtel des Invalides.

Plusieurs particuliers avaient rassemblé des papiers concernant des objets de plus ou moins d'importance. La plupart de ceux de ces dépôts qui présentaient un intérêt réel avaient passé

---

(1) Au moment où le cabinet fut supprimé, il était entre les mains de Chérin fils, lequel était conseiller à la Cour des Aides. Sa charge et son cabinet se trouvant en même temps supprimés, il reprit la profession des armes qu'il avait autrefois exercée, s'y distingua, parvint au grade de général. Il était chef d'état-major à l'armée du Danube lorsqu'il mourut, fort regretté, à Strasbourg, le 20 prairial an 7, des suites de blessures reçues dans une bataille contre les Autrichiens.

successivement à la Bibliothèque alors Royale, ainsi qu'on l'a vu à l'article où j'ai parlé de cette bibliothèque.

Il m'est impossible de connaître tous les particuliers qui, en 1780, possédaient encore des dépôts de ce genre ou des notes. Voici cependant quelques indications sur lesquelles on peut compter, et qu'il peut être bon de ne pas laisser perdre.

Guillaume-François Joli de Fleury, nommé procureur général au parlement en 1717, mort le 15 mars 1756, avait rassemblé un grand nombre de notes, de pièces et d'extraits de pièces concernant ce que l'on appelait le droit public du royaume, les lois, les droits et devoirs de la magistrature. Ces recueils ont été conservés et augmentés par ses fils, l'un qui l'a remplacé dans la charge de procureur général en 1746, l'autre qui, après avoir été avocat général depuis la même époque de 1746 jusqu'en ...., était, en 1789, l'un des présidents du Parlement. Le goût de celui-ci pour ces sortes de renseignements, ses connaissances, son assiduité, son expérience, assurent l'importance de ses collections (1).

Lors de l'extinction de la société des jésuites, Louis XV jugea intéressant, même sous le point de vue politique, de prévenir

---

(1) En 1754, MM. de Fleury cédèrent à la Bibliothèque du roi, pour 25,000 livres, la collection des manuscrits de MM. Dupuy, composée de mille volumes, à condition qu'on leur en fournirait une copie. Depuis ils se sont réduits à des extraits. En 1789, il en restait à extraire 771. (Rapport de Lebrun sur l'état des dépenses de 1789, p. 86.)

l'anéantissement de la mission de la Chine. Il chargea le ministre Bertin d'établir une correspondance avec les missionnaires résidant à Pékin. L'objet de cette correspondance était les arts, les sciences, le commerce, l'agriculture. C'est cette correspondance qui a fourni les 15 volumes in-4° de mémoires sur les arts et les sciences de la Chine, et qui a donné lieu à l'impression de l'alphabet et du dictionnaire tartares-mantchoux rédigés par Langlès. Bertin avait associé Bréquigny à son travail. Les ci-devant jésuites Amyot et Bourgeois étaient en Chine les principaux correspondants. Deux Chinois, Ko et Yang, étaient élevés à Paris pour faciliter à l'avenir et perpétuer la correspondance. Desvoyes, ancien secrétaire de Bertin, était à Paris le principal agent de la correspondance.

Le même ministre Bertin avait une collection considérable de registres du Parlement et autres cours, et copies d'inventaires du Trésor des Chartes. Une partie de ces collections avait été acquise dans la vente d'un conseiller au Parlement nommé Nouveau de Chènevières.

Le procureur du roi au Châtelet, de Flandre de Brunville, avait aussi formé une superbe collection dans le même genre. Elle était composée de 1,550 volumes manuscrits et de 800 cartons de pièces détachées.

Le président Gilbert, dont la bibliothèque était remarquable par une grande collection de livres sur l'histoire de France, était riche aussi en extraits de manuscrits, registres et pièces diverses sur les parlements et autres cours de justice.

Le Paige, avocat au Parlement, bailli du Temple, et ensuite l'un des quatre secrétaires de la cour de Parlement, avait toujours été extrêmement attaché à la magistrature et zélé défenseur de ses droits. Il a beaucoup écrit dans le temps des querelles du Parlement avec la cour en 1752, 1756, 1762 et 1771. Ses goûts particuliers, la nature de ses travaux, ses relations lui avaient composé un cabinet très-curieux en pièces anecdotes et en renseignements sur les événements des époques que je viens de marquer.

On peut, au reste, consulter la Bibliothèque historique de la France, nos 29506 à 29723, t. III, p. 24—33 ; on y trouvera l'indication d'un grand nombre de collections plus ou moins amples de chartes, titres, actes authentiques qui se trouvaient alors (en 1771) dans diverses bibliothèques.

SECTION SECONDE.

Lois qui ont opéré des changements relativement aux dépôts de monuments écrits dans l'intervalle de l'année 1789 à l'an 7 (21 septembre 1797); pertes que les dépôts ont éprouvées pendant cet intervalle de temps; travaux de recouvrements; triage et classement.

§ Ier.

Analyse de ce qui s'est passé relativement aux dépôts de titres : Assemblée constituante.

Avec les assemblées nationales on vit naître un nouveau dépôt de monuments écrits, destiné à former les Archives de ces assemblées.

Le règlement fait par l'Assemblée nationale pour sa police porte, au chapitre 8, qu'il sera fait choix, pour servir pendant le cours de la session, d'un lieu sûr pour le dépôt de toutes les pièces originales relatives aux opérations de l'assemblée. Plusieurs autres articles règlent la police de ce dépôt. Le résultat de la nomination qui fut faite le 14 août 1789 établit pour archiviste le citoyen Camus.

Les dispositions du règlement n'étaient en quelque sorte que provisoires relativement à ce qui concernait les Archives : l'importance de l'établissement demandait qu'il fût organisé par une loi solennelle. Elle fut préparée par un rapport du 29 juin 1790, et prononcée dans les séances des 4 et 7 septembre 1790. La loi donna au dépôt la dénomination d'Archives nationales ; elle voulut qu'on y conservât tous les actes qui établiraient la constitution de l'Etat, son droit public, ses lois et sa distribution en départements. L'art. 7 de ces décrets porte que les expéditions qui seront délivrées par l'archiviste, signées de lui et scellées, seront authentiques et feront pleine foi. L'art. 14 défend de laisser emporter aucune pièce hors des Archives, si ce n'est en vertu d'un décret exprès de l'Assemblée nationale. Deux commissaires choisis dans le sein de l'Assemblée nationale doivent surveiller les Archives.

Ce dépôt avait été établi d'abord à Versailles auprès de la salle d'assemblée. Il fut ensuite placé provisoirement dans la bibliothèque des Feuillants, et après cela dans la local de la bibliothèque des Capucins.

La fabrication des assignats donna lieu à divers dépôts qui furent faits aux Archives, de planches, poinçons, matrices, papier destiné à la fabrication, comptes et registres.

Lors de la clôture des séances de l'Assemblée constituante, un décret du 21 septembre 1791 ordonna le transport aux Archives des papiers qui étaient dans les divers comités, distraction néanmoins préalablement faite des papiers relatifs à l'administration, qui seraient remis, avant la séparation de l'assemblée, aux départements qu'ils concernaient. Ce transport s'est exécuté ; mais une très-grande partie des pièces qui y furent déposées à cette époque en sortit peu de temps après, par l'effet d'un décret du 23 octobre 1791, portant que l'archiviste remettrait aux comités les cartons, pièces, instructions, travaux, rapports et projets de décrets relatifs aux objets attribués à chacun d'eux, et dont les comités de l'Assemblée constituante étaient saisis lors de la cessation de leurs fonctions.

Le comité des finances de l'Assemblée constituante, ayant trouvé dans les états de la dépense de 1789 plusieurs articles relatifs au traitement des gardes des dépôts du Conseil et de quelques autres du même genre, proposa de les réunir tous en un seul. « Ce serait à la Bibliothèque du roi, disait le rapporteur, qu'ils devraient être placés, dans le département des titres, des chartes, etc. Ce sera du moins là, ajoutait-il, qu'ils le seront quand ils ne seront plus que des monuments historiques. Aujourd'hui, il importe à l'administration et aux particuliers qu'ils soient dans le même local et sous la surveillance d'un garde unique qui en réponde, qui les mette en ordre et puisse en fournir des expéditions. »

Conformément aux vues du comité, amendées par quelques membres de l'assemblée, un décret du 7 août 1790 ordonna que « le dépôt des minutes et expéditions extraordinaires du Conseil, le dépôt des minutes du Conseil privé quand il cesserait d'être en activité, le dépôt existant au Louvre sous la garde de Farcy, le dépôt existant aux Augustins sous la garde de Lemaire, le dépôt des minutes du conseil de Lorraine, seront réunis dans un seul et même lieu ; qu'il sera établi un seul garde qui délivrera et signera les expéditions ; qu'on lui donnera un premier commis autorisé à signer les expéditions en cas d'absence du garde. »

Le même décret attribue l'inspection de la réunion des dépôts et chartriers ci-dessus spécifiés et existants dans la ville de Paris à la municipalité de cette ville.

Il s'est passé un très-long temps, comme on le verra par la suite, avant qu'on se soit occupé de l'exécution de ce décret. Il venait d'être prononcé, lorsque l'Assemblée nationale, ayant organisé les nouveaux tribunaux, décréta le 6 et le 7 septembre que tous les tribunaux actuellement existants, sous quelque titre et dénomination que ce fût, demeureraient supprimés, et qu'à un jour fixe (le 15 octobre pour Paris, le 30 septembre pour les départements), les officiers municipaux des lieux où les départements étaient établis feraient apposer le scellé par leur secrétaire gréffier sur les greffes, archives et autres dépôts de papiers ou minutes, et qu'ils requerraient pour la sûreté des dépôts les détachements nécessaires à la garde des portes extérieures.

Au jour fixé, le 15 octobre, le corps municipal s'est transporté au Palais-de-Justice, et il y a apposé le scellé sur les portes de tous les dépôts et greffes du Parlement.

Par un autre décret du 19 octobre 1790, l'Assemblée nationale ordonna que la municipalité commettrait provisoirement un greffier et des commis pour procéder à l'expédition des arrêts du ci-devant Parlement : le même décret enjoignit aux anciens greffiers chargés des expéditions et à tous autres dépositaires ou détenteurs de minutes d'arrêts d'en faire la déclaration dans trois jours devant la municipalité de Paris et de remettre les minutes au dépôt, faute de quoi ils y seraient contraints par corps. En exécution de cette loi, la municipalité nomma, le 1er novembre 1790, le citoyen Terrasse, greffier, pour délivrer les expéditions; on lui adjoignit plusieurs commis. Un décret du 13 octobre 1790 commit pour veiller à la conservation des monuments qui existaient à Paris, de tous les dépôts de chartes, titres, papiers et bibliothèques, la municipalité de Paris, laquelle, pour éclairer sa surveillance, s'associerait des membres choisis des différentes Académies.

Les décrets des 23 et 28 octobre 1790 sur l'administration et l'aliénation des domaines nationaux contiennent, titre 3, art. 9 et 10, des dispositions aux termes desquelles : « les registres, les papiers, les terriers, les chartes et tous autres titres quelconques des bénéficiers, corps, maisons et communautés des biens desquels l'administration était confiée aux administrations de départements et de districts, devaient être déposés aux archives du district de la situation de ces bénéfices ou établissements avec l'inventaire qui en aurait été ou serait préalablement fait. A cet effet, tous dépositaires étaient tenus, dans le délai de quinzaine, de remettre les titres aux archives, même par contrainte par corps. En cas de soustraction ou de recélé, ils devaient être poursuivis selon la rigueur des lois.

Ces dispositions étaient fort sages, mais il a été observé à la Convention dans un rapport fait le 7 messidor an 2 (p. 6), « que l'Assemblée constituante n'ayant pas pourvu à la dépense que la confection des inventaires nécessitait, plusieurs corps administratifs étant accablés d'ailleurs d'occupations multipliées, les scellés n'avaient pas été levés et l'on ne s'était pas occupé des inventaires. »

Les demandes des acquéreurs de domaines nationaux pouvant devenir un prétexte pour dilapider les archives et les chartriers, particulièrement ceux des chapitres et des monastères, un décret du 24 février 1791 ordonna (art. 4) que les baux courants et cueilloirs seuls seraient remis aux acquéreurs des biens nationaux, les autres titres demeurant au district, pour en être, cependant, remis un état aux acquéreurs, afin qu'ils pussent en demander la communication sans déplacer.

Le 27 du même mois, un décret, en ordonnant la levée des scellés apposés dans les greffes des Commissions extraordinaires du conseil, voulut que les minutes des aliénations des biens domaniaux faites, soit par des arrêts du Conseil, soit par des contrats passés en vertu d'arrêts du Conseil, fussent déposées aux Archives de l'Assemblée nationale. Le dépôt a été exécuté le 7 juin suivant.

L'article 40 d'un décret du 6 mars 1791, relatif au nouvel ordre judiciaire, établit les précautions générales à prendre pour la conservation des greffes des tribunaux supprimés et les expéditions à délivrer des actes renfermés dans ces greffes. Il porte que les registres et minutes des tribunaux supprimés seront déposés au greffe du district de la ville où siégeait le tribunal supprimé ; et, pour la ville de Paris spécialement, que « les officiers municipaux nommeront tel gardien qu'ils jugeront à propos, duquel ils prendront le serment, et qui, après la reconnaissance et levée des scellés, se chargera sur un bref état des minutes, registres, archives de ces anciens tribunaux, et pourra en délivrer des extraits ou expéditions. »

D'après cette loi, le corps municipal, par une nouvelle nomination, continua au citoyen Terrasse la garde des dépôts et greffes du Parlement. Quant aux dépôts et greffes des autres tribunaux, il confia ceux du Châtelet au citoyen Gabé, ancien greffier de la juridiction ; ceux du Grand Conseil et Prévôté de l'Hôtel au citoyen Morel, ancien greffier du Châtelet ; ceux de la Cour des Aides, des tribunaux d'exception et Requestes de l'Hôtel au citoyen Michault, ancien procureur au Châtelet. Les choses sont demeurées en cet état jusqu'au moment de l'exécution de la loi du 3 brumaire an III.

L'Assemblée législative, par un décret du 12 mai 1792, ordonna que les papiers déposés aux Augustins, appartenant ci-devant aux Ordres de chevalerie et à la noblesse (c'était le cabinet connu sous le nom de cabinet de Chérin), seraient brûlés sous les ordres du département de Paris, après qu'il aurait été distrait, sous sa surveillance (du département), par la municipalité et la Commission des savants, les titres de propriétés tant nationales que particulières, et les pièces qui pourraient intéresser les sciences et les arts.

Pour l'exécution de ce décret, la municipalité nomma successivement plusieurs commissaires, dont les principaux furent les citoyens Lohier, Legrand de Laleu... La Commission des savants délégua aussi plusieurs de ses membres, entre autres les citoyens Ameilhon, Leblond, Camus.

Les papiers qui composaient le cabinet de Chérin furent apportés dans une des salles de la Bibliothèque nationale. On fit distraction de tout ce qui était titres de noblesse, preuves de noblesse, généalogies, admissions dans les Ordres de chevalerie et dans les chapitres nobles ; mais on réserva ce qui tenait à la diplomatie, un grand nombre de sceaux, soit originaux, soit dessinés avec une grande précision, quelques chartes anciennes ; des rôles et payements de troupes militaires ; des notices historiques, des portraits gravés, la correspondance entre le lieutenant de police d'Argenson et le chancelier de Pontchartrain. Les lettres qui composaient cette correspondance et qui étaient relatives à la police de Paris se trouvaient disséminées sous les noms des personnes dont il y était fait mention ; et d'abord on en avait supprimé quelques-unes parce qu'elles n'avaient présenté aucun intérêt. Mais lorsqu'on eut reconnu que leur ensemble formait une collection propre à fournir des renseignements sur l'histoire de la ville et de la police pendant les vingt premières années de ce siècle, on les rassembla avec beaucoup d'exactitude. Les papiers que les commissaires jugèrent devoir être conservés furent laissés à la Bibliothèque nationale, les autres furent brûlés à la place Vendôme. Il a été dressé de toutes ces opérations des procès-verbaux qui datent du mois de juillet 1792 et autres mois suivants.

Le 19 juin 1792, l'Assemblée législative rendit un second décret qui avait le même objet que celui du 12 mai; mais ses dispositions étaient plus générales; il portait : « que tous les titres généalogiques qui se trouveraient dans un dépôt public, quel qu'il fût, seraient brûlés.»

Les directoires de chaque département étaient chargés de l'exécution du décret, et devaient confier à des commissaires le soin de séparer ces papiers inutiles des titres de propriétés qui pourraient être confondus avec eux dans quelques dépôts.

Le 19 août 1792, l'Assemblée ordonna la levée des scellés apposés sur les greffes des Chambres des Comptes et des autres tribunaux qui en faisaient les fonctions. Le principal objet du décret était de tirer des dépôts les pièces de comptabilité, afin de rendre l'apurement des comptes possible. Mais l'article 6 contenait une disposition particulière; il portait que : « toutes les pièces de comptes définitivement jugés et soldés, ou qui remonteraient à une date antérieure à trente ans, seraient rejetées des dépôts et brûlées comme papiers inutiles. » Les opérations à faire étaient confiées aux directoires de département. On prononça une exception quant au département de Paris. Le Directoire ne dut point nommer de commissaires : le bureau de comptabilité fut chargé de l'exécution de la loi, tant dans les dépôts de la Chambre des Comptes de Paris que dans ceux du ci-devant Conseil du roi.

Une loi du 4 septembre 1792, contenant des mesures additionnelles sur l'administration des biens nationaux, charge le commissaire administrateur de la caisse de l'extraordinaire, après qu'il aura réuni tous les inventaires dressés dans chaque département, de faire un relevé des objets qui s'y trouveront compris, et de le diviser par classes, dont la quatrième doit présenter l'état des manuscrits, chartes, sceaux, livres imprimés, monuments de l'antiquité et du moyen âge.

Il faut encore remarquer parmi les actes émanés de la première législature deux décrets qui, à la vérité, semblent d'abord être particuliers à l'un des gardes des dépôts, mais qui, à raison de leurs conséquences, ne sont point étrangers aux dépôts mêmes.

Par le premier, en date du 3 septembre 1792, portant révocation de toutes les concessions de domaines nationaux faites à titre d'engagement, l'Assemblée nationale charge, article 3, Cheyré, dépositaire des Archives du Louvre, de faire le relevé des engagements d'après les minutes des contrats et autres pièces qui sont en sa possession; et, par l'article 31, elle lui accorde une gratification pour le travail fait, une augmentation de traitement pour le travail à faire, la faculté de prendre des commis, etc.

Le deuxième décret, en date du 17 septembre, étend au dépôt des Petits-Pères la mission des recherches que le citoyen Cheyré était chargé de faire au Louvre. Il prescrit au ministre de l'intérieur de pourvoir à l'établissement des bureaux du citoyen Cheyré, dans les appartements du Louvre, le plus à portée du dépôt confié à sa garde.

Par ce même décret du 17 septembre 1792, les administrations départementales furent chargées de faire faire la recherche des titres d'aliénations des domaines et d'envoyer aux Archives nationales, avec des inventaires, les titres qui seraient reconnus relatifs à quelques aliénations de propriétés nationales.

La commune de Paris, chargée dans son arrondissement de l'exécution des lois sur la conservation des titres des établissements supprimés, fit transporter la plus grande partie des titres des établissements ecclésiastiques de Paris, même ceux des fabriques des églises paroissiales, des colléges et des hôpitaux, au nombre de 226, au Saint-Esprit, maison voisine de la Maison commune. Ils y furent déposés sans beaucoup d'ordre. Quelques titres de la même nature se trouvèrent dans la suite avoir été portés, on ne sait trop pourquoi, au Bureau du domaine national du département de la Seine, maison d'Uzès.

J'ai déjà parlé d'une Commission des monuments établie par l'Assemblée constituante, et des travaux qu'elle avait faits pour séparer des papiers du cabinet de Chérin, qui devaient être anéantis comme relatifs à des qualités proscrites, les papiers qui devaient être conservés comme propres à intéresser les sciences et les arts.

La même commission avait étendu sa sollicitude sur plusieurs autres dépôts; mais les circonstances avaient occasionné des bouleversements que son zèle n'avait pu ni empêcher ni réparer. (Voir l'Exposé des travaux de la Commission des monuments publics en 1793, p. 14.)

Par exemple, le tribunal criminel, établi le 17 août 1792, ayant besoin d'un local pour servir de supplément à son greffe, avait obtenu de la municipalité ou du département l'ouverture du Trésor des Chartes. Un ordre avait enjoint à... Joly de Fleury, ci-devant procureur général, d'en livrer les clefs sur-le-champ. Elles furent effectivement remises par le citoyen Desienne, ci-devant secrétaire du procureur général, entre les mains du citoyen Loiseau, l'un des directeurs du jury, et du citoyen Daubanton, greffier du tribunal criminel du 17 août. On avait pénétré dans le Trésor, et, pour évacuer la pièce de l'étage supérieur, on avait jeté pêle-mêle, par une fenêtre donnant de l'escalier dans le premier étage, tous les papiers qui s'y trouvaient.

La Commission des monuments fut réunie, par un décret du 16 septembre 1792, à une autre commission établie par un décret du 11 août précédent, pour la recherche des objets précieux dépendant du mobilier de la couronne.

Un décret de la Convention du 18 octobre 1792 donna une nouvelle organisation à cette commission. Elle fut composée de trente-trois membres et autorisée à se diviser en plusieurs sections; ce qu'elle exécuta. La section des belles-lettres fut chargée spécialement de veiller à la conservation des livres et des dépôts de papiers, et, dès le 24 octobre 1792, elle prit des mesures pour s'assurer de l'état des différents dépôts qui dépendaient des tribunaux supprimés, et sur lesquels la municipalité de Paris devait avoir fait apposer le scellé.

Le citoyen Prault, dont j'ai précédemment fait connaître le dépôt des lois formé par ses ancêtres, prévoyant qu'on ne tarderait pas à vendre, comme propriété nationale, la maison dans laquelle son dépôt était établi, présenta à la Convention une pétition qui devint le sujet d'un décret du 8 novembre 1792, portant que les deux Commissions de l'instruction publique et des monuments lui présenteraient incessamment un rapport général sur les moyens à prendre pour réunir et conserver les divers dépôts de chartes, lois, décisions des anciens tribunaux actuellement dispersés en différents lieux de la ville de Paris, et qu'elles lui proposeraient leurs vues sur la conservation du dépôt du citoyen Prault.

Un deuxième décret ordonna, pour faciliter l'exécution du premier, la levée des scellés apposés sur les dépôts que les commissaires étaient chargés de visiter.

La Commission des monuments, avertie qu'on se disposait à procéder à la vente des papiers qui s'étaient trouvés dans les dépôts de la Chambre des Comptes établis aux Cordeliers, provoqua, par l'organe du comité d'instruction, un décret du 27 novembre, portant suspension de la vente de ces papiers, afin qu'on pût en séparer les objets propres à intéresser l'histoire, les sciences, les arts, et ne laisser vendre que les papiers qui n'auraient pas été jugés dignes de conservation. Mais, dès le lendemain, un deuxième décret, interprêtant le premier, voulut que la Commission des monuments examinât chaque jour la partie des papiers qui devaient être exposés en vente, soit le jour même, soit les jours suivants, afin de ne pas interrompre la vente. Les registres et papiers se trouvaient dans un désordre tel qu'il était impossible de mettre dans leur examen la même célérité avec laquelle on se hâtait de les vendre pêle-mêle. On couvrait cette précipitation de la nécessité de vider le local des Cordeliers et de se procurer de l'argent. Dans d'autres circonstances, on donnait pour prétexte la nécessité d'envoyer aux armées des parchemins et des papiers pour faire des gargousses et des cartouches. Le seul examen que les hommes proposés à ces envois faisaient des parchemins consistait à les mesurer; on jugeait d'après leur taille s'ils devaient être envoyés aux armées ou demeurer dans les dépôts.

Cependant la commission des monuments obtint qu'on mît en réserve une quantité de registres et de liasses contenant d'anciens comptes des maisons du roi et des princes, depuis Charles VI jusqu'à Louis XV. La précipitation avec laquelle on se portait alors à anéantir a fait perdre beaucoup de papiers importants.

On peut juger des pertes qui ont été faites dans ce genre, ainsi que dans tout ce qui tenait aux arts, par le rapport que le citoyen Grégoire a fait sur le vandalisme et sur les moyens de le réprimer, dans la séance du 14 fructidor an II.

On peut juger aussi des efforts soutenus de

la commission des monuments pour sauver les chartes et les dépôts publics, ainsi que les morceaux précieux aux arts, par le compte de ses travaux qu'elle rendit à la Convention nationale au moment où elle fut supprimée (1).

Il n'entre pas dans mon plan de rendre compte des motifs qui firent supprimer la Commission des monuments, encore moins d'examiner ces motifs ou prétextes. Je dois me contenter de dire qu'elle fut supprimée par un décret de la Convention du 12 frimaire an II, et remplacée par une Commission temporaire des arts formée pour l'exécution de tous les décrets concernant la conservation des monuments, des objets de sciences et d'arts, leur transport et leur réunion dans des dépôts convenables. La nouvelle commission fut adjointe au Comité d'instruction publique.

Dans un rapport du citoyen Poirier, membre de cette commission, en date du 15 messidor an II, il est fait quelques mentions des archives en général et de l'attention qu'elles méritent. On y remarque que les archives les plus célèbres par leur ancienneté sont celles des cathédrales et des anciennes abbayes. On y propose des observations sur l'usage que l'on peut tirer des anciens titres, même des anciens comptes, pour la connaissance de la lan-

---

(1) Compte rendu à la Convention nationale par la commission supprimée des monuments, et servant de rapport au comité d'instruction publique ; Paris, Boissolard, 62 p. in-8°. Voy. aussi un écrit intitulé : Commission des monuments; exposé succinct de ses travaux depuis son établissement en novembre 1790 ; 34 p. in-8°.

gue, de l'histoire et des mœurs. (Voir le rapport à la suite de l'Instruction sur la manière d'inventorier et de conserver les objets qui peuvent servir aux arts, aux sciences et à l'enseignement, page 84 ; de l'Imprimerie nationale, 88 pp. in-4°.)

La Commission temporaire des arts subsiste dans le département du ministre de l'intérieur sous le titre de Conseil de conservation des objets de sciences et d'art. (Voir le compte rendu par le ministre Benezech, en date du 13 brumaire an IV, au 1er vendémiaire an V, p. 55.) Mais elle s'occupe peu de la conservation des dépôts de titres et papiers, parce que sur cet objet il a été pris d'autres mesures dont je vais exposer le résultat.

On voudra bien se rappeler qu'un décret du 7 août 1790 avait établi un gardien unique des dépôts de papiers existant dans la commune de Paris. Ce décret fut d'abord confirmé par un décret du 20 février 1793 qui ordonna la réunion des dépôts au Louvre. Les dépôts à réunir ne furent pas spécifiés nommément dans le décret de 1793 ; on se référait pour leur désignation au décret de 1790 qui n'avait pas spécifié les dépôts judiciaires existant à Paris, mais avait énoncé seulement, dans des termes généraux, que les dépôts de papiers seraient réunis en un seul.

Avant de passer aux suites de l'exécution du décret du 20 février 1793, il faut rendre compte d'un autre décret particulier prononcé le 20 septembre 1793. Le ministre de la justice (le citoyen Gohier) se présente à la séance de ce jour. Il rappelle qu'en proclamant l'égalité on a voulu qu'il ne restât aucune trace des distinctions qui pouvaient blesser la dignité de l'homme ; qu'on a condamné aux flammes tous les titres imaginés par l'orgueil. Il ajoute qu'il vient d'être instruit, par un commis de la Chancellerie, qu'il existait dans un bureau plusieurs registres contenant les édits et les règlements des anciennes chancelleries, et les titres de ces hommes dévorés du désir de devenir grands et qui étaient en effet si petits. Le ministre demande que la Convention décrète que ces titres seront brûlés. La proposition est convertie en motion, et la Convention décrète que les soixante-quatre registres des ci-devant secrétaires du roi qui existent encore à la Chancellerie seront brûlés (1).

Je reviens à l'exécution du décret du 20 février 1793 : elle trouva des entraves. D'une part, le citoyen Mallet avait été nommé, le 24 septembre 1792, par Danton, alors ministre de la justice, garde des archives et minutes du Conseil privé, des Commissions extraordinaires du Conseil, des Commissions existantes au Louvre et aux Augustins et du dépôt du Conseil de Lorraine. Il prétendait que cette nomination lui donnait un droit supérieur à celui du citoyen Cheyré, qui, dans l'art. 30 du décret du 3 septembre 1792, était dénommé dépositaire des archives du Louvre.

D'une autre part, le ministre de la justice (Gohier) adressa, le 5 mai 1793, à la Conven-

---

(1) Voir le procès-verbal de la séance du 20 septembre, *Moniteur*, 22 septembre 1793, n 265, p. 1125.

tion des observations sur la difficulté de réunir promptement, et dans un seul lieu, l'immense quantité de titres qui se trouvaient dans les dépôts. Il proposait d'abord d'en faire faire le triage par une commission, ensuite de distribuer les titres conservés dans des dépôts particuliers que chaque ministre serait autorisé à former pour son département.

Les comités des domaines, finances et législation, qui étaient chargés conjointement de l'organisation des Archives nationales, ne goûtèrent point les vues du ministre. Ses projets sont combattus dans un rapport fait au nom des comités par le citoyen Lofficial, sur lequel il intervint un décret le 12 brumaire an II (2 novembre 1793.)

Il est indispensable de représenter ici les principales dispositions de ce décret.

Les différents dépôts dont la réunion a été ordonnée par le décret du 7 août 1790, doivent former deux dépôts ou sections des Archives nationales, sous les ordres et la surveillance immédiate de l'archiviste de la République (art. 1er). La 1re section doit contenir les titres, minutes et registres qui concernent la partie domaniale et administrative, ce qui a rapport aux biens des religionnaires fugitifs, et les titres concernant les domaines de la République (art. 2). La 2e section doit contenir tout ce qui peut intéresser les monuments historiques, la partie judiciaire et contentieuse (art. 3.) L'article 6 nommait le citoyen Mallet dépositaire de la 2e section. L'article 8 ordonne à la municipalité de faire incessamment remettre aux deux sections des Archives nationales, chacune en ce qui la concerne, les titres, minutes et registres qu'elle a fait enlever de différents dépôts. Le ministre de l'intérieur est chargé de l'exécution du décret et de rendre compte dans la quinzaine de ce qu'il aura fait à cet égard.

Le 10 frimaire, un nouveau décret, relatif aux domaines nationaux engagés ou aliénés, prononça des dispositions qui, si elles n'étaient pas contraires à celles du décret du 12 brumaire, étaient au moins de nature à donner lieu à des contestations.

Les articles 28 et 29 autorisaient la Régie nationale du droit d'enregistrement et des domaines à faire des recherches dans toutes les archives pour acquérir la connaissance des actes soit d'aliénation, soit d'engagement, et l'article 29 exprimait, nommément, parmi les lieux où la recherche serait faite, les archives du Louvre, des Petits-Pères, du Bureau de comptabilité, toutes archives, dépôts et greffes de Paris. Les titres qui y seraient puisés devaient être remis et déposés aux Archives nationales.

En exécution de la loi du 12 brumaire, les citoyens Cheyré et Mallet avaient fait entre eux un partage des papiers qui étaient au Louvre. Les minutes des jugements, tant du Conseil que des Commissions du Conseil, formèrent le dépôt de la section judiciaire. Ils réunirent aussi en commun, le 5 nivôse an II, les papiers composant les archives de Lorraine, qui étaient à la garde du citoyen Cochin, fils du premier garde du dépôt. Bientôt l'exécution, tant de la loi du 12 brumaire que de celle du 10 frimaire, donnèrent lieu à des questions qui furent renvoyées à la Commission des archives (1), et les cinq comités, de Salut public, des Domaines et d'aliénation, de Législation, d'Instruction publique, des Finances. On y traita, d'après des vues générales, l'organisation des archives de la République ; le triage, le classement, la destination des titres, chartes et pièces manuscrites, et les relations des divers dépôts qui les renferment avec les Archives. On prit pour base de ne laisser rien subsister de ce qui porterait l'empreinte de la servitude, mais de conserver tout ce qui pouvait constater la propriété, soit publique, soit particulière, ou servir à l'instruction.

Les titres, chartes et autres pièces furent divisés en trois classes qui devaient comprendre : la première, ce qui concerne le domaine national ; la deuxième, ce qui concerne l'ordre judiciaire, c'est-à-dire les jugements des tribunaux ; la troisième, ce qui concerne l'histoire, les sciences et les arts. Cette troisième partie fut destinée à être renvoyée aux bibliothèques, et les deux autres seulement se distribuaient entre les deux sections établies par la loi du 12 brumaire.

La première conséquence qui résulta de l'établissement de ces bases et de la distinction des objets que les actes concernent, fut de proposer un triage pour mettre à part ce qui de-

---

(1) Le garde des archives était alors absent et prisonnier en Autriche ; les commissaires des archives étaient les citoyens Baudin, qui fit le rapport, et Borie, membre de la Convention.

vait être supprimé, et classer ce qui devait être conservé.

La formation de la Commission temporaire des arts donna l'idée de celle d'une commission semblable pour le triage des papiers. Une seconde conséquence fut la confirmation des deux gardiens subordonnés à l'archiviste, pour veiller au dépôt domanial et au dépôt judiciaire. Enfin, la volonté de faire tout retentir à un centre, et rapporter tout à l'unité, détermina les comités à proposer d'établir les Archives nationales comme le point auquel devraient correspondre celles des administrations de toute espèce, soit départementales, soit exécutives.

Le décret rendu sur ce rapport, le 7 messidor an II, est véritablement le code des Archives nationales et de tous les dépôts de titres qui existent dans la République.

L'article 1er consacre le principe que « les Archives nationales établies auprès de la représentation nationale sont un dépôt central pour toute la République. » On expose dans les articles suivants ce que ce dépôt doit contenir, et on déclare qu'au Corps législatif seul il appartient d'ordonner des dépôts aux Archives.

Dans une seconde série d'articles, on établit les règles du triage à faire dans les archives et dépôts de papiers. Les titres qui, dès à présent, doivent être anéantis, sont les titres purement féodaux, ceux qui sont rejetés par un jugement contradictoire rendu dans les formes prescrites ; ceux qui, étant relatifs à des domaines nationaux déjà recouvrés et aliénés, seront reconnus n'avoir plus d'utilité ; ceux qui concernent les domaines adjugés depuis 1790. Les titres qui doivent être conservés, au moins quant à présent, sont tous ceux que l'on jugera nécessaires au maintien des propriétés nationales et particulières. On doit être attentif à trier dans tous les dépôts de la nation, comme aussi dans les collections et cabinets des personnes dont les biens ont été ou seront confisqués, les chartes et manuscrits appartenant à l'histoire, aux sciences et aux arts, ou qui peuvent servir à l'instruction, pour être réunis dans Paris à la Bibliothèque nationale, dans les départements aux bibliothèques de chaque district qui existaient alors.

Une troisième série d'articles établit le triage, qui sera fait par des personnes réunies en bureau sous la dénomination d'Agence temporaire des titres. Tous les dépôts et chartriers doivent leur être ouverts ; ils doivent séparer en deux classes les papiers qui leur passeront par les mains : l'une, des papiers à anéantir ; l'autre, des papiers à conserver ; ils désigneront les pièces qui sont susceptibles d'être envoyées aux bibliothèques.

Les articles de la quatrième série sont particuliers à l'Agence temporaire des titres de Paris. Elle doit, indépendamment du triage de tous les titres qui existent à Paris, examiner les inventaires qui seront envoyés des départements.

Les deux dépôts judiciaire et domanial établis par la loi du 12 brumaire an II sont ensuite confirmés, ainsi que leur subordination, à l'archiviste.

Par des dispositions générales qui composent une dernière série d'articles, tout citoyen a la faculté de demander dans tous les dépôts, aux jours et heures qui seront fixés, communication des pièces qu'ils renferment, et les extraits de ces pièces qui lui sont nécessaires. Tous agents ou dépositaires, autres que ceux qui sont établis par la loi, sont supprimés. Le comité des Archives est chargé de présenter chaque année l'aperçu sommaire des progrès du triage des titres.

Deux lois, l'une du 3, l'autre du 28 brumaire an III, complétèrent les dispositions de la loi du 7 messidor an II. La première, en nommant définitivement le citoyen Cheyré dépositaire de la section domaniale des Archives de la République ; le citoyen Terrasse, dépositaire de la section judiciaire ; la deuxième, en nommant les membres de l'Agence temporaire du triage qui furent les citoyens Lièble, Villiers-Terrage, Blondel, Reboul, Mallet, Bouyu, Rousseau, Danthonay et Temple. Ce dernier ayant donné sa démission, fut remplacé par le citoyen Marle.

Les membres de l'Agence temporaire étant entrés en fonctions, ont rendu compte de leurs travaux d'abord au Comité des archives, ensuite à l'archiviste. Avant d'entamer l'exposition du résultat de ces comptes et pour ne pas l'interrompre quand elle sera commencée, on va continuer l'analyse des lois rendues jusqu'au 1er prairial an VI sur les dépôts de titres et papiers.

La loi du 29 vendémiaire an III avait ordonné le dépôt des minutes du greffe de la Police correctionnelle de Paris aux archives de la maison commune. Une loi du 17 frimaire suivant changea cette disposition et ordonna le dépôt à la section judiciaire des Archives nationales.

On trouve un assez grand nombre de dispositions concernant les Archives nationales dans la loi du 28 fructidor an III, concernant l'ordre des délibérations et la police du Corps législatif; mais la plupart de ces dispositions ne regardent que la personne de l'archiviste et la police intérieure des Archives : les seuls articles dont il convienne de faire ici mention sont : le 16°, qui maintient la loi du 7 messidor an II, concernant le triage des titres ; — ordonne au Directoire exécutif de surveiller les opérations commencées ; — de les faire terminer au plus tard dans le délai d'un an, et de rendre compte de leurs progrès, tous les trois mois, au Corps législatif.

La même loi déclare, article 17, que le Directoire exécutif, ni aucune des autorités constituées, autres que le Corps législatif, ne peut ordonner de dépôt aux Archives, ni prendre connaissance de leur police ou de leur comptabilité.

Le 3 brumaire an IV, la Convention étant à la veille de terminer ses séances, ordonna que dans le jour chacun de ses comités ferait choix de deux commissaires pris dans son sein et parmi ceux qui étaient réélus au Corps législatif, lesquels demeureraient chargés de la conservation des cartons, liasses, registres et papiers qui y étaient en dépôt, pour en faire la remise, soit aux Archives nationales, soit au

Directoire exécutif aussitôt son installation. Ces commissaires étaient également autorisés à faire les renvois aux comités de gouvernement des affaires courantes dont les retards seraient préjudiciables aux intérêts de la République et des citoyens.

Les Archives nationales étant établies pour être le dépôt des travaux des assemblées nationales et de leurs comités, il aurait été naturel qu'à la fin des séances de la Convention, de même qu'il avait été ordonné à la fin des séances de l'Assemblée constituante, tous les papiers des comités fussent transportés aux Archives. Un motif détermina à en ordonner autrement. Ce fut que la plupart des comités ayant gouverné et administré, il fallait que le Gouvernement, le Directoire ou les ministres eussent à leur disposition les registres ou les papiers de l'administration. Mais ces motifs n'embrassant pas également la totalité des papiers des comités, il avait été sagement ordonné qu'il serait fait un triage et une répartition entre les Archives nationales et le Directoire exécutif. Or, cette disposition a été très-mal exécutée.

Le Directoire chargea le ministre de l'intérieur de faire le triage, de concert avec les commissaires établis par la loi du 3 brumaire. Le ministre établit un bureau chargé spécialement de ce travail, et ce bureau fut très-actif à réclamer les papiers qui devaient former le premier fonds des dépôts des ministres, tandis que les commissaires de comités qui n'existaient plus s'intéressaient peu à ce que les papiers fussent transportés dans tel dépôt ou dans tel autre.

Le résultat fut que les arrêtés de presque tous les comités qui concernaient des affaires terminées passèrent au Directoire, les affaires non terminées aux ministres, et que presque aucun des papiers relatifs aux travaux des comités, ceux mêmes qui provenaient de l'Assemblée constituante et que les comités avaient déplacés pour la facilité de leur travaux, ne se trouvent aujourd'hui aux Archives.

Une seule exception de quelque importance a eu lieu par rapport aux cartes, procès-verbaux de division de la République, états de population. Ces pièces, indispensables aux Archives pour fixer le mode de la représentation nationale, y sont conservées. On y a remis aussi quelques papiers trouvés aux Tuileries dans les appartements habités par le dernier roi des Français et sa famille.

Le 25 ventôse an IV, une loi ordonna que tous les titres, papiers et registres provenant des tribunaux extraordinaires, révolutionnaires, et des conseils militaires seraient réunis sur-le-champ, à Paris, aux archives judiciaires, et, pour les départements autres que celui de la Seine, aux greffes des tribunaux criminels.

La loi du 4 ventôse an IV ayant supprimé toutes les agences et commissions administratives, l'Agence du triage des titres se trouva comprise dans cette suppression; mais elle se trouva en même temps comprise dans une autre disposition de la même loi portant : que le Directoire exécutif formerait les établissements nécessaires pour la continuation des travaux utiles dont ces agences étaient chargées. En conséquence, le Directoire prit, le 5 floréal an IV, un arrêté portant établissement d'un Bureau pour suivre les opérations ordonnées par la loi du 7 messidor an II. Il fut composé de huit hommes de lettres, les mêmes qui étaient déjà en fonctions, de deux déchiffreurs et de quatre expéditionnaires. Les divers articles de l'arrêté règlent la forme du travail, sous la direction et surveillance de l'archiviste de la République. A l'égard des autres bureaux ou agences du triage des titres dans les départements, une loi du 22 prairial an IV les établit sous la surveillance du ministre des finances, en rapportant à cet effet une loi antérieure du 11 frimaire, qui accordait cette surveillance au ministre de la justice. La nouvelle loi déclara en même temps qu'elle n'entendait rien innover à ce qui avait été réglé par les lois du 12 brumaire et du 7 messidor an II concernant les Archives nationales.

La loi du 20 thermidor an IV, concernant l'organisation de la haute cour, établit les Archives nationales pour le lieu du dépôt des actes qui se trouveront au greffe de la haute cour lorsqu'elle cessera ses fonctions; la même disposition avait eu lieu, dans le temps, pour les archives de la haute cour établies à Orléans.

Les dépenses que l'exécution de la loi du 7 messidor an II dans tous les départements devait entraîner, se trouvant trop considérables eu égard aux fonds que le Trésor public était en état de fournir, en l'an V, une loi du 5 brumaire suspendit son exécution, excepté dans le département de la Seine et dans les neuf départements réunis : dans le département de la Seine, parce que les travaux étaient très-avancés ; dans les départements réunis, parce qu'il était intéressant d'y connaître la consistance des domaines nationaux. Mais, en prononçant cette suspension, on pourvut à la conservation des titres, et l'on ordonna aux administrations centrales de les faire rassembler dans le chef-lieu du département.

Les minutes, que les commissaires au ci-devant Châtelet de Paris avaient été dans le droit de conserver, ne pouvaient plus demeurer entre leurs mains depuis qu'ils avaient cessé d'être officiers publics. Une loi du 5 germinal an IV ordonna la remise de ces minutes au dépôt des Archives judiciaires.

Telles sont les lois intervenues pendant le cours de l'Assemblée constituante, de la première Législature, de la Convention et de la deuxième Législature (la troisième et la quatrième n'ayant rien ajouté), concernant les dépôts de titres et papiers. La principale partie de leur exécution consiste dans les travaux qui ont été faits par l'Agence et le Bureau du triage des titres. Je dois en présenter l'analyse.

Les membres de l'Agence temporaire des titres commencèrent leurs travaux au mois de frimaire an III. Leur premier examen porta sur les papiers de la section judiciaire (1) des archives du Louvre, qui contenait des minutes d'arrêts sur des matières d'administration, de police, de législation, et aussi beaucoup de jugements de procès entre particuliers. Une

---

(1) Voyez, ci-devant, comment le dépôt de cette section avait été formé.

grande quantité de cartons était remplie de mémoires et productions sur des affaires de toute nature jugées au Conseil. Le résultat du triage fut de réduire à environ cent cartons plus d'un millier de cartons contenant des pièces de tout genre. Une de celles qui ont été conservées est l'original de l'ordonnance donnée en 1560 sur les remontrances des Etats d'Orléans. Elle fut rangée dans la classe des pièces destinées aux sciences et arts. (Elle est encore au dépôt.)

La section domaniale travaillait sur les papiers conservés dans le dépôt du citoyen Cheyré. Elle y trouva beaucoup de minutes des états de dépense qu'on appelait, États du Roi, et des états nommés *au vrai* pour les recettes générales des finances, domaines, bois et postes. L'Agence du triage consulta le Comité des archives sur l'usage qu'elle devait en faire. Le Comité n'ayant pas répondu, ces pièces avaient été conservées : mais enfin, en ventôse de l'an V, le bureau les regardant comme absolument inutiles, et après avoir conféré avec le bureau de comptabilité, a anéanti les états de recettes générales antérieurs à l'année 1759 ; il a également anéanti les états des domaines et bois, antérieurs à la même époque, après en avoir conféré avec la division du ministère des finances chargée des domaines et bois. (Voyez Compte rendu des travaux, de ventôse à prairial an V.)

A l'époque du mois de nivôse an III, l'Agence fut mise en possession, par le département, du dépôt qui avait été établi dans la maison du Saint-Esprit, auprès de l'ancienne Maison commune, et qui contenait les titres retirés de la plupart des communautés ecclésiastiques de la Commune de Paris, ainsi que des fabriques des paroisses de cette commune. Les membres de la portion de l'Agence qu'on appelait de la section judiciaire, entreprirent le triage des pièces étant dans le dépôt du Saint-Esprit. Les comptes qu'elle rendait chaque quinzaine, au Comité des procès-verbaux et archives, annoncent, par leurs détails, un examen très-exact des papiers des communautés et établissements supprimés qui formaient ce dépôt. On y remarque le dépouillement des papiers du séminaire des Missions étrangères, parmi lesquels se trouvent beaucoup de lettres écrites par les missionnaires envoyés dans les Indes orientales, lettres dont quelques-unes furent mises à part pour être rangées dans la section de l'histoire.

Les membres de la portion de l'Agence qu'on nommait domaniale continuèrent le triage des papiers existants dans le dépôt du citoyen Cheyré; de là, ils passèrent à l'examen du dépôt de la Chambre des Comptes pour distinguer ce qui devait être remis au bureau de comptabilité de ce qui devait être conservé dans les archives domaniales.

Ce n'était pas peu de chose d'avoir exécuté de tels travaux au milieu des circonstances difficiles dans lesquelles la République s'était trouvée.

D'ailleurs, il s'était élevé des discussions fort vives entre les membres de l'Agence temporaire et le citoyen Cheyré, préposé à la garde du dépôt domanial. Il ne s'agit point ici d'examiner de quel côté étaient la raison ou les torts : le résultat est malheureusement trop manifeste : les travaux respectifs ont beaucoup souffert du défaut d'accord et d'intelligence.

Après la Convention, et lorsque la nouvelle législature fut installée, au mois de brumaire an IV, l'Agence lui annonçait qu'elle avait livré à la Commission d'agriculture et des arts près de 200 milliers de papiers à refondre, et qu'elle avait fourni à la commission des armes et poudres une quantité considérable de parchemins. Dans ce même mémoire, l'Agence proposait des changements, soit dans son organisation particulière, soit dans celle des dépôts, qu'elle voulait réduire à un seul. Il était difficile que la conception de ces projets et le temps qu'on donnait à les suivre ne portassent pas un préjudice réel à l'activité du triage. Le refus de l'archiviste et des commissaires des deux conseils de se livrer aux idées nouvelles que l'on proposait, les ordres pressants qu'ils donnèrent pour l'exécution littérale de la loi du 7 messidor an II, les dispositions précises du règlement porté dans l'arrêté du Directoire du 5 floréal an IV, qui remplaça l'Agence trop nombreuse par un Bureau plus concentré, et dès lors plus actif, donnèrent plus de suite aux travaux du Bureau du triage ; mais il n'a pas été possible de faire cesser entièrement la lenteur avec laquelle les papiers triés étaient remis dans le dépôt domanial entre les mains du citoyen Cheyré.

Au dépôt judiciaire établi au Palais-de-Justice, et dont le principal fonds était les registres du Parlement et des autres tribunaux établis dans l'enceinte de la commune de Paris, les membres du Bureau du triage étaient convenus, dans le mémoire présenté par eux au mois de brumaire an IV, qu'il était dans le meilleur ordre, et que le triage n'en pouvait être ni long ni difficile, les objets étant ou à conserver en masse (tels que les registres des délibérations des cours, arrêts, etc.), ou à rejeter en masse (tels que les registres des greffes, de présentations, d'affirmations de voyages et autres objets semblables). Ce triage a été très-promptement exécuté; on n'a retranché du dépôt que les registres de présentations, affirmations, et autres du même genre. Les registres de délibérations et de décisions ont été conservés avec le plus grand soin dans le bon ordre où ils étaient établis. Le dépôt n'a rien perdu. Au contraire, on verra par la suite qu'il a considérablement gagné.

Indépendamment des dépôts publics établis dans la commune de Paris, il s'y trouvait, ainsi qu'on l'a remarqué dans la première partie, beaucoup de chartriers établis chez ce qu'on appelait autrefois les grands seigneurs et les riches propriétaires.

Un grand nombre de ces ci-devant grands seigneurs et propriétaires ayant émigré ou ayant été condamnés, le Bureau du domaine national de la Seine avait, en exécution d'une loi du 29 fructidor an II, fait mettre le scellé sur leurs papiers; il en faisait faire les inventaires, et renvoyait ensuite au Bureau du triage ceux des titres qu'il estimait appartenir aux dépôts publics. Mais sur les observations du bureau et sur la demande de l'archiviste, il fut pris d'autres mesures au mois de ventôse an IV. On convint que pour concilier l'exécution des lois des 7 messidor et 29 fructidor an II, les membres du Bureau du triage des titres seraient appelés lors de la levée des scellés, et qu'il serait procédé en commun à la reconnaissance des papiers. Le résultat de cette mesure, quoiqu'elle n'ait pas toujours été exécutée avec l'attention que le bureau du domaine aurait dû y apporter, a été la conservation d'un grand nombre de titres et papiers importants.

Je viens maintenant aux résultats des travaux de chacune des sections du Bureau du triage des titres, et j'analyse d'abord les comptes rendus par la section domaniale.

Au mois de floréal an IV on continuait un travail commencé depuis plusieurs mois sur le dépôt de l'administration domaniale établie aux ci-devant Petits-Pères; le Bureau du triage des titres examinait aussi les papiers de la Chambre des Comptes de Paris. Le résultat du premier travail fut la mise au rebut d'une quantité immense de demandes, de poursuites et de pièces relatives à des contestations sur des droits domaniaux; particulièrement en ce qui concerne les mines, les forêts, les douanes, des pièces à l'appui d'anciens comptes, des provisions d'offices domaniaux, des poursuites et des quittances d'amendes.

Le travail sur les papiers du dépôt des Petits-Pères s'est prolongé pendant plusieurs mois. Le Bureau du triage a revu un premier travail qui avait été fait sous les ordres de la Régie nationale du droit d'enregistrement avant le 29 brumaire an III. Le Bureau a réformé ce travail en plusieurs parties ; il a rétabli beaucoup de pièces qui lui ont semblé avoir été mises trop légèrement au rebut, et il a formé un état sommaire de tous les papiers du dépôt des Petits-Pères qui ont été conservés. Cet état doit contenir, en quelque manière, les éléments de la nouvelle formation du dépôt domanial.

Les papiers de l'Ecole militaire furent triés et mis en ordre dans le mois de prairial. On mit au rebut tout ce qui regardait les nominations et les preuves de noblesse nécessaires pour être admis à cette école. Quant aux blasons des élèves, ils furent mis à la Bibliothèque nationale le 19 floréal an VI, en conformité d'une lettre du ministre des finances.

On fit aussi le triage des papiers relatifs au ci-devant duché de Lorraine et de Bar qui s'étaient trouvés compris dans le dépôt domanial des Petits-Pères. On conserva plusieurs états sur les contributions de la Lorraine, depuis 1737 jusqu'en 1764, des actes relatifs à la prise de possession en 1737 et 1766, des mémoires et des pièces de correspondance relatifs à la principauté de Salm et à la baronnie de Fénestranges, des registres et des actes relatifs à des concessions et accensements de domaines, enfin des papiers relatifs à la mort du roi Stanislas, à son testament et à ses fondations.

Les membres du Bureau ayant demandé dans ce même temps de nouvelles déterminations précises sur les dépôts où les différentes espèces de papiers devaient être remises, il leur fut répondu qu'ils devaient envoyer au ministre de l'intérieur tout ce qui avait rapport à l'agriculture, au commerce des blés, aux subsistances, au commerce général, aux manufactures en particulier, aux ponts et chaussées, à la navigation, aux ports de commerce, aux haras, au commerce extérieur et à celui des Indes.

Le triage des papiers de l'ordre de Saint-Lazare a fourni des titres de propriété de domaines nationaux : ils ont été conservés ; des titres relatifs aux priviléges de cet ordre, aux preuves nécessaires pour y être admis : ils ont été anéantis, à l'exception des monuments appartenant à l'histoire.

Une collection intéressante et considérable est celle des secrétaires d'Etat. Il s'en était trouvé 173 registres ou volumes reliés, dans une des salles de l'ancien dépôt confié au citoyen Cheyré ; 135 autres volumes avaient été trouvés dans les dépôts de la Maison du roi. Ces registres remontent jusqu'à Henri IV, et descendent jusqu'à l'année 1790. C'est le résultat de tout ce qui se faisait dans les bureaux des secrétaires d'Etat, et ainsi l'on a conservé une multitude de pièces propres à éclaircir des faits historiques, à donner des renseignements sur la législation, les finances, les sciences et les arts. Ces registres ont été conservés. On y en a même réuni quelques autres, jusqu'au nombre total de 333, et postérieurement encore d'autres registres analogues, de l'époque de 1730 à 1775. Le tout a été porté au dépôt domanial.

Par l'effet des arrangements pris avec le Bureau du domaine national, en conformité des vues dont on a précédemment rendu compte, les membres du Bureau du triage des titres se trouvèrent à portée, au mois de fructidor an IV, d'examiner les archives :

De la maison de Soubise (était à la commune), et successivement celles
Du Temple,
D'Orléans,
De Condé,
De Conti,
De Penthièvre,
Et des ci-devant princes frères du roi (aux Archives du domaine national).

Quoique l'arrêté du Directoire du 5 floréal eût ordonné (article 3) la division des membres du Bureau en deux sections égales, néanmoins le nombre des membres attachés à la section domaniale a toujours été plus considérable, parce que, dans le fait, il y avait plus de papiers à examiner relativement à cette partie que relativement à la partie judiciaire. L'étendue des travaux de la partie domaniale détermina les membres du triage, au début de l'an V, à établir dans le compte de leurs travaux une distinction et une division qu'ils ont suivie jusqu'à ce jour. Ils les distribuent en travaux faits dans l'intérieur des salles du Louvre et du Saint-Esprit, et travaux faits au dehors, mais dans la commune de Paris.

Dans les salles du Louvre, on avait ajouté aux travaux précédents, sur les papiers du dépôt des Petits-Pères, de Soûbise et de Monsieur, le triage des titres et des papiers de la vicomté de Turenne, déposés vers 1741 à la

Chambre des Comptes de Paris, après l'acquisition qui en fut faite par Louis XV. La plupart de ces papiers n'étaient que des restes d'anciens procès, de vieux comptes de recettes. On a conservé d'anciens terriers propres à établir des propriétés nationales. Parmi ces papiers, il s'est trouvé quelque chose de plus digne d'attention : c'est une grande quantité de protocoles de notaires et de minutes d'actes passés dans l'étendue de la vicomté de Turenne. Ils ont été mis au dépôt judiciaire ainsi que tous les autres protocoles semblables.

On avait espéré trouver, dans les archives de l'Académie de chirurgie transportées au Louvre, des mémoires intéressants pour l'art de guérir, et l'Ecole de santé les avait réclamés. Mais, lors du triage, on n'y a vu qu'une grande quantité de papiers relatifs aux priviléges de l'académie, à la réception des chirurgiens et des sages-femmes, à la juridiction du premier chirurgien, aux propriétés du collége de chirurgie. La majeure partie de ces papiers a été mise au rebut.

Hors les salles du Louvre et du Saint-Esprit, les membres du Bureau du triage des titres avaient visité les chartriers du Temple et de l'Université, d'Orléans et de Condé, qu'ils devaient examiner ensuite avec plus de détails.

Le chartrier du Temple, placé dans la tour, était dans le meilleur ordre avant le 10 août 1792 ; mais à cette époque tout avait été jeté pêle-mêle dans un corridor dont le toit était ouvert en plusieurs endroits. La première inspection faisait craindre des ravages qui bientôt se sont trouvés réels.

Les archives de l'Université ont été reconnues. Elles étaient encore au collége Egalité et divisées en deux parties. L'une comprenait les titres de l'Université en général ; les plus précieux étaient dans une armoire, encore fermée de cinq clefs. L'autre partie comprenait les titres des colléges. Cette portion conservait, entre les mains du citoyen Reboul, secrétaire archiviste du collége, l'ordre qu'il y avait établi avant la Révolution, et elle est demeurée à sa garde.

Le principal objet qui a attiré les membres du Bureau du triage hors de Paris a été les archives de l'ancienne abbaye de Saint-Denis, et les titres des établissements publics du ci-devant district de Saint-Denis, actuellement Franciade. Les titres de l'abbaye de Saint-Denis se sont trouvés dans l'ancien chartrier, rangés dans le même ordre où ils avaient été établis par les religieux. Les titres des établissements publics du district étaient auprès de la municipalité, à l'exception de quelques-uns qui, lors de la suppression du district, avaient été envoyés au département de la Seine avec les papiers du district.

Dans le cours de l'examen des papiers fait de concert avec le Bureau du domaine national pendant le mois de vendémiaire an V, les membres du Bureau ont découvert des papiers intéressants parmi ceux de l'ex-contrôleur général Lambert, condamné, et du ci-devant duc de Luxembourg, émigré. Les premiers étaient relatifs à des objets de commerce et de finance : ils ont été renvoyés aux ministres de l'intérieur et des finances. Les seconds étaient le résultat des recherches, de la correspondance et des travaux de René de Voyer de Paulmy, né en 1596, mort dans l'ambassade de Venise en 1651 ; de René de Voyer, né en 1623, ambassadeur à Venise après la mort de son père, mort lui-même en 1700 ; de René de Voyer, vicomte d'Argenson, gouverneur de la Nouvelle-France, en 1658, 1659 et 1660 ; de Marc-René, marquis d'Argenson, lieutenant de police, ensuite garde des sceaux, mort en 1721 ; de René-Louis, marquis d'Argenson, ministre d'Etat et des affaires étrangères jusqu'en 1747 ; d'Antoine René, connu sous le nom de marquis de Paulmy, ambassadeur en Suisse et ensuite en Pologne, depuis 1759 jusqu'en 1764, mort en 1787. Tous les papiers de cette maison concernant la diplomatie, la politique, les affaires du royaume et les affaires étrangères avaient été recueillis par la fille et la seule héritière du marquis de Paulmy, laquelle avait épousé le duc de Luxembourg. C'est par cette raison qu'ils se sont trouvés au Bureau du domaine national, d'où ils ont été transportés, par les soins du Bureau du triage, aux Archives du Directoire exécutif, conformément à un arrêté du Directoire du 26 frimaire an V.

Dans le courant de brumaire et frimaire on s'occupa du triage des papiers des Eaux et forêts. On sépara, pour être conservés, des procès-verbaux d'arpentage et de visite des bois, ainsi que des volumes manuscrits sur vélin, du temps de Charles IX, avec des plans visuels enluminés de quelques forêts de la ci-devant Normandie. Le surplus fut mis au rebut.

On continua le triage et le classement des

titres des ci-devant duchés de Lorraine et de Bar, venant du dépôt de Cochin : ce travail était fort long à raison du peu d'ordre qui avait été observé dans le dépôt. Ces travaux se faisaient dans les salles mêmes du Bureau du triage.

Dans les autres dépôts de Paris, les membres du Bureau du triage avaient été appelés par les commissaires de la comptabilité, qui voulaient se décharger d'une grande quantité de papiers inutiles à leurs opérations. Un d'eux, commis à cet effet par ses collègues, mit à part et fit transporter dans les salles du triage beaucoup de volumes concernant les domaines de Blois, Angoulême, Châteaudun, Sezanne, Soissons; deux caisses de registres d'aveux et dénombrements, contrats d'engagements, etc., les anciens comptes des maisons du roi et des princes depuis Charles VI jusqu'à Louis XV, désignés par la Commission des monuments comme renseignements historiques sur l'état des maisons du roi et des princes, la valeur des denrées, etc. Le surplus, formant une masse de plus de 125,000 livres pesant, fut remis, le 22 brumaire an V, au préposé par le ministre de l'intérieur pour être refondu et converti en papier.

On fit transporter, de la maison du Saint-Esprit, dont le ministre des finances réclamait la disposition, au Louvre, les titres qui y étaient rassemblés. Ils sont demeurés jusqu'à présent au Louvre, non pas néanmoins dans le nouveau dépôt domanial, mais dans l'ancien dépôt, parce que, lors du transport de ces papiers, on s'est contenté de réunir les cartons qui appartenaient à chaque établissement ; mais il reste à faire un triage définitif et un inventaire sommaire dont on s'occupe actuellement.

La bonne intelligence qui régnait, depuis l'arrêté du Directoire du 5 floréal an IV, entre le bureau du domaine national, maison d'Uzès et le Bureau du triage pour la remise des papiers, donna lieu de reconnaître que, précédemment, on avait fait de grandes pertes en cette partie. A l'époque de frimaire an V, on évaluait au nombre de 1,600 au moins les inventaires faits à la maison d'Uzès. Ils présentaient des indications de titres, de manuscrits, de papiers de divers genres, et la note de dépôts où ils avaient été remis provisoirement. Lorsque ces inventaires ont été faits avec l'exactitude convenable, il est possible de se flatter de recouvrer les papiers qui y ont été compris ; mais dans d'autres circonstances cela est impossible. Ainsi, l'on désirerait découvrir où ont été déposés des manuscrits qui sont désignés dans l'inventaire de Richelieu ; ils seraient intéressants surtout pour l'époque du ministère du cardinal de ce nom.

Avant que le Bureau du domaine national travaillât à l'examen des papiers, de concert avec le Bureau du triage, il avait mis à part des papiers et des parchemins. Ceux-ci ont été transportés au Louvre, ainsi que les papiers qui ont paru mériter un examen particulier. Le restant, formant une masse de plus de 20 milliers, a été mis au rebut.

Les autres papiers reconnus dans le même temps ont été ceux de la Ferme générale. Ils avaient été transportés des maisons de la Ferme, de la Régie générale, de l'Administration générale des domaines et des Jacobins-Saint-Honoré au Palais Egalité presque sans ordre. Les ministres de l'intérieur et des finances pressant pour qu'on en réglât la disposition, les membres du Bureau du triage en ont conféré avec les membres de la comptabilité et avec les régisseurs chargés de la liquidation des droits des anciennes compagnies de finance. Le résultat a été que l'on conserverait provisoirement tous les papiers postérieurs au 1er octobre 1762, et que des commissaires, tant de la comptabilité que de chacune des trois compagnies, assisteraient au départ des papiers, ce qui eut lieu, et ces papiers sont entre les mains des agents des trois compagnies.

Les procès-verbaux des assemblées des notables, tenues en 1787 et 1788, étaient demeurés entre les mains du citoyen Hénin, l'un des secrétaires de ces assemblées, qui en avait fait sa déclaration. Dans le nouvel ordre de choses, il ne lui appartenait pas de les conserver. Les membres du Bureau de triage les ont retirés de ses mains le 6 ventôse an V, et les ont envoyés aux Archives nationales. Ils y ont également envoyé des pièces recueillies parmi les papiers qui leur ont passé successivement entre les mains, et qui sont des procès-verbaux et actes relatifs, tant aux anciennes tenues d'Etats généraux qu'à celle de 1789, aux assemblées d'Etats, aux assemblées provinciales, aux assemblées de départements, etc.

Un des travaux les plus importants du triage des titres (section domaniale) pendant les mois de pluviôse et nivôse a été le triage et le départ des papiers de la Chambre des Comptes de Paris, où se trouvaient réunis ceux de la Chambre des Comptes de Blois, et les titres du ci-devant comté de Châteauroux; les mémoriaux, les grands terriers et autres registres formant des collections indivisibles, ont été transportés dans les salles du dépôt du citoyen Cheyré.

Pour se procurer un emplacement libre, on a supprimé comme objet de rebut des pièces que le ministre de l'intérieur avait envoyées au Louvre une année auparavant, et qui étaient des pièces relatives à d'anciens prisonniers ainsi que des rôles exécutoires de frais de justice décernés dans les premières années de la Révolution.

Le transport des archives du Temple ayant été effectué dans les salles du Louvre, on a reconnu ce que l'on avait appréhendé, savoir : que les eaux pluviales ayant pénétré dans le lieu où ces papiers étaient renfermés, ils avaient été considérablement avariés dans l'espace d'environ une toise carrée. On a commencé par distraire de ces papiers environ 1,500 pesant de mémoires, factures, procédures et arrêts.

Il existait anciennement au dépôt du Louvre 873 liasses, 5 cartons et 15 registres d'objets relatifs pour la plupart aux détails domestiques de la maison du roi Stanislas; des états de gages et pensions. Ces papiers inutiles ont été supprimés pour faire place à ceux que l'on introduisait dans le dépôt du Louvre; mais on a conservé 203 registres d'arrêts du

Conseil du roi Stanislas qui concernaient des objets domaniaux.

Les Archives de la commune de Paris sont devenues à leur tour l'objet de l'examen du Bureau du triage des titres. Il faut les distinguer en deux parties : l'une antérieure à la Révolution, l'autre postérieure. Il y aura beaucoup à supprimer, dans la première de ces parties surtout, parce qu'une grande quantité des papiers qu'elle contient sont d'anciens comptes absolument inutiles, à l'exception de ceux qu'on pourrait réserver pour connaître d'époques en époques la valeur des denrées.

La réunion de la manse abbatiale de Saint-Denis à la maison de Saint-Cyr, en l'année 1691, a donné lieu au transport de plusieurs papiers du Chartrier de Saint-Denis à Saint-Cyr, et entre les mains des agents de cette maison. L'établissement de cette maison étant dans le département de Seine-et-Oise, les papiers ont été portés à Versailles. Un des membres du Bureau du triage ayant été en prendre inspection le 28 germinal an V, il y a reconnu un grand nombre de titres qu'il serait essentiel de ne pas séparer de ceux de Saint-Denis : mais comme il s'agit de transporter des titres d'un département à un autre, le déplacement ne pourra se faire qu'après avoir obtenu le consentement et l'ordre de l'administration centrale de Seine-et-Oise.

Il était resté aux Célestins, au milieu des ateliers, un dépôt considérable, les archives et le greffe de la Grande Chancellerie. Une branche des mêmes archives était, comme on l'a dit, entre les mains des gardes-rôles ; l'autre entre les mains des grands audienciers. On a vu que cette dernière partie avait été brûlée en vertu d'un décret de 1793 ; c'était la collection des provisions d'office. La portion qui était aux Célestins s'est trouvée en bon ordre, et a été transportée, en fructidor an V, au Palais-de-Justice, pour être réunie aux papiers de la chancellerie du Parlement.

Les papiers des gardes-rôles ne se sont point trouvés. Le dépôt des Cordeliers a été forcé dans un mouvement révolutionnaire, et les registres enlevés. Les registres postérieurs à 1792, qui étaient entre les mains des gardes-rôles, ont vraisemblablement été portés à la régie des hypothèques : c'est là que reposent aujourd'hui les registres des conservateurs des hypothèques.

Quant aux papiers des grands audienciers, ce sont ceux-là mêmes qui ont été brûlés en exécution du décret du 20 septembre 1793. Ils étaient, comme je l'ai dit, aux Petits-Pères. Le dépositaire appréhenda qu'ils ne devinssent, contre lui, le prétexte d'une dénonciation particulière ; il les envoya chez le ministre de la justice, qui se fit autoriser à les anéantir.

Les archives de la maison de Soubise ont été réduites de 600 cartons à 84. Ce que l'on a conservé est d'anciens terriers, des minutes de notaires, des actes intéressants pour l'histoire.

Les archives du Temple ont fourni une grande quantité d'anciens comptes rendus par les fermiers et les receveurs ; on a conservé les titres de propriété et les pièces utiles à l'histoire.

Le cabinet de Saint-Martin avait présenté

beaucoup de pièces généalogiques qui devaient être supprimées, et qui l'ont été. Il renfermait des pièces utiles à l'histoire de France, particulièrement sous les règnes de Charles VII, Louis XI, Charles VIII, François Ier.

Des minutes d'arrêts du Conseil du ci-devant roi, pour la partie des finances, depuis 1593 jusqu'à l'époque de la Révolution, se trouvaient au Palais, aux archives judiciaires du Louvre, où elles avaient été portées ; c'était le dépôt de Mallet. On les a transportées du Louvre aux archives domaniales. Les résultats des conseils des maisons apanagées feront suite à ces arrêts du conseil.

Il avait été trouvé dans les greffes du Parlement des livres concernant la procédure instruite, en 1761, contre les jésuites ; une médaille avec l'effigie du prétendu Charles X, et les coins qui avaient servi à la frapper. Dans les Archives de la commune de Paris, les membres du Bureau du triage ont rencontré des objets du même genre : des planches de cuivre gravées, des plans, des estampes, des livres. Tous ces objets, après avoir été séparés par le triage, ont été remis aux différents Conservatoires auxquels ils paraissaient appartenir.

Les greffes du Châtelet étaient fort multipliés, sous diverses dénominations. On a commencé, à la fin de l'an V, à s'occuper de leur transport aux Archives judiciaires. Les registres connus sous le nom de *noir*, *rouge*, *vert*, *bleu* et *jaune* se sont trouvés ; mais il en manque deux du nombre de ceux qu'on appelle *les Bannières du Châtelet*, savoir : le 4°, pour l'époque de 1531 à 1542, et le 8e, pour celle de 1564 à 1571.

On a continué pendant le cours des travaux faits en commun avec les membres du Bureau du domaine national, à découvrir des manuscrits intéressants, tels que ceux de Fénelon, mais qu'ensuite il a fallu rendre à ses héritiers, et une partie des papiers de la maison de Richelieu parmi ceux de Sénac de Meilhan (encore au dépôt).

Une occupation majeure, à laquelle le Bureau du triage s'est livré, pendant le même intervalle, a été le déplacement du Trésor des Chartes, pour évacuer le local dans lequel il était établi et le replacer dans un autre lieu. Cette opération, longue et importante, a été faite avec toutes les précautions convenables dont le résultat est consigné dans un rapport particulier.

Une partie de ce Trésor avait éprouvé un grand bouleversement, lorsque le tribunal du 17 août 1702 s'était emparé d'une des salles dans lesquelles il était déposé. Mais, à l'exception de ce dérangement des papiers qui a exigé quelques soins pour les remettre dans les lieux où ils étaient, il ne paraît pas que la Révolution ait fait éprouver de grandes pertes à ce dépôt. Les choses ont été retrouvées telles qu'elles étaient précédemment, à l'exception de quelques états sommaires, particulièrement d'un état de l'arrangement observé lors du transport des papiers, de la sacristie de la Sainte-Chapelle au nouveau dépôt. On a suppléé, autant qu'il a été possible, au défaut de cet écrit, en appelant le citoyen Desienne, secrétaire du ci-devant procureur général Joli de Fleury, dont il avait la confiance quant à cette partie. Les renseignements qu'il a donnés de vive voix ont suppléé au défaut d'écrits. On a ensuite replacé les papiers du Trésor des Chartes dans le local qui leur était destiné, en suivant scrupuleusement l'ordre selon lequel ils étaient précédemment disposés. On a vérifié, d'après les anciens inventaires de Dupuy et autres, ce que l'on devait avoir, ce que l'on avait, et ce que l'on n'avait pas. Tout le détail des opérations a été consigné par écrit.

Le bureau avait recueilli dans le cours de ses travaux et dans différents dépôts des minutes de lois enregistrées dans les cours de justice. Il en a formé 41 cartons, où les pièces sont rangées par ordre chronologique, de 1610 jusqu'à 1790. Ces pièces sont placées dans le dépôt domanial.

L'examen des archives de Penthièvre a été le principal sujet du travail du bureau de l'Agence pendant le mois de ventôse. Penthièvre étant mort le 4 mars 1793, tous ses biens et ses titres passèrent à sa fille et son unique héritière, la femme de cet homme qui s'était fait nommer Egalité par la commune de Paris. Les biens de la fille de Penthièvre se trouvant sous la main de la nation par l'effet de la loi du 17 septembre 1793, on établit au ci-devant hôtel de Toulouse la commission pour les subsistances et approvisionnements formée par la loi du 1er brumaire an II. Les salles où les archives de la maison Penthièvre étaient déposées, ayant été jugées nécessaires à la nouvelle administration, les papiers furent déplacés avec la plus grande précipitation. Il y a cependant lieu de croire qu'elles ne furent pas emportées au dehors. Ce n'est qu'à l'époque de l'établissement de l'imprimerie de la République que les papiers furent transportés à la maison d'Uzès ; de là, à la Maison commune, d'où l'on a envoyé au Louvre les papiers qui étaient étrangers au Bureau du domaine. Ces papiers étaient relatifs, les uns à l'exercice des charges de grand amiral et de gouverneur de Bretagne, les autres aux propriétés de Penthièvre. Parmi les premiers, il ne s'est trouvé aucune pièce intéressante qui méritât d'être conservée ; parmi les seconds, la plupart n'étaient que des comptes domestiques. On n'en a conservé qu'un petit nombre, savoir, ceux qui pouvaient donner des renseignements de quelque intérêt sur les propriétés.

On avait donné aux membres du Bureau du triage des titres une idée beaucoup plus importante des archives de Penthièvre. Apparemment il se trouvera des objets intéressants parmi ceux dont les membres du Bureau des domaines font actuellement l'inventaire.

Les archives de la maison d'Orléans contenaient, ainsi que toutes celles du même genre, beaucoup de pièces sans aucun intérêt, parce qu'elles n'ont trait qu'aux affaires domestiques de la maison. Il y a des provisions d'officiers de l'apanage qui seront réunies dans le dépôt judiciaire aux provisions trouvées dans les dépôts de la Grande Chancellerie.

Mais ce qui était plus intéressant parmi les

papiers de cette maison, c'était une correspondance assez étendue de lettres originales du duc de Montpensier avec Henri IV et Henri III, qui contient des détails précieux pour l'histoire, des mémoires sur des objets de politique et de finance pendant le cours de la régence, des manuscrits de l'aïeul du dernier duc d'Orléans.

Dans le nombre des papiers de l'Université de Paris, il y a des lacunes. Il faut distinguer l'Université en corps ; les Nations, qui formaient dans ce corps une première division et qui étaient au nombre de quatre ; les facultés, qui formaient une seconde division pareillement en quatre branches, et enfin les colléges, qui étaient les premiers éléments de ce grand corps, et qui étaient eux-mêmes partagés en colléges de plein exercice et petits colléges, réunis en 1762 dans le collége Louis-le-Grand.

Les titres des petits colléges ont été laissés dans leur dépôt au collége Egalité, entre les mains du citoyen Reboul, archiviste du collége.

Les titres de l'Université ont été trouvés dans un grand désordre ; il y avait beaucoup de lacunes dans ses registres. Pour les classer, on a considéré l'Université sous les rapports de corps politique, corps enseignant, corps propriétaire.

Les titres de la nation de France n'ont point été retrouvés. Ceux de la nation d'Allemagne l'ont été chez un portier, ancien appariteur de cette faculté, dans le plus grand désordre. Il n'a pas été possible de savoir ce que les titres étaient devenus en ce qui concerne celle de Picardie. Ceux de la nation de Normandie avaient été enlevés par le Bureau du domaine national ; ses commissaires les ont inventoriés ; ils ont envoyé au Bureau du triage seulement deux registres de délibérations.

Les titres de la faculté de théologie avaient passé d'abord à la maison du Saint-Esprit ; de là, ils ont été au Louvre.

Les titres de la faculté de droit ont été transportés au Bureau du domaine national, où ils sont encore. (On ne sait maintenant où ils sont.)

Ceux de la faculté de médecine sont à l'École de santé.

D'après le triage, voici la distribution qui a été faite des titres pour leur placement :

Ceux de l'Université (comme propriétaire) ; de la faculté des arts ; de la faculté de théologie ; de la nation d'Allemagne ; des collèges de plein exercice, que l'on a pu recueillir jusqu'à ce jour, sont au Louvre (les titres de la faculté de droit, on ne sait où ils sont). Quelques livres ont été portés au conservatoire des Cordeliers. Les registres des maîtres ès arts, les listes des distributions de prix, quelques manuscrits sur l'histoire, les notices et empreintes de sceaux ont été portés à la Bibliothèque nationale.

Les membres de la section judiciaire du Bureau du triage des titres ont, comme je l'ai annoncé, rendu le compte de leurs travaux, séparément de celui des membres de la section domaniale. Voici le résultat des travaux de la section judiciaire :

Leur première attention se porta sur le greffe

des dépôts civils du Parlement ; ils y trouvèrent des livres et beaucoup de papiers relatifs aux décrets rendus contre les jésuites en 1761 et 1762. Les livres ont été portés au conservatoire des Cordeliers ; beaucoup de papiers concernant la gestion intérieure des maisons des jésuites, mis au rebut.

Les titres de propriétés, conservés, ainsi que quelques monuments relatifs à l'histoire, entre autres plusieurs liasses contenant des lettres écrites par les jésuites et autres habitants de Pondichéry, lors du siége et après la prise de cette ville ; plus, un gros cahier contenant l'histoire de la guerre de l'Inde lors du commandement de Lally.

Les greffes de la Chambre du domaine et du Bureau des finances n'ont présenté (hors les registres du tribunal) presque aucunes pièces à conserver. C'était, d'une part, une multitude de pièces relatives à des contraventions aux règlements de la voirie ; d'une autre part, 2,260 liasses et 5 malles de pièces relatives à des successions ouvertes au profit du domaine par droit d'aubaine, bâtardise ou déshérence. Après avoir trié un petit nombre de pièces utiles et les papiers relatifs aux successions ouvertes dans les trente dernières années, le reste a été mis au rebut. On a conservé les évaluations des domaines, engagements et aliénations de fonds. On a rejeté les engagements et aliénations de droits supprimés ; on a conservé tout ce qui était relatif à la formation des grands chemins, places, marchés, rivières et ponts : mais on a supprimé les pièces concernant les adjudications et réceptions de travaux, baux d'entretien pour des temps éloignés. On a supprimé aussi les paquets de papiers envoyés par les voitures publiques et qu'il était d'usage de déposer au Bureau des domaines, lorsque personne ne les réclamait dans un temps donné.

Les salles du Bureau des finances étant débarrassées de la masse des papiers qui les encombrait, on y fit porter les papiers du sceau et de la librairie antérieurs à l'époque de la Révolution, qui étaient dans la maison du ministre de la justice. C'était une quantité d'environ 7,000 cartons ou liasses. On y joignit le dépôt des Secrétaires du roi établi aux Célestins, et qui contenait les minutes de toutes les provisions d'offices depuis 1672 : on fit seulement distraction de ce qui concernait les emprunts faits pour le gouvernement par les Secrétaires du roi, et on le porta à la comptabilité. On réunit au dépôt de la librairie de la Chancellerie celui de la Chambre syndicale, qui avait été originairement remis à la maison du Saint-Esprit.

Les lettres de naturalité anciennes ne présentaient plus d'intérêt dans la nouvelle législation. Les actes et registres des greffes de présentations civiles du Parlement ne pouvaient plus intéresser qui que ce fût Le dépôt du grand et petit criminel contenait une masse énorme de grosses de procédures envoyées à la Tournelle et devenues inutiles après les procès jugés, d'autant plus que les minutes existaient dans les greffes d'où ces grosses avaient été envoyées. Tous ces papiers ont été mis au rebut, excepté ce qui pouvait concerner certains procès ou certaines personnes fameuses. C'est ainsi qu'on a conservé les lettres de naturalité de François Pourbus, peintre flamand, d'Adrien Helvétius et de quelques autres, les procès de Robert Damiens, de l'hermaphrodite, de Richelieu et de quelques autres.

Les papiers livrés à la refonte, en suite de ce triage, ont monté à plus de cent soixante-dix-sept milliers pesant.

La loi du... ayant ordonné le transport au dépôt judiciaire des papiers du tribunal révolutionnaire, les membres du Bureau du triage se sont livrés à leur examen. Ils ont commencé par celui des papiers trouvés sur les condamnés. Ces papiers étaient restés amoncelés dans un coin du greffe dans le plus grand désordre. Il s'y est trouvé divers papiers qui pouvaient intéresser les héritiers des condamnés; il en a été dressé un état sommaire remis, avec les papiers conservés, au garde du dépôt judiciaire. Ils composent treize cartons et trois liasses.

Parmi les papiers de la librairie, on a supprimé tout ce qui n'était que discussions entre les libraires, réceptions d'imprimeurs, sollicitations de places, etc., etc. Mais on a conservé quelques mémoires curieux et utiles; parmi les notices des livres que les censeurs examinaient, on en a conservé une assez grande quantité que leur étendue, la manière dont elles sont rédigées et l'importance des ouvrages qui en sont l'objet, ont fait regarder comme utiles à conserver, surtout lorsque la permission de publier ces livres était refusée.

On a également mis à part beaucoup de mémoires utiles à l'histoire de la librairie ; d'autres qui regardent le commerce de la librairie étrangère ; enfin des manuscrits restés entre les mains du directeur général de la librairie.

Mais, d'un autre côté, en continuant l'examen des greffes et dépôts civils du Parlement, on a jeté au rebut 314 registres d'affirmations de voyages, des liasses de requêtes insérées dans les arrêts, des brouillons de feuilles d'audience, des registres de recettes d'épices, des registres et liasses de papiers appartenant à la communauté des procureurs.

Au nombre des papiers de la Chancellerie était la correspondance tenue par le chancelier et le garde des sceaux avec les différents tribunaux, correspondance dont les objets peuvent se rapporter à toutes les branches de l'administration judiciaire. Une multitude d'actes de cette correspondance traitait ou d'affaires terminées depuis longtemps, ou de questions qui ne peuvent plus se renouveler dans notre constitution actuelle. Ils ont été supprimés, aussi bien qu'une infinité de demandes de grâces, de priviléges, de mémoires présentés par des plaideurs, de discussions de tribunal à tribunal ; mais on a conservé quelques mémoires bien faits sur des points de législation ou d'administration qui peuvent intéresser encore.

Tel est le plan d'après lequel on a travaillé, la majeure partie de l'an V et de l'année présente, au triage des titres et papiers de la chancellerie et de la librairie. Une des causes qui ont allongé ce travail est l'interruption qu'il a éprouvée au mois de fructidor an

V et dans les mois suivants, pour faire transporter aux archives judiciaires les dépôts du Châtelet.

Il a fallu d'abord évacuer le local du dépôt civil du Parlement. Il était encombré de sacs de productions qui remontaient à 1680. On les a transportés à la Sainte-Chapelle, pour en faire la remise aux parties qui les réclameront dans le délai fixé par les lois, c'est-à-dire avant que les opérations du triage soient absolument terminées. On a aussi transporté au dépôt domanial les minutes du Conseil des finances, qui étaient à la section judiciaire.

On a ensuite fait un premier triage au Châtelet pour mettre au rebut une quantité de registres de contrôle d'exploits absolument inutiles, et de vieilles productions qui remontaient à 1630. On a transporté aux archives judiciaires ce qui méritait d'être conservé : les minutes des jugements, les feuilles d'audience, les minutes d'avis de parents, les registres de nominations……………………………………

FIN.

TABLE

	Pages
Rapport...	1
Appendice, Pièces justificatives...	229

Paris. — Typographie PANCKOUCKE et Cie, quai Voltaire, 13

www.ingramcontent.com/pod-product-compliance
Lightning Source LLC
Chambersburg PA
CBHW070454170426
43201CB00010B/1338